○ 第1辑（2020.1）

劳动人事争议仲裁与审判指引

Labour and Personnel Dispute Arbitration and Trial Guidelines

北京市劳动和社会保障法学会 组织编写

中国劳动社会保障出版社

图书在版编目(CIP)数据

劳动人事争议仲裁与审判指引. 第1辑/北京市劳动和社会保障法学会组织编写. -- 北京：中国劳动社会保障出版社，2020

ISBN 978-7-5167-4431-4

Ⅰ.①劳…　Ⅱ.①北…　Ⅲ.①劳动争议-仲裁-案例-中国　Ⅳ.①D922.591.5

中国版本图书馆 CIP 数据核字(2020)第041103号

中国劳动社会保障出版社出版发行

（北京市惠新东街1号　邮政编码：100029）

*

三河市潮河印业有限公司印刷装订　新华书店经销

787毫米×1092毫米　16开本　20.5印张　323千字

2020年4月第1版　2020年4月第1次印刷

定价：58.00元

读者服务部电话：（010）64929211/84209101/64921644

营销中心电话：（010）64962347

出版社网址：http://www.class.com.cn

版权专有　侵权必究

如有印装差错，请与本社联系调换：（010）81211666

我社将与版权执法机关配合，大力打击盗印、销售和使用盗版图书活动，敬请广大读者协助举报，经查实将给予举报者奖励。

举报电话：（010）64954652

《劳动人事争议仲裁与审判指引》编辑委员会

主　　任　林　嘉　姜俊禄

副 主 任　单国钧　张恒顺

编　　委　(以姓氏笔画为序)

王建平　毕学恭　肖荣远　范　围

郑尚元　金　曦　赵　悦　侯　军

姜　颖　梁　枫

执行编辑　王凤兰　张稚侠　李惠莹　钱　程

高明靖

卷首语一

风雨砥砺，岁月如歌。2020年，新时代中国特色社会主义法治开启新篇章，中国特色劳动和社会保障法也踏上新征程。在北京市劳动和社会保障法学会的不懈努力以及理论界和实务界同仁的大力支持下，《劳动人事争议仲裁与审判指引》终于全新改版面世。这是一本由北京市劳动和社会保障法学会和中国劳动社会保障出版社共同创办的劳动法案例评析类辑刊。其宗旨在于通过对劳动法领域典型案例的全景式评析，搭建理论界与实务界融会贯通的桥梁，以促进劳动人事争议仲裁与审判审理工作的质效提升，并推动具有引领作用的高水平学术研究。

秉持“沟通理论与实务，指引劳动争议处理”的办刊宗旨，《劳动人事争议仲裁与审判指引》有幸组织了全国各地从事劳动人事争议仲裁与审判审理工作的仲裁员、法官和律师作为编纂队伍，群策群力，共襄盛举。本刊通过“争议焦点”“基本案情”“审理结果”“评析意见”四个模块，对全国各级法院及仲裁委员会选送的典型案例进行透彻分析，呈现具体的裁判经验、思路和尺度以及认定事实、适用法律的方法。

《劳动人事争议仲裁与审判指引》第1辑由劳动关系认定、劳动合同的签订与履行、劳动合同的解除与终止、劳动报酬与工时休假、社会保险与福利待遇、商业秘密与竞业限制、其他七个部分组成。阅读本刊，使读者可以在快速通晓劳动人事争议案件法律争议焦点的前提下，迅速领会法院及仲裁委员会的审理观点和态度，以及裁判的理念和规则。

当下是高水平全面建成小康社会的决战时刻。决胜全面建成小康社会，需要在党的统一领导下协调行动、增强合力，全面提高国家治理能力和治理水平。劳动人事争议仲裁与诉讼是劳动人事争议处理的基本法律程序，是中国特色劳动人事争议处理制度的重要内容。推进劳动人事争议处理效能建设，对加强和创新社会治理、推进国家治理体系和治理能力现代化具有至关重要的作用。《劳动人事争议仲裁与审判指引》将站在新的起点上，担当重要的社会责任。

千里之行，始于足下；与法结缘，矢志同行。希冀《劳动人事争议仲裁与审判指引》与诸位同仁精诚共事，对劳动人事争议仲裁与审判实务界的殷切期盼给予切实回应，为新时代深化依法治国实践、社会治理创新及劳动人事争议处理效能建设集思广益，贡献力量！

林　嘉

北京市劳动和社会保障法学会会长

中国社会法学研究会常务副会长

中国人民大学劳动法和社会保障法研究所所长

2020年3月

卷首语二

北京市劳动和社会保障法学会连续出版《劳动人事争议典型案例评析》(《劳动人事疑难案例评析》) 已有 20 余年，能够坚持做一件事达到如此之久，可称得上是毅力可嘉！这些研究成果成为研究中国劳动争议处理的重要资料。这些研究者都是从事劳动仲裁、审判、法律服务的一线工作者。他们在繁忙的工作中挤出时间撰写研究论文，非常不容易。

从 2020 年开始，《劳动人事争议典型案例评析》更名为《劳动人事争议仲裁与审判指引》。名字的变化体现编辑者的编辑思路发生了大的变化，不再仅仅满足于“评析”，还要强化对于仲裁和审判工作的指导和指引。北京市劳动和社会保障法学会是一个研究机构，不是权力机构，本身与仲裁和审判没有上下级的关系，但是其会员都是来自研究机构、仲裁机构、审判机构、法律服务机构和政府部门的专业人员。正是由于这些劳动法专家的无私奉献，为我们留下了非常丰富的历史资料。而研究的目的之一就是解决立法、仲裁、审判三者之间产生的矛盾，并通过个案找出背后的法理，以理达人，从而解决同案不同判的问题，指导仲裁和审判工作，通畅立法、仲裁和审判的衔接，实现社会公正。

劳动法专家持续努力的目标归纳下来就是“类案同判”。而类案同判在 2019 年写进了最高人民法院《五五改革纲要》。

《五五改革纲要》全称为《最高人民法院关于深化人民法院司法体制综合配套改革的意见——人民法院第五个五年改革纲要（2019—2023）》。《五五改革纲要》第 26 条提出“完善类案和新类案件强制检索报告工作机制”。这就意味着类案通过强制检索，将获得相同的判决建议或者要求，减少了法官在类案中的主观判断，从而使类案能够得到同判的效果。这使劳动法专家多年的梦想和努力成为现实。

为了配合推进类案同判工作，中国应用法学研究所组织法律专家开展中国法院类案检索与判决规则专项研究。笔者有幸参与《劳动纠纷案件裁判规则》的编写工作，并作为首席专家提供类案裁判规则的草拟。

笔者与关怀教授等老一辈劳动法学家在20年前发起设立了北京市劳动和社会保障法学会，每年都参与疑难案例的遴选和评析工作，主编《劳动人事疑难案例评析》一书。20多年积累的研究成果和法律服务经验，使我自信能够圆满完成中国应用法学研究所交办的任务。

刚刚过去的2019年，劳动人事争议数量增长较高，是近十年少有的。其原因在于经济发展放缓，新旧动能转换带来大规模裁员增多，企业解除或者终止劳动合同的数量也随之增多。据估计，2019年劳动人事争议仲裁委员会受理的劳动人事争议案件超过200万件，这将创下历史纪录。劳动人事争议的背后记载了无数家庭和个人的职业痛苦，也给处理劳动人事争议的仲裁员和法官带来了巨大的工作量。

展望2020年，本书结合类案同判工作的开展，将使劳动人事争议的仲裁与审判工作迈入一个新的台阶。结合大数据的使用，劳动人事争议的处理效率将会大大提高，个案公正也会体现得更加充分。

姜俊禄
北京市劳动和社会保障法学会名誉会长
中国社会法学研究会副会长
北京市金杜律师事务所合伙人
2020年3月

目 录

劳动关系认定

1. 北京市社区工作者与街道办事处之间构成劳动关系……… 邓青菁 冯 妍 /3
2. 被派至境外的劳动者劳动关系认定问题…………………………… 范楷强 /8
3. 当事人对仲裁裁决论理部分起诉应裁定驳回 ……………………… 孙丽君 /12
4. 非法用工的认定 ………………………………………………… 韩聪聪 /15
5. 互联网平台接单的用工形式是否应认定劳动关系 ………………… 卞 倩 /19
6. 见习并非已就业，权利义务有区别 ……………………………… 杨 阳 /23
7. 岗前培训期间劳动关系的认定 ………………………………… 张 萌 /26
8. 挂靠关系中的劳动关系认定 …………………………………… 陈艳丽 /30
9. 企业的合伙人可以与员工一样享受劳动福利待遇吗 ……………… 李鑫超 /33
10. 双重劳动关系的认定标准………………………………………… 管元梓 /37
11. 外卖配送员与网络平台之间劳动关系的认定……………………… 倪天骄 /41
12. 在校大学生与用人单位之间劳动合同效力的认定………………… 张 越 /45
13. 在校学生与实习单位之间劳动关系的认定………………………… 郭天天 /49

劳动合同的签订与履行

14. 关于“基于特殊待遇而设定的服务期”的司法认定 … 张稚侠 窦江涛 /55
15. 劳动合同能否继续履行的认定条件……………………………… 金 铭 /59
16. 劳动合同能否继续履行需考虑行业特殊性及互信基础 … 李 淼 高赫男 /63
17. 劳动者在外挂证是否对原单位劳动关系的履行产生阻碍………… 张希宁 /69

18. 企业内部调整不属订立劳动合同时的客观情况发生重大变化…… 赵子丹 /74
19. 书面劳动合同的认定及二倍工资差额支付问题…………………… 魏 月 /78
20. 用人单位适用缔约过失责任的认定标准………………… 白星晖 师一哲 /81
21. 用人单位与劳动者基于办理落户手续而约定服务期、违约金的认定
…………………………………………………… 全 军 汪 洋 龙 泉 /85

劳动合同的解除与终止

22. 未建立工会组织的用人单位单方解除劳动关系可否免除
通知工会的义务 ……………………………………… 马 洁 王国辉 /93
23. 用人单位欠薪的主观过错考量 ……………………………………… 刘 邢 /96
24. 劳动者病休期间旅游，用人单位该怎么做 ……………………… 董和平 /100
25. 用人单位能否单方变更劳动者工作岗位 ………………………… 关亚静 /103
26. 以“严重失职”为由解除劳动合同合法性剖析 ………………… 赵 亮 /106
27. 哺乳期女职工劳动保护、劳动条件的认定 ……………………… 张 超 /109
28. 用人单位辞退私自安排顾客在机场隔离区餐厅存放行李的员工
是否构成违法解除劳动关系 ……………………………………… 于立华 /113
29. 用人单位应慎以劳动者违反公序良俗为由单方解除劳动关系 … 安 祺 /116
30. 再次入职约定的试用期是否合法 ………………………………… 仝 彬 /120
31. 试用期患病是否属于不符合录用条件 …………………………… 刘伯阳 /124
32. 员工医疗期满被解除劳动合同，经济补偿的基数如何确定 …… 姚均昌 /128
33. 劳动合同约定企业调岗权情况下的司法审查 ………… 尚晓茜 张 禾 /132
34. 浅析劳动者的劳动合同单方解除权 ……………………………… 马 雯 /136
35. 员工拒绝用人单位单方面调整工作地点属于严重违纪吗 ……… 陈京博 /140
36. “三期”女职工严重违反规章制度，用人单位单方解除劳动合同
…………………………………………………………………………… 张建华 /144
37. 劳务派遣用工中劳动者的退回与解除劳动合同争议 …………… 杨 靖 /148

38. 违法解除劳动关系的认定 …………………………………………… 李佳男 /152
39. 劳动争议处理方式的合理性 ………………………………………… 赵景献 /157
40. 用人单位主张劳动者支付猎头费的处理方法 ………………… 高天琪 /161
41. 判断劳动关系是否解除，应当以用人单位和劳动者的共同认知作为评判标准 …………………………………………………… 刘宝莉 /166
42. 协议约定如再行主张权利则退回补偿金后，劳动者还能悔约再行主张权利吗 ……………………………………………………… 徐丽媛 /171
43. 劳动合同确认无效后的处理 ………………………………………… 张江南 /176
44. 试用期内用人单位以“不符合录用条件”解除劳动合同时录用条件的认定及证明 …………………………………………… 赵金霞 /182
45. 劳动合同解除是否合法的认定 ……………………… 张稚侠　何　锐 /187
46. 离职证明的法律性质及其对劳资双方的约束力 ……………… 吴博文 /192

劳动报酬与工时休假

47. 股权激励是否属于工资收入 ………………………………………… 胡　洁 /201
48. 劳动报酬的计算方式 ………………………………………………… 廉　君 /205
49. 6 天工作制加班的认定 ……………………………………………… 宋雅静 /209
50. 女职工产假期间给单位提供劳动是否应当支付加班费 ………… 曹小澎 /213

社会保险与福利待遇

51. 船员劳动争议案件的管辖问题 ……………………………………… 黄学宏 /219
52. 劳动者领取生育津贴应以存在真实的劳动关系为前提 ………… 滕文学 /222
53. 用人单位欠缴生育保险费应支付女职工生育津贴的标准 ……… 刘晓红 /225
54. 劳动者维权要谨防权利滥用 ………………………………………… 侯　敬 /228
55. 用人单位应当承担工伤保险报销范围外的医疗费及护理费 …… 肖　唯 /231

56. 低于缴费基数缴纳工伤保险，劳动者可否要求单位承担工伤保险待遇差额 …… 李晓敏 /236

商业秘密与竞业限制

57. 劳动关系存续期间因违反竞业限制义务的违约责任 …… 杨秋艳 /245
58. 用人单位在竞业限制纠纷中的举证技巧 …… 张　荷　曹　颖 /249
59. 竞业限制违约金赔付条件的法律认定 …… 张　璇 /254
60. 上市公司与目标公司高管人员对赌约定竞业限制的法律效力 … 潘文军 /260
61. 竞业限制的人员范围和违约金的调整如何确定 …… 原　俊 /265

其他

62. 劳动者履职不当造成用人单位经济损失的赔偿认定 …… 毛希彤 /273
63. 劳动者履行职务造成用人单位损失的赔偿责任问题辨析 …… 贾婷媛 /278
64. 劳动者因履职致用人单位损害的赔偿责任以重大过失为限 …… 吴克孟 /283
65. 劳动争议案件的地方性法规适用问题 …… 杜丽霞 /288
66. 涉外劳动争议中“约定管辖”条款的法律效力 …… 张偌晗 /292
67. 未续签劳动合同二倍工资差额的构成要件 …… 王　飞 /296
68. “一事不再理”是否适用于已经生效的劳动仲裁裁决 …… 王　静 /302
69. 员工注册个人微信公众号与公司形成竞争，是否应对公司损失担责 …… 梁　枫 /306
70. 专项培训协议效力的认定 …… 郝晓飞 /311

劳动关系认定

劳动关系认定是解决劳动争议的基础问题。实践中，认定劳动关系的依据一般为《劳动和社会保障部关于确立劳动关系有关事项的通知》（劳社部发〔2005〕12号）。该文件第一条规定，用人单位招用劳动者未订立书面劳动合同，但同时具备下列情形的，劳动关系成立：(1) 用人单位和劳动者符合法律、法规规定的主体资格；(2) 用人单位依法制定的各项劳动规章制度适用于劳动者，劳动者受用人单位的劳动管理，从事用人单位安排的有报酬的劳动；(3) 劳动者提供的劳动是用人单位业务的组成部分。第二条规定，用人单位未与劳动者签订劳动合同，认定双方存在劳动关系时可参照下列凭证：(1) 工资支付凭证或记录(职工工资发放花名册)、缴纳各项社会保险费的记录；(2) 用人单位向劳动者发放的“工作证”“服务证”等能够证明身份的证件；(3) 劳动者填写的用人单位招工招聘“登记表”“报名表”等招用记录；(4) 考勤记录；(5) 其他劳动者的证言等。其中，(1)、(3)、(4) 项的有关凭证由用人单位负举证责任。

根据以上规定，劳动关系一般具有四个特征，即主体资格合法性、从属性、有组织性和有偿性。

● 主体资格合法性即用人单位和劳动者符合法律、法规规定的主体资格。主体资格合法性要求用人单位必须是经过合法登记的单位，非法用工单位和外国企业以及其在华分支机构则不具有主体资格合法性。自然人由于不是用人单位，也不能成为劳动关系的主体。对于合法的劳动者而言，童工和达到退休年龄以及未获得就业许可证的外国人均不能成为劳动关系的合法主体，但并不表示他们不可以拥有劳动法上的某些权利和义务。

● 从属性即用人单位依法制定的各项劳动规章制度适用于劳动者，劳动者受用人单位的劳动管理。从属性更多地体现为一种命令与服从关系。

● 有组织性即劳动者提供的劳动是用人单位业务的组成部分。有组织性要求雇主拥有组织机构和管理系统，要有规章制度；雇员必须遵守规章制度，如果不服从雇主的管理，将会受到惩罚。雇员的工作是雇主整体工作的一部分，雇员是这个集体的一分子。

• 有偿性即劳动者从事用人单位安排的有报酬的劳动。有偿性要求劳动者的劳动不能是无偿的，必须是雇主给付的，不能是第三方给付的，当然，第三方受雇主委托给付的除外。

根据目前的法律规定，劳动关系与雇佣、劳务、合作、承揽等关系的界限仍然不清晰，主要原因在于区分劳动关系与其他关系的核心标准——从属性的认定标准并不明确。应当适用普通法中综合所有因素考虑的方法，着重于控制标准和经济利益标准，准确认定劳动关系和劳务关系。

准确认定劳动的从属性，首先需考察人格从属性，考察控制程度，不仅要考量直接控制因素，还要考虑间接控制因素，如劳动者是否要遵守雇主的命令、劳动者是否要遵守规章制度，考勤制度、休息休假是否要经过批准等；其次需考察经济从属性，如是否自己承担经营风险，是否分享利润，是否有权转委托其工作和雇用他人为其工作的自由，是否同时为他人工作，是合作关系还是双重劳动关系；再次需考察组织从属性，即使没有明显的控制，也并不意味着一定不是雇员。

准确认定劳动的有偿性，可从以下几个方面入手：工资单工资支付凭证或记录，是否享受假期工资、产假工资、法定病假工资，是否为雇员缴纳个人所得税、缴纳社会保险费。上述因素均可以佐证劳动关系是否存在。

另外，劳动关系认定还应考量其他相关因素，如双方合同的约定，是否存在规避劳动法上义务的行为，双方权利义务的相互义务性，劳动者是否持有工作证、服务证、登记表、报名表、工作服、门禁卡等，是否有其他劳动者的证言。

随着社会的发展，各种新型问题不断涌现，如关联企业劳动关系的认定，网约车司机、外卖员、网络主播等新兴职业劳动关系的认定，退休返聘人员劳动关系的认定等，此类新型问题均需在上述基本原则的基础上结合新兴职业或工作环境的特征进行认定，从而正确维护用人单位和劳动者双方的权利。

1. 北京市社区工作者与街道办事处之间构成劳动关系

争议焦点

北京市社区工作者与其所属街道办事处之间是否构成劳动关系。

基本案情

上诉人（原审原告）：陈某

被上诉人（原审被告）：北京市某地区办事处

2002年，陈某通过公开招聘进入北京市某区人民政府某地区办事处（以下简称某地区办事处）下辖A社区居委会工作，某地区办事处与陈某未签订合同。2003年，陈某经选举担任该社区居委会副主任，并与某地区办事处签订“某地区办事处社区专职工作者聘用合同书”。任职期满后，陈某不再担任该社区居委会副主任，但仍为该社区居委会委员。此后直至2009年5月18日前，双方未签订合同。

2009年5月18日，陈某（乙方）与某地区办事处（甲方）签订“某地区社区工作者服务协议书（B）”，双方约定：(1) 本协议为以完成一定工作任务为期限的劳动合同；(2) 本协议的适用对象为在社区党组织、社区居委会中专职从事社区管理与服务的社区工作者；(3) 本协议于2009年5月18日乙方当选社区居委会成员之日起生效，于本届社区党组织、社区居委会任期届满之日终止；(4) 根据甲方工作需要，乙方的工作地点为某地区办事处所辖B社区。

2012年6月9日，陈某（乙方）与某地区办事处（甲方）签订“某地区社区工作者服务协议书（A）”，双方约定：(1) 本协议为固定期限劳动合同；(2) 本协议的适用对象为在社区服务站中专职从事社区管理与服务的社区工作者；(3) 本协议于2012年6月9日生效，2013年6月8日终止；(4) 根据甲方工作需要，乙方的工作地点为某地区办事处所辖C社区。

2013年6月9日，陈某（乙方）与某地区办事处（甲方）签订“某地区社区工作者服务协议书（A）”，双方约定：(1) 本协议为固定期限劳动合同；(2) 本协议的适用对象为在社区服务站中专职从事社区管理与服务的社区工作者；(3) 本协议于2013年6月9日生效，2014年6月8日终止；(4) 根据甲方工作需要，乙方的工作地点为某地区办事处所辖C社区。

以上三份服务协议书均载明：双方根据《中华人民共和国劳动合同法》《中华人民共和国劳动合同法实施条例》（以下简称《劳动合同法实施条例》）和《北京市社区工作者管理办法（试行）》及有关规定签订本协议，并约定解除、终止协议应当符合《中华人民共和国劳动合同法》和国家及北京市有关规定，如发生争议可向劳动人事争议仲裁委员会申请仲裁。此外，协议书中均对陈某的工资、福利待遇、保险及考核制度等进行了约定。

陈某的工作岗位涉及日常居民事务、人大换届选举、经济普查、司法民调、社区宣传以及妇联工作等，陈某的工资、社会保险、公积金等费用的支出均由北京市某区财政通过公共服务经费统一拨付至某地区办事处，由某地区办事处发放至陈某。

2014年6月9日服务协议书到期后，某地区办事处未与陈某签订新的服务协议，陈某仍在C社区工作。2014年7月15日某地区办事处通知陈某不再续签服务协议。此后，陈某不再上班，双方就此产生纠纷。

陈某向劳动人事争议仲裁委员会申请仲裁，要求某地区办事处向其支付未签订劳动合同双倍工资差额及违法解除劳动关系赔偿金。某地区办事处则主张其与陈某之间并非劳动关系，亦不存在未签订劳动合同及违法解除劳动关系的情形。

劳动人事争议仲裁委员会以陈某的申请不属于劳动争议仲裁范围为由不予受理。陈某不服，诉至法院。

审理结果

一审法院认为，陈某与某地区办事处之间发生的争议不属于劳动争议案件的受案范围，裁定驳回陈某的起诉。陈某不服，提起上诉。

二审法院审查后认为，陈某与某地区办事处之间存在劳动关系。裁定撤销一审裁定，指令一审法院进行审理。

一审法院再次审理后认为，双方签订有服务协议书，形成合同关系，某地区办事处与陈某解除劳动关系并无不妥，判决驳回陈某的诉讼请求。陈某不服，再次提出上诉。

二审法院经审理认为：某地区办事处与陈某之间构成劳动关系，且某地区办事处存在违法解除劳动关系及未签订劳动合同的情形。故改判撤销一审判决，判令某地区办事处支付陈某违法解除劳动关系赔偿金 55 440 元及 2014 年 6 月 9 日至 2014 年 7 月 15 日未签订劳动合同双倍工资差额 955. 86 元，驳回陈某的其他诉讼请求。

评析意见

关于街道办事处与社区工作者之间是否构成劳动关系，目前没有明确的法律规定，司法实践中的处理结果亦不统一，本案正是各种观点分歧的集中体现。本案在历经仲裁机构的审理、一审的两次审查、二审的两次审查后，最终将北京市地区社区工作者与所属街道之间构成劳动关系确定下来，并对认定劳动关系的溯及力进行了确定。本案系北京市法院首次对北京市地区街道办事处与社区工作者之间构成劳动关系进行明确，本案的审理结果亦获得了社区工作者主管行政部门的认可，对于规范街道办事处的用工行为和用工制度、保障基层社区工作者的合法权益具有重大意义。

本案在认定社区工作者与街道办事处之间是否构成劳动关系的问题上，主要从以下三个方面进行了考察。

（一）从双方当事人的签约情况考察

从社区工作者与街道办事处签订的服务协议内容上看，服务协议载明为劳动合同，争议解决途径是劳动争议仲裁，并且双方对提供劳动力、支付报酬、福利待遇等劳动关系的基本要素达成了合意，因此可以认定双方在签订服务协议时具备建立劳动关系的意思表示。

（二）从双方当事人的履约情况考察

《劳动和社会保障部关于确立劳动关系有关事项的通知》（劳社部发〔2005〕

12号）规定，认定劳动关系应同时具备下列情形：第一，用人单位和劳动者符合法律、法规规定的主体资格；第二，用人单位依法制定的各项劳动规章制度适用于劳动者，劳动者受用人单位的劳动管理，从事用人单位安排的有报酬的劳动；第三，劳动者提供的劳动是用人单位业务的组成部分。具体到社区工作者与街道办事处的关系中，首先，街道办事处是政府的派出机关，具备劳动关系的主体资格，社区工作者亦具备劳动关系的主体资格；其次，街道办事处对社区工作者进行培训、管理和考核，社区工作者的工作地点、工作时间、工资保险待遇等均受到街道办事处的管理，工作中亦受到街道办事处制定的各项规章制度的约束，其报酬虽由财政统一拨付，但亦由街道办事处发放至社区工作者；最后，街道办事处是政府的派出机构，居委会协助街道办事处履行政府公共管理职能，而社区服务站是居委会的专业服务机构，在社区党组织、居委会的统一领导和管理下开展工作，社区工作者的工作岗位及内容都体现了社会公共利益的需要，属于街道办事处的公共管理职能范围。综合以上三个方面考虑，社区工作者与街道办事处的合同履行情况均符合劳动关系的认定标准。

（三）从北京市社区工作者制度的发展历程考察

北京市社区工作者制度自2000年建立，其发展状况与中国劳动法领域法律规定的变化及北京市出台的政策密切相关，因此，判断社区工作者与街道办事处之间是否构成劳动关系，必须考察其所处的历史背景。2000年北京市社区工作者制度建立之初，北京市发布《北京市社区事业干部管理指导意见（试行）》，将社区干部纳入事业编制管理。2002年的《北京市社区专职工作者管理意见》（京人发〔2002〕89号），将社区专职工作者的范围规定为专门从事社区居委会工作的主任、副主任和委员。2008年1月1日，《中华人民共和国劳动合同法》（以下简称《劳动合同法》）正式施行。同年北京市发布《北京市社区工作者管理办法（试行）》，明确社区工作者是指在社区党组织、社区居委会和社区服务站专职从事社区管理和服务，并与街道（乡镇）办事处签订服务协议的工作人员，并制定了配套的《北京市社区工作者服务协议书（示范文本）》。该管理办法与服务协议书示范文本均载明其依据的法律规定是《劳动合同法》《劳动合同法实施条例》，服务协议书中更明确协议属于劳动合同。由此可以看出，街道办事处与社区工作者的关系，逐步从事业编制的管理发展为劳动关系。

综上所述，从当事人签约的真实意思表示、合同履行情况及社区工作者制度的发展历程考察，可以认定本案中社区工作者与街道办事处之间构成劳动关系。

关于认定社区工作者与街道办事处之间的劳动关系的溯及力问题。由于《劳动合同法》自 2008 年 1 月 1 日起正式施行，现行的《北京市社区工作者管理办法（试行）》中亦规定："目前已在社区党组织、社区居委会从事社区管理和服务的专职人员，其签订的聘用合同继续有效，可按照本办法有关规定享受相应待遇（其待遇从 2008 年 1 月 1 日起调整）。"故本案将认定社区工作者与街道办事处之间存在劳动关系的时间节点确定为 2008 年 1 月 1 日。

（北京市第三中级人民法院　邓青菁　冯妍）

2. 被派至境外的劳动者劳动关系认定问题

争议焦点

1. 董某某是否由某工程有限责任公司招用并由其外派至境外的工程工作；

2. 董某某在境外的工作项目是否由某工程有限责任公司承包；

3. 在董某某与某巴新公司签订劳动合同后，董某某与某工程有限责任公司之间是否还存在劳动关系。

基本案情

上诉人（原审被告）：某工程有限责任公司

被上诉人（原审原告）：董某某

董某某主张：2013 年 1 月其通过他人介绍，于 2013 年 4 月 18 日入职某工程有限责任公司；其于 2013 年 4 月 17 日从北京出境，于 4 月 18 日到达巴布亚新几内亚，在门迪至坎德普公路工程项目部工作，担任工程技术人员，其直接领导是刘某某；其工资标准为每月 1 650 美元，由某巴新公司直接汇入其在中国银行的账户，工资支付至 2014 年 5 月 31 日；2014 年 5 月 17 日，其在工作中被打伤。另外，某巴新公司未给其缴纳社会保险费。

董某某为证明其主张，提供了团体意外险保险单，该保险单显示某工程有限责任公司给董某某投保了 2013 年 8 月 10 日至 2015 年 8 月 3 日间的团体意外险。某工程有限责任公司认可该证据的真实性，但表示费用是由某巴新公司负担的。董某某还提供了其与王某（某工程有限责任公司办公室工作人员）、刘某某（某工程有限责任公司门迪至坎德普公路工程项目部项目经理）、吴某（某工程有限责任公司副总经理）等人的谈话，该谈话显示双方在协商处理工伤事宜。某工程有限责任公司认可该证据的真实性，但表示王某是某巴新公司在国内办事处的人员，刘某某是某巴新公司的项目经理，吴某时任某巴新公司的负责人，后于2015年5月28日任其公司主要负责人。

某工程有限责任公司主张：门迪至坎德普公路工程项目是其公司承包的工程，因其公司将部分工程分包给了某巴新公司，董某某是某巴新公司的员工，与其公司没有劳动关系；其公司将部分员工派往某巴新公司工作，故其公司为这部分员工缴纳了社会保险费；董某某的工资是由某巴新公司支付的。某工程有限责任公司为证明其主张，提供了董某某的劳动合同，该劳动合同显示甲方为中国海外工程巴新公司，合同期限自2013年4月18日至2016年4月，共36个月。同时，该合同甲方处加盖有某工程有限责任公司巴新公司字样的公章。董某某认可其签名的真实性，但对于合同内容的真实性、合法性均不认可。

董某某以要求确认其与某工程有限责任公司存在劳动关系为由向北京市海淀区劳动人事争议仲裁委员会（以下简称海淀仲裁委）提出申请。海淀仲裁委裁决：驳回董某某的仲裁请求。董某某不服上述裁决，在法定期限内向法院提起了诉讼。

审理结果

北京市海淀区人民法院判决：确认董某某与某工程有限责任公司自2013年4月18日起存在劳动关系。某工程有限责任公司不服该判决，提起上诉。

北京市第一中级人民法院判决：驳回上诉，维持原判。

评析意见

为更好地参与“一带一路”建设，许多中国企业直接在境外注册成立子公司，并从国内招收员工赴国外子公司长期工作。因忽视这种涉外用工的特殊性，一些企业招用工行为不规范、不合法，本案即是由此引发的新型涉外劳动争议案件。本案争议的核心问题为，在境外子公司与外派劳动者签有劳动合同的情况下，中国企业与外派劳动者之间劳动关系是否成立。由此需要考察以下几个问题。

（一）外派人员由谁招用

1. 境外企业不合法招工方式

中国企业在境外注册设立的子公司，在法律上属于境外企业。根据《对外劳务合作管理条例》第二条第二款规定，国外的企业、机构或者个人不得在中国境内招收劳务人员赴国外工作。为了规避境外企业直接在境内招工，实践中，中国企业的境外子公司往往通过以下两种方式从境内招工：一是以境内母公司的名义招工，但要求劳动者与境外子公司签订劳动合同并将其派往境外工作；二是境外子公司在国内设立代表处，通过代表处从国内招工并派往境外工作。上述两种招工方式均为不合法的招工方式，外派劳动者不能通过上述方式直接与境外企业建立劳动关系。首先，境外企业若想在我国境内招用人员，必须通过具备对外劳务合作经营资格的境内企业进行，不能直接以境内母公司名义招工同时自行签订劳动合同；其次，根据《国务院关于管理外国企业常驻代表机构的暂行规定》，外国企业的常驻代表机构不能与中国公民直接签订劳动协议，需通过外服公司签订劳务派遣合同。

2. 应认定由中国企业招工

既然劳动者不能由境外企业直接招用至境外工作，也不能由其国内的代表机构进行招用，而招工主体又是确定劳动关系的重要因素，因此如何认定显得至关重要。此时应当考察招工信息的发布主体，海外工程承包主体，以及公司之间的关联关系等因素，不能简单凭借劳动合同的签订主体来认定。通常招工主体认定为境外企业的境内母公司即中国企业，因为招工信息通常由其发布，海外工程也由其承包，中国企业既是实际的招工主体也是实际的用工主体。本案中董某某即是由某工程有限责任公司招用，并与某工程有限责任公司的境外子公司某巴新公司签订了劳动合同，因此，本案不能简单地通过劳动合同签订主体来认定招工主体。

（二）外派人员的工程项目由谁承包

对外承包工程，是指中国的企业或者其他单位承包境外建设工程项目的活动。承包的工程也是外派人员的工作内容，判断是否存在劳动关系的一项重要因素即是劳动者所从事的劳动是否是用人单位的业务组成部分。因此确定对外承包工程的承包主体对于明确用人单位至关重要。

对外承包工程的企业应当具备国家规定的相应资质，作为对外承包工程的企业同时应当承担其相应的义务。根据国务院《对外承包工程管理条例》的相关规定，对外承包工程的单位应当依法与其招用的外派人员订立劳动合同，按照合同约定向外派人员提供工作条件和支付报酬，履行用人单位义务。实践中确定工程承包主体并不难，但可能会出现工程分包的情况，对此也有相关规定即对外承包工程的企业不得将工程项目分包给不具备国家规定的相应资质的单位，同时若承包主体主张将工程分包给其他公司亦应举证证明。本案中，某工程有限责任公司认可在巴布亚新几内亚的门迪至坎德普公路工程由其承包，并主张其将工程分包给了某巴新公司，但对分包情况未能举证说明而且陈述前后不一。不过无论是否分包给某巴新公司，某工程有限责任公司都应当承担对外承包工程企业的义务，即应与其招用的外派人员订立劳动合同，而不是将该义务转嫁给境外子公司。

（三）已签订的劳动合同能否对抗法律规定

通过上述分析基本可以明确招工主体与承包主体均为境外企业的境内母公司即中国企业。根据《对外承包工程管理条例》第十二条的规定，中国企业应当与外派人员订立劳动合同，如果双方未订立，则应当认定双方存在劳动关系。但如果外派人员已经与境外企业签订了劳动合同，那么此劳动合同是否有效，是否可以阻却外派人员与中国企业之间建立劳动关系？

第一，劳动合同与劳动关系尽管有牵连，但二者也是可以割裂的，有劳动合同，并不一定存在劳动关系。外国企业不具备直接从我国招用员工的资格，也不能直接与我国公民建立劳动关系，故某巴新公司与董某某之间的劳动关系应认定无效。因此，无论某巴新公司是否与董某某签订劳动合同，其与董某某之间都不存在劳动关系。第二，外派人员与承包主体之间的用工关系已为行政法规所确定即按照劳动关系调整，且该条规定属于规定主体应当或必须作出一定积极行为的义务性规则，所以不受已经签订的劳动合同影响。本案中，某工程有限责任公司作为中国企业，承包境外建设工程项目，应当按照上述规定执行，与其外派人员签订劳动合同，履行用人单位的义务，且不能通过协议的方式转嫁其用人单位的义务。因此，虽然董某某与某巴新公司签订了劳动合同，但双方之间并不存在劳动关系，董某某与某工程有限责任公司存在劳动关系，某工程有限责任公司应当承担用人单位的主体责任。

（北京市第一中级人民法院　范楷强）

3. 当事人对仲裁裁决论理部分起诉应裁定驳回

争议焦点

本案应实体审理认定双方是否存在劳动关系还是裁定驳回起诉。

基本案情

原告：北京某建筑工程公司

被告：王某

王某系水暖工，2017年3月至2018年8月在北京市怀柔区庙城镇某餐饮楼处从事图纸设计、水暖施工工作。王某于2018年8月13日向北京市怀柔区劳动人事争议仲裁委员会（以下简称怀柔仲裁委）申请仲裁，要求：北京某建筑工程公司支付其2017年3月24日至2018年8月13日工资31 000元，延时加班工资15 000元、双休日加班工资6 000元、法定节假日加班工资8 000元，解除劳动合同经济补偿20 000元。北京某建筑工程公司未做答辩。怀柔仲裁委于2018年10月15日作出裁决，在裁决书“本委认为”部分写明：“……综上，王某工作的地点系北京某建筑工程公司的项目工地，其工作内容亦属于北京某建筑工程公司，日常工作由公司安排管理，工资系公司工作人员发放，具备劳动关系特征。综上，本委认为王某与北京某建筑工程公司双方存在劳动关系。……庭审中，王某主张工资已支付，未支付饭补、病假工资及加班工资，但未对此提交任何证据，对其主张本委不予采信，故其要求支付工资、加班工资的请求，本委不予支持。王某主张因项目总包方告知其工地已有水暖工，向冉某某提出辞职，其情形不符合领取解除劳动关系经济补偿的规定，故王某要求支付解除劳动合同经济补偿的请求，本委不予支持。”怀柔仲裁委裁决驳回王某的申请请求。

裁决作出后，北京某建筑工程公司不服仲裁裁决诉至怀柔区人民法院，要求判决北京某建筑工程公司与王某自2017年3月24日至2018年8月13日期间不存在劳动关系，理由是仲裁裁决主文虽然驳回了王某的申请请求，但在裁决论理部分认定王某与北京某建筑工程公司存在劳动关系属于事实认定错误。王某同意仲裁裁决。

审理结果

北京市怀柔区人民法院经审查认为：本案中，北京某建筑工程公司系对仲裁裁决的“本委认为”论理部分不服而提起本次诉讼，并不是针对仲裁裁决主文起诉，因该论理部分不具有既判力，故其起诉不符合法律规定。北京某建筑工程公司要求确认与王某不存在劳动关系的诉讼请求未经仲裁前置程序，不予处理。

北京市怀柔区人民法院依照《中华人民共和国劳动法》第七十九条、《最高人民法院关于适用〈中华人民共和国民事诉讼法〉的解释》第二百零八条第三款之规定，作出如下裁定：驳回北京某建筑工程公司的起诉。

宣判后，双方均未提出上诉，裁定书已发生法律效力。

评析意见

民事诉讼案件的审理和裁判应严格遵循“不告不理”“诉判一致”两大诉讼基本原则，该基本原则亦适用于劳动仲裁阶段的审理。本案中，王某在劳动仲裁阶段未提起要求确认劳动关系的申请请求，但对劳动关系的确认问题又是各项给付之诉的基础前提，故仲裁委在论理部分认定双方存在劳动关系之后，对王某的各项涉及赔偿的申请请求裁决驳回。在当事人不服劳动仲裁裁决起诉到法院之后，法院对于诉讼标的识别就表现出与一般民事诉讼案件不同的特质。根据法律规定，劳动争议案件任何一方不同意仲裁结果都必须通过提起诉讼来实现主张，这就意味着劳动争议案件诉讼标的识别有其特殊性，即以当事人是否同意仲裁裁决为界来确定诉讼标的。换句话说，劳动争议“不告不理”原则中“告”所指向的不是诉讼请求，而是其所对应的劳动仲裁事项。本案中，王某、北京某建筑工程公司都是同意仲裁裁决的，即“驳回王某的申请请求”，但是北京某建筑工程公司不同意仲裁裁决论理部分，提起了本次诉讼。因为裁决论理部分不具有既判力，北京某建筑工程公司的诉讼标的不符合法律规定，其提出的诉讼请求未经仲裁前置程序，故应裁定驳回起诉。

有意见认为，裁决书论理部分明确认定了双方存在劳动关系，虽然裁决主文驳回了王某的申请请求，但是仍然让北京某建筑工程公司陷于权利的不安状态，即虽然王某此次申请未得到仲裁支持，但不能排除他此后提起其他劳动争议仲裁的可能，而仲裁论理部分认定双方存在劳动关系无疑对王某提起其他劳动仲裁申请是有利的，故北京某建筑工程公司具有诉的利益，法院应当实体审理就双方是否存在劳动关系作出判决。应当说，上述意见虽然考虑到了对北京某建筑工程公司的救济问题，但仍没有回应诉的标的这一问题，即北京某建筑工程公司的起诉超出了劳动仲裁事项。北京某建筑工程公司同意仲裁裁决主文，仅针对事实认定论理部分起诉不符合法律规定，一方面因为论理部分不具有既判力，另一方面也违反了仲裁前置程序。北京某建筑工程公司可就不存在劳动关系申请劳动仲裁进行救济。本案之所以成讼，实因王某在仲裁阶段未申请确认劳动关系所致。

《人力资源社会保障部、最高人民法院关于加强劳动人事争议仲裁与诉讼衔接机制建设的意见》（人社部发〔2017〕70号）指出，要积极探究和把握裁审衔接工作规律，逐步建立健全裁审受理范围一致、裁审标准统一、裁审程序有效衔接的新规则新制度，实现裁审衔接工作机制完善、运转顺畅。本案给我们的启示是，对于劳动关系确认争议比较大的案件，仲裁阶段应做好释明工作，可要求劳动者将确认劳动关系作为一项申请请求，这样仲裁和诉讼阶段就会对确认劳动关系项进行实体审理，从而避免诉讼标的识别与当事人对诉讼结果的预期之间的差距，有利于节约司法资源。

（北京市怀柔区人民法院民一庭　孙丽君）

4. 非法用工的认定

争议焦点

1. 本案是否构成非法用工；

2. 个人雇用他人从事生产经营活动，应当属于雇佣关系还是非法用工。

基本案情

原告：李某起

被告：李某泉

2017 年 5 月 15 日，李某泉经营的副食批发店聘用李某起从事装卸工作，月工资 4 000 元。2017 年 7 月 8 日，李某起在执行工作中因发生交通事故致伤，遂申请工伤认定，得知李某泉属无照经营，是非法用工。2018 年 7 月 26 日，天津市静海区劳动能力鉴定委员会鉴定李某起为伤残八级。依照《工伤保险条例》第六十六条、人力资源社会保障部《非法用工单位伤亡人员一次性赔偿办法》的规定，李某起向法院提出诉讼请求：请求依法判令李某泉立即赔偿李某起各项工伤保险待遇款共计 265 478.44 元。

李某泉辩称，李某泉与李某起之间不存在劳动关系，李某起要求李某泉赔偿没有事实和法律依据。

李某泉副食批发店于 2017 年 9 月 11 日领取营业执照，企业类型为个体工商户，经营者为李某泉。2018 年 6 月 20 日，李某泉对该批发店办理了注销登记。

2018 年 6 月 12 日和 9 月 18 日，天津市静海区人力资源和社会保障局劳动保障监察部门两次对李某泉进行询问，询问笔录中，李某泉认可李某起系其雇用，2017 年 6 月入职，从事搬运工作。庭审中，李某泉否认李某起系其雇用的事实，坚持称没有所谓的雇主与雇员，所有人只是聚在一起干活，挣得的钱按照事先约好的分配方式进行分配，不存在管理者，因此其不构成用工主体；其领取营业执照行为在李某起受伤之后，领取执照之前即使存在雇用，也只是劳务关系，不能认定为存在劳动关系，进而认定为非法用工。

审理结果

根据《最高人民法院关于适用〈中华人民共和国民事诉讼法〉的解释》第一百一十四条规定，国家机关或者其他依法具有社会管理职能的组织，在其职权范围内制作的文书所记载的事项推定为真实，但有相反证据足以推翻的除外。故一审法院对天津市静海区人力资源和社会保障局劳动保障监察部门所作两份询问笔录的真实性予以认定。无营业执照或者未经依法登记、备案的单位职工受到事故伤害的，由该单位向伤残职工给予一次性赔偿。本案中，李某起受伤时为李某泉工作，而李某泉无营业执照从事副食批发，故李某泉应当按照《非法用工单位伤亡人员一次性赔偿办法》的相关规定给予李某起一次性赔偿。李某泉主张双方无劳动关系，不应赔偿的抗辩，不予支持。

故依照《工伤保险条例》第六十六条第一款，《非法用工单位伤亡人员一次性赔偿办法》第二条、第三条、第四条、第五条及《最高人民法院关于适用〈中华人民共和国民事诉讼法〉的解释》第九十条、第一百一十四条规定，判决被告李某泉应于本判决生效之日起3日内向原告李某起支付一次性赔偿金189 540元、住院伙食补助费1 950元、住院期间护理费6 126.44元，以上共计197 616.44元。

该判决作出后，被告李某泉不服，向天津市第一中级人民法院提起上诉。二审法院对裁判数额作出了调整，但认可一审法院关于非法用工的认定。

评析意见

本案争议焦点在于确定是否构成非法用工；个人雇用他人从事生产经营活动，应当属于雇佣关系还是非法用工，是本案必须考虑的问题。本案基于被告曾经承认雇佣关系，且之后有领取营业执照的行为，从而综合认定其在领取营业执照之前有按照劳动合同法进行用工的形式。按照《非法用工单位伤亡人员一次性赔偿办法》第二条第一款规定，非法用工单位伤亡人员是指无营业执照或者未经依法登记、备案的单位以及被依法吊销营业执照或者撤销登记、备案的单位受到事故伤害或者患职业病的职工，或者用人单位使用童工造成的伤残、死亡童工。因此，本案认定被告属于无营业执照用工，构成非法用工。该裁判意见具有一定的合理性。首先，从保护劳动者的角度，认定非法用工有利于强化对受伤劳动者的保护程度。其次，结合领取营业执照的行为，可以综合分析其之前用工的形式，包括工作时间、考勤方法、计薪方式等，更倾向于符合劳动法的规定。最后，倾向于非法用工的认定，有助于规范市场经营者，在一定程度上督促经营者规范用工、合法经营。

关于非法用工的认定，《劳动争议类案裁判规则与法律适用》① 中对非法用工的认定问题提出如下观点。《工伤保险条例》和《非法用工单位伤亡人员一次性赔偿办法》没有明确规定非法劳动用工关系的认定主体，既然我国现行劳动法律、法规和行政规章没有明确规定，那么，劳动保障主管部门、相关行政主管部门（如工商局、公安局等）和人民法院均具有认定非法用工的权力。有关部门只要出具了非法用工的处理意见，也可以作为人民法院认定非法用工的依据。人民法院在实践中也可以依据劳动法、劳动合同法关于用人单位和劳动者主体资格的规定，来判定是否属于非法劳动用工，即只要是用人单位或者劳动者任何一方不具有劳动法规定的主体资格的，都属于非法用工。

该观点确实反映了关于非法用工法律规定的缺失问题。“只要是用人单位或者劳动者任何一方不具有劳动法规定的主体资格”显然表明的是“用人单位”，那么个人用工是否可以认定为非法用工却仍没有明确意见。

有意见认为应属于雇佣关系。首先，非法用工主体既然不能构成用人单位，其与所雇人员之间就不能构成事实上的劳动关系。其次，由于非法用工主体是自然人，自然人与自然人之间的用工关系当然属于雇佣关系。

另有意见认为应属劳动关系。首先，无营业执照进行经营的非法用工主体虽然形式上不符合用人单位的条件，但实质上已构成个体工商户或企业的实质要件，在审判中应依据其实质要件判断是否构成用人单位。其次，非法用工主体由于违反工商登记的规定，理应受到行政处罚，但行政违法行为不应影响其民事行为的效力，两者应区分开来。最后，劳动者作为非法用工关系中的相对方，并不

① 王永起，奚晓明. 劳动争议类案裁判规则与法律适用［M］. 北京：人民法院出版社，2011.

存在任何过错，不应因非法用工主体的违法行为而导致劳动者不受劳动法的保护。

笔者认为，对于个人雇用他人从事经营活动，不能在受雇者受伤时都一概认定为非法用工，继而按照工伤保险待遇进行赔偿。虽然认定为非法用工有利于给予劳动者更多的保障，但是不利于市场经营活动的开展，不利于保持市场主体活力。因此，要认定为非法用工应当综合考虑以下三个因素：

1. 用工主体对外经营是否以单位名义。如果用工主体对外经营是以单位名义，且以单位名义进行招工、管理工人等，用工主体的用工形式可以认定为劳动关系，即符合上述“应属劳动关系”意见中的原因考量，因此也可以进一步认定为非法用工。

2. 所从事的经营活动是否必须领取相关营业执照。需要完善相关行政法规，对于必须领取营业执照的市场活动进行明确规定。如果属于必须领取相关营业执照才可以进行的活动，个人雇用他人从事该活动，就应当构成非法用工，在承担行政责任的同时，按照劳动法承担相应责任。

3. 用人规模。个人虽以个人名义雇用他人，但雇用人员众多，规模较大，考虑到市场管理需要和用工者可能面临的风险问题，可以考虑认定为非法用工，从而督促其规范用工，并受劳动合同法调整。

（天津市静海区人民法院民一庭　韩聪聪）

5. 互联网平台接单的用工形式是否应认定劳动关系

争议焦点

线上接单的保洁员与用工单位之间是否应认定为劳动关系。

基本案情

申请人：张某

被申请人：某资产管理公司

某资产管理公司经营长租公寓业务。租户退租后，需对房屋进行清洁，为此，某资产管理公司建立了一个微信公众号，将清洁需求形成订单，在该公众号中发布。在该微信公众号平台注册的保洁人员接受订单后即可进行保洁工作，并据此享有报酬。某资产管理公司（甲方）与某科技公司（乙方）签订了一份劳务外包合同，约定如下："乙方提供满足甲方要求的劳务人员……甲方将依据劳务人员完成的业务确认的金额支付乙方劳务费，乙方转支付给完成服务的劳务人员……甲方向乙方支付的劳务费用包括乙方劳务人员费用、乙方服务费以及乙方劳务人员意外险……"张某于2017年8月起开始在某资产管理公司经营的公寓内从事保洁工作，劳动报酬根据保洁订单完成量计算，并由某科技公司按月向其支付。

2018年11月，张某提起劳动仲裁申请，要求确认其与某资产管理公司之间存在劳动关系。

庭审中，张某称其工作的区域是由其本人向某资产管理公司提出，然后由该公司安排；保洁工作完成后，其需拍照上传至微信公众号；没有保洁派单时，其可以自由安排时间；接单后，如其不完成订单就会受到处罚。某资产管理公司则称，其公司建立的微信公众号仅具有计算订单数量的功能，如保洁人员拒绝接受订单，公司并不会因此而对保洁人员进行处罚。该案中的证据显示，某资产管理公司在派发订单前会通过微信群询问群内保洁人员是否可以正常上班；保洁人员在接受保洁订单后，也可以向公司提出转单要求；张某每月的劳动报酬所得接近1万元。

审理结果

驳回张某的申请请求。

评析意见

互联网平台接单的用工形式属于近年来大量出现的新兴职业，该类从业人员的工作内容直接指向客户，故在工作时间（何时开始工作）、工作形式（以何种方式开展工作）以及劳动报酬（多劳多得）等方面受客户的影响较大，而在用工单位对其进行管理（坐班、服从工作安排、汇报工作成果等）这方面的特性较弱。该类从业人员在工作自由度、人身依附性及经济依附性等方面均有别于传统职业，故传统认定劳动关系的标准是否适用于该类用工形式或者说如何更好地适用于该类用工形式值得探讨。笔者认为，平台接单的用工形式具有特殊性，在判定该类从业人员与用工单位之间是否属于劳动关系时应考虑多方面因素，不应机械地适用传统认定标准。

具体到本案，首先，从张某的工作形式和工作内容来看，其仅需根据接收的保洁订单提供劳动，工作完成后将工作成果上报即可，并根据工作量取得报酬；在没有保洁派单时，其可以自由安排时间。从这种工作状态来看，张某仅需对其进行的保洁工作负责即可，在保洁工作之外，其不受某资产管理公司的调派或限制（如必须到指定地点待命或除保洁工作外还必须完成其他工作），工作模式较为灵活。其次，从微信群记录来看，保洁人员与某资产管理公司之间就保洁人员是否能够提供劳动、提供劳动的区域等问题能够进行充分沟通与协商，并据此对工作进行调整，而不是完全由公司安排。由此可见，保洁人员与某资产管理公司之间并不完全处于管理与被管理的状态。最后，从张某的劳动报酬取得状况来看，张某按订单完成量计酬，每月收入接近1万元，如果换作是一名传统意义上的保洁员，按常理工资一般不会达到如此高的数额。此外，张某如拒绝了保洁订单，并不会因拒绝订单的行为而受到某资产管理公司的处罚，而如果是传统意义上的保洁员，如无故拒绝工作，很有可能会受到扣除工资乃至解除劳动关系的处理。张某所述的“接单后，如其不完成订单就会受到处罚”一事并不能直接看作某资产管理公司对张某进行了管理，反而更类似于是一种违约条款，而违约条款在多种法律关系中均可存在，故仅凭这一点，不足以证明双方属于劳动关系。综上所述，某资产管理公司与张某之间并非严格的管理与被管理的关系。此外，从某资产管理公司与某科技公司签订劳务外包合同的行为可见，某资产管理公司在用工时，并无与保洁人员建立劳动关系的意愿。综上，笔者倾向于认定双方之间不属于劳动关系。

目前，通过互联网接单的工作岗位基本不需要具备诸如法律、财务、计算机等专业技能，如保洁员、送餐员、司机等职业，不需要非常专业的工作技能，一般仅需具备基本工作能力即可。此类从业人员数量庞大，就业需求也较为迫切。当前，基于互联网用工形式灵活、报酬相对可观、准入门槛较低（注册后经简单审核即可工作等）等因素，互联网平台企业会与大量劳动者在工作上建立联系。如将此类从业人员全部视为与企业建立劳动关系，仅社会保障（五险一金）一项，就会给该类企业造成较大的经济压力，那么企业很有可能会通过降低用工成本（降低工资、变相增加工作量等）甚至减少或不再提供就业机会等方式减轻经济压力，而这种方式带来的后果就是导致劳动者“干得多拿得少”或者就业机会变少，则最终利益受到损害的仍然会是劳动者。基于此，企业放弃对劳动者的人身管理权，得以免除劳动关系内单位应尽的义务，劳动者放弃劳动关系内应享有的待遇，但同时能够获得更高的经济回报，这未尝不是一种稳定劳动关系的方法。但从另一方面来讲，企业提供了更多灵活就业的机会，可适当减轻企业社会保障方面的成本；但劳动者为企业提供劳动，企业给予必要的保障亦属应当。毕竟，这不仅是对劳动者的保护，也是对企业的保护。例如，可以为劳动者购买商业保险，如发生意外，劳动者的权益可得到保障，企业同样也可以降低自身承担责任的风险。

目前社会上已存在多种互联网平台接单的用工形式，大致分为以下几种：（1）个人自行注册后即可开展工作，自主决定是否接受工作，如滴滴司机（可抢单可派单，接受指派单需自行点击）；（2）由用人单位统一管理，对工作内容有统一安排，如京东物流；（3）可兼职可全职，如美团外卖。针对不同的用工形式，在判断是否属于劳动关系时，还应该作具体区分，不可一概而论。

随着互联网的兴起，与互联网相关的行业越来越多。互联网行业不同于传统行业，经营形式更加新颖，用工方式更加灵活。新形势下，我们应更新劳动关系认定的观念，深入考虑如何定义劳动关系，才能更好地维护用人单位与劳动者的权益，更好地平衡用人单位与劳动者之间的利益。

（北京市东城区劳动人事争议仲裁院　卞倩）

6. 见习并非已就业，权利义务有区别

争议焦点

见习协议形成的法律关系与劳动法及劳动合同法关于用人单位与劳动者之间的法律关系是否相同。

基本案情

申请人：张某某

被申请人：某医院

申请人张某某称，其女儿张某于2016年8月到被申请人某医院工作，双方没有签订书面劳动合同。2016年10月18日早晨七时许，张某在去单位上班途中，发生道路交通事故被撞身亡。申请人为了申请认定张某属于工亡，要求劳动人事争议仲裁委员会确认其女儿张某生前与被申请人之间存在事实劳动关系。

被申请人某医院则认为，该院是高校就业见习基地，申请人女儿张某的身份是一名见习生。理由是："2009年唐山市政府为了贯彻落实《国务院办公厅关于加强普通高等学校毕业生就业工作通知》及《中共河北省委办公厅关于进一步加强高校毕业生就业及工作意见》文件精神，印发了我市高校毕业生就业管理办法。我院是为了保障高校毕业生就业见习活动的顺利实施，在市政府的主导下，组织实施未就业的高校毕业生就业见习活动，并严格遵守上述各项规定，如见习单位可以根据实际情况调整见习人员的见习岗位，每月为其发放不低于当地最低工资标准的生活补贴，生活补贴由见习单位、财政补贴和失业保险金共同担负，并为其购买商业人身意外伤害保险或大病医疗保险。申请人女儿张某于2016年8月到我院见习，9月16日与我院签订了唐山市高校毕业生就业见习协议书，被安排到就业见习基地——我院工作。协议书中约定张某见习期为12个月，从

2016年9月1日起至2017年8月31日止，见习岗位为见习临床。我院根据《唐山市高校毕业生就业见习管理办法》的规定，无偿为张某提供就业见习机会，为其就业提供便利条件，张某不是我单位在册员工，与单位没有任何劳动或劳务关系，不享受工伤保险、养老保险、医疗保险等任何社会保险福利待遇；见习过程中，见习人员出现伤亡事故或患病所需费用应由商业人身意外伤害保险或大病保险予以解决。综上所述，见习制度不被劳动法及劳动合同法纳入，由此确认申请人女儿与我院不成立法律上的劳动关系。”

审理结果

劳动人事争议仲裁委员会认为申请人女儿张某与被申请人某医院作为具有完全民事行为能力的平等主体，通过协商签订见习协议。某医院作为就业见习基地，与张某基于见习协议形成的法律关系不同于劳动法及劳动合同法关于用人单位与劳动者之间的法律关系。申请人要求认定张某与被申请人某医院存在事实劳动关系，不符合《劳动和社会保障部关于确立劳动关系有关事项的通知》之规定。裁决申请人张某某之女张某与被申请人某医院不存在事实劳动关系。

评析意见

本案庭后合议时，有观点认为劳动合同法并未规定见习关系这一形式，应认定申请人的女儿张某与被申请人某医院之间建立劳动关系；也有观点认为双方通过协商签订见习协议建立见习关系，应按照见习协议的约定履行双方的权利义务。

为了引导和鼓励高校毕业生就业，国务院明确提出探索高校毕业生见习制度。2009年国务院办公厅印发《关于加强普通高等学校毕业生就业工作的通知》（国办发〔2009〕3号），2011年又印发《国务院关于进一步做好普通高等学校毕业生就业工作的通知》（国发〔2011〕16号），后者第八条中规定“各地要结合当地产业发展需要和高校毕业生情况，鼓励和扶持一批规模较大并有一定社会影响力的企事业单位作为就业见习单位，为有见习需求的未就业高校毕业生提供见习机会”。该文件发出后，各个省份均结合本省的实际情况制定当地的管理规定。从国务院到省、市关于就业见习的规定相继出台，明确规定了见习人员与见习单位的权利义务，区分了见习关系与劳动关系。例如，仅要求见习单位为见习人员购买团体意外险，每月补贴由政府财政与见习单位共同承担，见习关系建立时双方签订见习协议，见习关系结束时仅需向见习人员出具见习证明等。劳动关系与见习关系的区别详见表1。

表1　劳动关系与见习关系的区别

对比内容	劳动关系	见习关系
社会保险	法律强制性规定，缴纳五险	无须缴纳，但需购买意外伤害险和大病医疗险
工资发放主体	用人单位	见习单位和政府财政支持
签订的合同	劳动合同	见习协议
关系解除的依据	解除劳动关系通知书	见习证明
关系终止后的结果	劳动关系解除	经考核符合见习单位要求的，可与见习人员签订劳动合同；不符合要求的，出具见习证明，终止见习关系
对法人的特殊要求	无	需向当地人力资源社会保障部门申请见习基地
对人员的特殊要求	无	毕业两年内离校未就业普通高校毕业生
建立关系次数	可以多次	见习关系只能建立1次
合同期限	分为固定期限、无固定期限	见习关系建立时间最多为1年

见习关系兼具政府的帮扶性质，目标是尽快实现见习人员就业。也就是说见习期间见习人员并未实际就业，未就业何谈劳动关系？

见习人员与见习单位签订的见习协议为平等主体之间的合同，应受合同法调整。本案中被申请人某医院与申请人的女儿张某作为具有完全民事行为能力的平等主体，通过协商签订的见习协议，不违反法律法规的强制性规定。该协议明确某医院安排张某见习活动，提供其见习岗位系为了满足张某学习岗位技能、增强和提高就业和创业能力的需要。根据见习协议确定的权利义务及各方证据，某医院作为唐山市人力资源社会保障部门批准的就业见习基地，与张某基于见习协议形成的法律关系，不符合劳动法及劳动合同法关于用人单位与劳动者之间的法律关系。

（唐山市劳动人事争议仲裁院　杨阳）

7. 岗前培训期间劳动关系的认定

争议焦点

岗前培训期间，劳动者与用人单位是否存在劳动关系。

基本案情

申请人：李某

被申请人：某科技公司

李某大学毕业后，多番求职未果，于2018年3月底赴注册成立不到半年的某科技公司应聘翻译岗位，面试合格并达成就职意向。某科技公司以李某缺乏社会经验为由，要求李某2018年4月1日至4月20日参加公司入职培训，培训结束后正式上岗工作。培训中，李某按时出勤，顺利完成各项学习任务并在公司部分项目中承担了翻译工作，某科技公司不支付李某培训期间工资。培训结束后，李某正式上岗工作，但某科技公司迟迟不与李某签订劳动合同。李某正常工作至2018年6月30日，当日提出解除劳动关系，并向劳动人事争议仲裁委员会申请劳动仲裁，请求：（1）确认2018年4月1日至6月30日双方存在劳动关系；（2）支付其2018年5月1日至6月30日未签订劳动合同双倍工资差额。

某科技公司主张李某培训期间非员工身份，未提供劳动，故该期间双方不存在劳动关系，劳动关系应自2018年4月21日起算，未签订劳动合同双倍工资差额应自2018年5月21日起支付。

审理结果

经审理，仲裁委员会认为培训期间双方权利义务明确，系劳动关系，故支持了李某的全部仲裁请求。某科技公司收到裁决书后未起诉，该裁决生效。

评析意见

越来越多的用人单位在录用新员工时，以岗前培训方式对劳动者进行公司制度、岗位职责等方面的培训，以保障劳动者上岗后较快适应岗位工作。但部分用人单位认为培训期间劳动者系以学习方式提升劳动技能的过程，并未实际提供劳动，故不认为培训期间双方存在劳动关系，亦不与劳动者签订劳动合同，不缴纳社会保险费，甚至存在不支付工资的情况。针对此种情形，实践中亦存在两种不同观点。一种观点认为，培训期间不宜认定劳动者与用人单位存在劳动关系。《劳动合同法》第七条对劳动关系建立的标准明确表述为“用人单位自用工之日起即与劳动者建立劳动关系”，即劳动关系应始自用人单位对劳动者正式用工之日。岗前培训过程中，劳动者并未实际提供劳动，且如若培训尚未结束之时劳动者即不再参与培训、离开用人单位，实际劳动关系自始未形成，如认定劳动关系自培训之日起建立，则可能导致用人单位面临支付经济补偿的风险。另一种观点认为，培训期间双方存在劳动关系，培训开始之日即为劳动关系起始时间。《中华人民共和国劳动法》（以下简称《劳动法》）明确规定，劳动者有接受职业技能培训的权利。用人单位为劳动者安排岗前培训，系出于满足其自身用工需求的目的，通过提升劳动者工作技能的方式确保劳动者入职之后尽快上岗、提供高效能的劳动输出，故先培训再上岗的情形之下，培训期间应当视为双方在履行劳动关系中的权利义务，在无其他约定的情况下，应当认定培训期间系劳动关系，培训起始时间即为劳动关系建立之时。

笔者认为，培训期间劳动者与用人单位是否系劳动关系应视实际情况而定，分不同情形处理。“用工”二字不应局限于理解为提供劳动，应结合实际，做广义、宽泛的理解。劳动者与用人单位的关系，系劳动者以对用人单位的人身依附性、从属性为前提，让渡自由、提供劳动给用人单位，用人单位以支付劳动报酬、提供劳动保障作为对价的关系，不仅包括实际用工，也应包括用人单位虽未使用该劳动力，但其目的系为日后实际使用该劳动力的情形。

用人单位组织培训时大致有两种情形。一种是用人单位举办培训班，劳动者就参与培训方面享有自主权，用人单位不对劳动者是否参与培训做必然要求，劳动者实际上岗以通过培训考核为标准，通过后才实际用工。此种培训情形中，用人单位未对劳动者进行管理，亦不享受劳动者培训后可能达到的更优效能，仅是对劳动者是否符合用工标准的审查，故不宜认定为劳动关系。另一种是用人单位安排的培训内容与劳动者对应的岗位职责存在高度关联并强制性要求劳动者参与，其内容有可能是法定的培训内容（如职业相关法律法规等），也有可能是用人单位自定的内容（如公司规章制度、员工手册管理规定、岗位职责标准等）。此类培训，均是为用人单位日后实际雇用劳动者提供服务，是以用人单位利益为出发点的培训，应认定劳动者参加此类培训即与用人单位建立劳动关系。

对该类案件进行实质审查时，应着重区分培训内容（是否与岗位存在较强关联性）、培训形式（劳动者是否受用人单位严格管理，培训是否具有强制性）及培训目的（是否以劳动者入职后较快上岗提供劳动为目的）三方面。另外，岗前培训是否可认定为劳动关系，亦应参照劳动关系认定的基本要素。《劳动和社会保障部关于确立劳动关系有关事项的通知》规定，用人单位未与劳动者订立书面劳动合同时，劳动关系成立应符合以下条件：（1）用人单位和劳动者符合法律、法规规定的主体资格；（2）用人单位依法制定的各项劳动规章制度适用于劳动者，劳动者受用人单位的劳动管理，从事用人单位安排的有报酬的劳动；（3）劳动者提供的劳动是用人单位业务的组成部分。

综上，本案中：（1）双方具备建立劳动关系的主体资格。李某符合成为劳动者资格，某科技公司是经注册批准设立的具有用工主体资质的组织。（2）存在依据用人单位规章制度所产生的管理与被管理的隶属关系，由用人单位安排劳动者从事有报酬的活动（即培训时间及培训形式方面）。李某接受某科技公司在考勤及其他相关行为的约束，体现出人身从属性特征，该从属性不因某科技公司未承担支付李某劳动报酬义务而改变。（3）李某接受培训内容与某科技公司主营业务密切相关（即培训内容方面）。李某所接受的培训目的，是为了了解公司相关情况、更快熟悉岗位职责，为正式上岗做好准备，从而更好地适应公司的经营业务，因此该培训构成了公司整个经营业务活动的一部分，与工作本身具有紧密相关性。此外，李某培训期间已实际参与公司正常经营的业务范畴。综合以上情形，李某在岗前的入职培训符合劳动关系认定“三原则”，应当认定与某科技公司存在劳动关系。

以审慎的态度保护双方的合法权益，才能实现维护用工关系的和谐稳定。面对培训期间劳动关系认定的相关争议时，不能仅因劳动者尚未开展具体工作及履行工作职责而否定双方劳动关系的建立，应实际审查培训期的实质内容，明确培训期间劳动者与用人单位之间关系实质。要避免部分用人单位假借“培训”“学徒”之名，行逃避劳动关系主体责任之实，使劳动者权益得不到保障。同时警示用人单位岗前培训期间要合法用工，依法与劳动者签订书面劳动合同，并履行劳动报酬支付、社会保险费缴纳等义务，切不可认为培训期间双方无劳动关系而怠于履行法律法规规定的相应义务，以致承担法律责任。

（北京市朝阳区劳动人事争议仲裁院　张萌）

8. 挂靠关系中的劳动关系认定

争议焦点

挂靠的劳动者与被挂靠单位之间是否存在劳动关系。

基本案情

申请人：李某

被申请人：张家口市某房地产开发有限公司

李某诉称：2007年1月1日至2015年10月31日张家口市某房地产开发有限公司（以下简称房产公司）为其缴纳了养老保险费，其未在房产公司处工作过，是因为房产公司让其回家待岗，现要求房产公司为其补缴2015年11月至2018年12月的养老保险费，以保证其老有所养。

房产公司辩称：因我单位是房地产行业，需要办理资质，要求社保账户上有金额，于是我单位员工将其亲戚李某拉来挂在我单位社保账户上缴纳社会保险费；李某未在我单位工作过，我单位也未给李某发放过劳动报酬，李某与我单位没有劳动关系，对李某的请求不予认可。

经仲裁委员会调查：（1）申请人李某从未在被申请人房产公司处付出过劳动，李某未提交房产公司让其回家待岗的证据，房产公司也未给李某发放过劳动报酬，双方未签订过劳动合同书；（2）李某提交的2007年1月1日至2015年10月31日养老保险缴费纪录上载明缴费单位名称是房产公司；（3）房产公司提交的2015年全年工资发放表、员工花名册均未找到李某的名字；（4）房产公司于2019年2月15日经张家口市桥东区行政审批局准予注销；（5）李某任职张家口市某保洁公司经理。

审理结果

李某与张家口市某房地产开发有限公司不存在事实劳动关系，驳回李某要求房产公司缴纳2015年11月至2018年12月的养老保险费的请求。

评析意见

此案为用人单位为取得资质将申请人李某挂靠本单位社保账户缴纳养老保险费而引发确认劳动关系、补缴养老保险费案件。本案经审理，未认定存在事实劳动关系。本案有以下几点特殊性。

1. 用人单位主体资格。被申请人房产公司经张家口市桥东区工商行政管理局登记注册，具备用人主体资格，属于合法用人单位。

2. 申请人李某未为被申请人付出过劳动，被申请人未支付过申请人劳动报酬；申请人在张家口市某保洁公司工作。

3. 被申请人为申请人缴纳了2007年1月1日至2015年10月31日的养老保险费。

4. 按照《劳动和社会保障部关于确立劳动关系有关事项的通知》第一条，用人单位招用劳动者未订立书面劳动合同，只有同时具备（1）用人单位和劳动者符合法律、法规规定的主体资格；（2）用人单位依法制定的各项劳动规章制度适用于劳动者，劳动者受用人单位的劳动管理，从事用人单位安排的有报酬的劳动；（3）劳动者提供的劳动是用人单位业务的组成部分，劳动关系才能成立。而本案申请人不具备“从事用人单位安排的有报酬劳动，且不是用人单位业务的组成部分”。

5. 按照《劳动和社会保障部关于确立劳动关系有关事项的通知》第二条，用人单位未与劳动者签订劳动合同，认定双方存在劳动关系时可参照下列凭证：（1）工资支付凭证或记录（职工工资发放花名册）、缴纳各项社会保险费的记录；（2）用人单位向劳动者发放的“工作证”“服务证”等能够证明身份的证件；（3）劳动者填写的用人单位招工招聘“登记表”“报名表”等招用记录；（4）考勤记录；（5）其他劳动者的证言等。其中，（1）、（3）、（4）项的有关凭证由用人单位负举证责任。申请人提交了被申请人为其缴纳2007年1月1日至

2015 年 10 月 31 日的养老保险费记录，但并不符合《劳动和社会保障部关于确立劳动关系有关事项的通知》第一条规定的应同时具备的情形。所以无法认定申请人与被申请人存在劳动关系，故不能支持申请人要求被申请人为其补缴 2015 年 11 月至 2018 年 12 月养老保险费的请求。

（河北省张家口市桥东区人力资源和社会保障局
劳动人事争议调解仲裁股　陈艳丽）

9. 企业的合伙人可以与员工一样享受劳动福利待遇吗

争议焦点

申请人作为被申请人的合伙人之一，且申请人参与被申请人处的实际经营和管理，申请人与被申请人之间是否存在劳动关系。

基本案情

申请人：某员工

被申请人：某合伙企业

被申请人某合伙企业于2018年3月26日成立，申请人和某合伙企业的法定代表人是某合伙企业的两个合伙人，二人于2018年6月18日签订了合伙创业协议书，其中载明：某合伙企业的法定代表人出资55 000元整，占股份55%，申请人出资45 000元整，占股份45%；合伙人为合伙经费垫支的费用，以合伙财产偿还，执行合伙业务，不得要求支付报酬。申请人是某合伙企业的实际经营管理者之一，某合伙企业以“丁丁打卡”方式实行考勤管理制度，某合伙企业的考勤由申请人管理，但是申请人并没有设置记录申请人和某合伙企业法定代表人的考勤记录。申请人向劳动人事争议仲裁委员会申请仲裁，要求某合伙企业支付其2018年3月至2019年3月的工资54 000元。

被申请人辩称：2018年6月双方签订合伙创业协议书，关系转变为合伙创业关系，合伙创业协议书中写明了“合伙人为合伙经费垫付的费用，以合伙财产偿还，执行合伙业务，不得要求支付报酬”。

审理结果

根据《劳动和社会保障部关于确立劳动关系有关事项的通知》之规定，申请人系合伙企业事务执行人，申请人与被申请人之间不存在劳动关系，故申请人要求被申请人支付其工资的请求事项，无事实依据，不予支持。裁定驳回申请人仲裁请求。

评析意见

该案例的争议焦点在于申请人作为被申请人的合伙人之一，且申请人参与被申请人处的实际经营和管理，申请人与被申请人之间是否存在劳动关系。

对于合伙人之一的申请人与被申请人之间能否构成劳动关系，实践中存在两种观点：一种是构成劳动关系，申请人作为合伙人之一要求工资是其在合伙过程中付出的额外劳动所得，应该得到支持；另一种观点认为不构成劳动关系，合伙人之一执行合伙事务，系根据我国合伙企业法规定，由合伙协议约定或全体合伙人之间的合意决定一个或多个合伙人执行合伙事务，系对合伙事务的协商委托管理，合伙事务执行人并非与合伙企业构成管理与被管理的具有人身依附性及隶属关系的劳动关系。笔者认同第二种观点，即合伙企业事务执行人与合伙企业之间不构成劳动关系。

本案中，申请人作为合伙人，基于利益共享、责任共担等规定，其在合伙企业中无论从事何种工作均是执行合伙事务的一种表现形式，即便其在此过程中额外付出了相应的劳动，这种劳动也是为其自己服务，为自身谋取利益的行为，具有更多的自主性，欠缺劳动关系之从属性这一核心要件。即使存在“劳动报酬”的约定，但实质是其额外付出劳动后，按其与其他合伙人间的约定获得的一种劳务回报，这种回报本质上与劳动者的工资并不能等同。综上，本案申请人作为合伙人之一，与其他合伙人对合伙事务享有同等的权利，承担同等的责任，其与合伙企业间不存在劳动法意义上的人身依附性及隶属性的关系，故申请人与被申请人之间不存在劳动关系。

合伙人与合伙企业之间不存在劳动关系，理由如下。

我国将合伙企业划分为普通合伙企业和有限合伙企业两种，虽然两种合伙企业的构成和出资等方面有不同的规定，但是两种合伙企业无一例外地做了由合伙人执行合伙事务的规定，当然，对于有限合伙企业而言，只有普通合伙人有权利进行合伙事务的执行。

在人合和资合问题上，合伙企业是典型的人合企业，这从一定意义上讲，是因为合伙企业的合伙人对合伙企业的债务承担着一种无限连带责任，虽然有限合伙人例外于普通合伙人，但是他毕竟无法成为合伙企业的事务执行人。作为承担无限连带责任的合伙事务执行人而言，自己的行为出发点有自身利益的需要，这种利益不是劳务付出的报酬，最主要的是投资所需要的收益回报，加上对企业经营失败承担一种无限连带责任，激发了合伙事务执行人争取合伙企业利益最大化的初衷。因此，法律对于合伙企业事务执行人身份的特殊规定与一般公司经理、董事有所不同的理由就显而易见。

《劳动和社会保障部关于确立劳动关系有关事项的通知》中对构成劳动关系有三个条件：(1) 用人单位和劳动者符合法律、法规规定的主体资格；(2) 用人单位依法制定的各项劳动规章制度适用于劳动者，劳动者受用人单位的劳动管理，从事用人单位安排的有报酬的劳动；(3) 劳动者提供的劳动是用人单位业务的组成部分。此规定较为原则性，在具体操作过程中，还需要将当事人间实际权利义务内容的事实特征与劳动关系的本质特征进行比对，在客观事实特征的基础上就劳动关系的本质特征深入进行剖析，才能得出相应的判断。劳动关系的本质特征可以概括为：一是双方都有建立劳动关系的主体资格；二是双方建立劳动关系的原因和目的只是为了实现交换财产这一属性；三是劳动者向特定用人单位提供劳动，用人单位在规定的时间内可以排他性命令、使用劳动者，即人身依附性；四是用人单位对劳动者具有保护义务，劳动者对用人单位负有忠诚的义务。

劳动关系本身的人身依附性表现得比较强烈，劳动者与用人单位签订的劳动合同规定双方的权利和义务，用人单位对于劳动者从事的劳动时间、劳动纪律、劳动场所、劳动内容及劳动成果等都具有较多的规定，因此，劳动者在人身上更多地依附于用人单位。对于合伙事务执行人而言，是自己为自己服务，对于自己的时间有随意支配的权利，即使是在合伙事务执行中与其他合伙人对合伙事务的执行有约定，但是其自身并非依附于该企业，其本身也就是整个合伙的代表，不需要对外出示任何证明材料，与合伙企业本身是一种平等的关系。

合伙事务执行人本身是合伙企业的“主人”之一，根据《中华人民共和国合伙企业法》第十六条第三款“合伙人以劳务出资的，其评估办法由全体合伙人协商确定，并在合伙协议中载明”的规定，合伙人是可以以劳务出资的，这种劳务可以是一种技术、一种管理能力，也可以是某特定的人本身所具有的隐性价值等，对于执行合伙事务即便是额外付出的劳动，这种劳动也是为谋取自身利益，具有更多的自主性，这种劳动是可以在合伙企业盈余分配上进行体现的。而即便这种多付出的劳动可以在合伙企业盈余中拿出一部分予以回报，这种回报本质上也不同于劳动者的工资。在劳动关系中劳动者为用人单位服务，劳动者得到回报的方式体现在工资上，而合伙企业事务执行人则是获得合伙企业的盈余分配。所以，合伙人与企业之间不存在劳动关系。

（天津市滨海新区劳动人事争议仲裁院　李鑫超）

10. 双重劳动关系的认定标准

争议焦点

劳动者与两家用人单位分别建立劳动关系的认定。

基本案情

上诉人：李某

被上诉人：甲公司

2013年3月29日，李某入职甲公司，双方签订期限为2013年3月29日至2015年8月1日的劳务协议书。李某同时签收了甲公司员工手册，该手册第五章第5.3款载有“当月连续旷工两天或当月累计旷工达三天且拒不改正者，该员工将按违纪而被公司解除劳动合同”的内容。

李某主张因甲公司不缴纳社会保险费且待遇低，故其于2015年8月10日入职乙公司，乙公司为其缴纳了社会保险费。入职乙公司后，李某继续在甲公司工作，两家公司的工作时间是完全错开的。

2015年8月1日、2016年8月1日、2017年8月1日，甲公司与李某分别签订了三份1年期劳务协议书，约定李某担任维修等职位。2017年1月11日，甲公司向李某送达工作时间确认信，与李某确认其所在岗位的班次，李某在员工签名处签字。2018年1月3日，甲公司向李某发出员工违纪通知单，载明违纪情形，并扣除当月绩效200元。2018年1月25日，甲公司向李某发出通告，告知李某工作时间调整情况，要求其按调整后的班次上岗。对此，李某主张甲公司在未与其协商的情况下调整其工作时间，导致其无法从事乙公司的工作，故其没有按照甲公司的要求出勤。

2018年1月30日，甲公司向李某发出员工违纪通知单及违纪解聘通知书，告知李某因其违反员工手册第五章5.3款而解除劳动合同。李某认可收到上述通知。

2018年2月1日，李某向劳动人事争议仲裁委员会提出劳动仲裁申请，要求确认与甲公司自2013年3月29日至2018年1月31日期间存在劳动关系，并要求甲公司支付其违法解除劳动关系赔偿金等诉求。仲裁委员会裁决确认双方自2013年3月29日至2015年8月9日期间存在劳动关系，驳回李某的其他仲裁请求。李某不服，持原申请意见起诉至法院。

审理结果

一审法院经审理认为，李某自述其2015年8月10日入职乙公司并与之建立劳动关系，乙公司亦自当月起为李某缴纳社会保险费，且李某与甲公司之间签订的系劳务协议书，故李某要求确认与甲公司之间自2015年8月10日至2018年1月31日期间存在劳动关系的诉讼请求，不予支持。因李某与甲公司之间的事实劳动关系自2015年8月10日基于李某与乙公司建立劳动关系而终止，故李某要求甲公司支付违法解除劳动关系赔偿金等诉讼请求，不予支持。

一审法院于2018年8月6日作出判决：(1) 确认李某与甲公司自2013年3月29日至2015年8月9日期间存在劳动关系；(2) 驳回李某的其他诉讼请求。

二审法院经审理认为，鉴于双方当事人在2015年8月10日至2018年1月31日期间存在实际用工的情况，故双方之争议焦点实际为该用工的性质问题。甲公司认可李某于上述期间在其公司工作，李某的工资由其公司发放，李某受其公司管理。2015年8月10日李某入职乙公司后继续在甲公司工作，其工作内容与之前没有变化。综合考虑李某自2013年3月29日至2018年1月31日期间在甲公司的履职情况，可以认定李某与甲公司自2015年8月10日至2018年1月31日亦存在劳动关系。

二审法院于2018年11月26日作出判决：(1) 撤销一审法院判决第二项；(2) 变更一审法院判决第一项为确认李某与甲公司自2013年3月29日至2018年1月31日期间存在劳动关系；(3) 甲公司于本判决生效后7日内支付李某2013年3月29日至2018年1月31日期间未休年休假工资1 520.92元；(4) 甲公司于本判决生效后7日内支付李某2017年12月工资200元；(5) 驳回李某的

其他诉讼请求。

评析意见

本案处理重点主要在于对双重劳动关系的理解和认定问题。具体到本案中，一、二审法院审理思路出现分歧，其主要原因即在于对劳动者是否可以建立双重劳动关系的不同理解。

一审法院认为李某与甲公司之间的事实劳动关系自 2015 年 8 月 10 日基于李某与乙公司建立劳动关系而终止。但二审法院认为劳动关系不会因劳动者与另一家用人单位建立劳动关系而自行终止，即并不能因劳动者与另一家用人单位建立劳动关系而直接否认双重劳动关系的存在，双重劳动关系的认定仍然应以符合劳动关系的认定标准来进行判断。本案中，李某一直在甲公司提供劳动，甲公司为其发放劳动报酬并对其进行实际管理，因工作时间完全错开，甲公司称其公司在本案诉讼前并不知晓李某在乙公司工作，在入职乙公司后李某在甲公司的工作没有任何变化，直到甲公司以旷工违纪为由将李某解聘。故根据上述实际用工情况，双方符合劳动关系的要件，可以认定双方存在劳动关系，遂二审法院对一审法院判决予以改判。

双重劳动关系的认定应注意以下三点。第一，司法实践中存在双重劳动关系的现象，我国法律亦并不禁止双重劳动关系的建立，故对于符合劳动关系认定标准的案件应当依法认定。从《劳动合同法》第三十九条和《最高人民法院关于审理劳动争议案件适用法律若干问题的解释（三）》第八条的具体规定可以看出，我国法律并未禁止对双重劳动关系的认定，且司法解释（三）第八条的规定并不应该理解为认定双重劳动关系的案件仅限于内退、下岗待岗及放长假人员。对于认定双重劳动关系的案件，可从以下三方面来考察是否构成劳动关系：（1）用人单位和劳动者符合法律、法规规定的主体资格；（2）用人单位依法制定的各项劳动规章制度适用于劳动者，劳动者受用人单位的劳动管理，从事用人单位安排的有报酬的劳动；（3）劳动者提供的劳动是用人单位业务的组成部分。如果均符合，则可依法认定。

第二，劳动关系的终止应依照《劳动法》《劳动合同法》相关规定进行，无自行终止一说，双重劳动关系的建立没有导致劳动关系终止的法律效果。根据

《劳动合同法》第四章的相关规定，劳动关系的解除一般可分为用人单位单方解除、劳动者单方解除及双方协商一致解除三种形式，除此之外，《劳动合同法》第四十四条还规定了劳动合同终止的具体情形，而双重劳动关系的建立不属于该条规定的任何一种情形，所以建立双重劳动关系并不能发生终止另一劳动关系的法律效果。

第三，我国法律并不鼓励双重劳动关系的建立，劳动者与另一用人单位建立劳动关系后，后一劳动关系的工作内容不应影响前一劳动关系，否则用人单位可依据《劳动合同法》第三十九条第（四）项的规定单方解除劳动关系。从上述规定可以看出，我国法律虽然不禁止劳动者与前一用人单位建立劳动关系后再与后一用人单位建立劳动关系，但是建立后一劳动关系并不应该对前一劳动关系产生影响，如果该影响严重到对完成前一用人单位的工作任务造成严重影响，或者经用人单位提出而拒不改正，前一用人单位可以单方解除劳动合同，而无须支付补偿金或赔偿金。

（北京市第二中级人民法院　管元梓）

11. 外卖配送员与网络平台之间劳动关系的认定

争议焦点

外卖配送员通过网络服务平台接收订单提供送餐服务，网络服务平台运营公司为外卖配送员购买了商业保险，外卖配送员与网络服务平台之间是否存在劳动关系。

基本案情

原告：王某某

被告：上海某信息科技有限公司

上海某信息科技有限公司为“饿了么”订餐平台运营商，其与案外人天津市某餐饮管理服务有限公司（以下简称某餐饮公司）签订了《××配送代理合作协议》，协议期限为2016年8月7日至2017年8月6日。协议约定上海某信息科技有限公司授权某餐饮公司使用“××配送”系列产品在天津市内经营“××配送”业务，某餐饮公司为上海某信息科技有限公司提供即时配送服务，上海某信息科技有限公司与某餐饮公司员工不存在任何劳动关系。

王某某于2017年3月11日至2017年5月22日通过“饿了么”订餐平台从事“××配送”的配送员工作，未与上海某信息科技有限公司签订书面劳动合同；上海某信息科技有限公司为王某某投保了中国平安财产保险股份有限公司短期健康险和意外险共52份。王某某起诉要求确认与上海某信息科技有限公司之间存在劳动关系。

审理结果

驳回王某某的全部诉讼请求。

评析意见

本案争议焦点为王某某与上海某信息科技有限公司之间是否存在劳动关系。劳动关系的本质特征是劳动者受用人单位的劳动管理，从事用人单位安排的劳动，用人单位向劳动者支付劳动报酬。王某某虽提交了相关证据证明其是通过“饿了么”平台进行送餐业务的外卖配送员，但上海某信息科技有限公司提交的证据显示其订餐平台的配送业务存在授权给合作公司经营的情形，配送员虽使用其公司的商标及产品名称，但并不必然直接与上海某信息科技有限公司建立劳动关系。依照《劳动争议调解仲裁法》的规定，发生劳动争议，当事人对自己提出的主张，有责任提供证据。本案中，王某某未提交合法有效证据证实上海某信息科技有限公司向其发放工资，其受上海某信息科技有限公司的管理和工作安排。王某某自述由天津市滨海新区负责人王秋风招聘、管理并由王秋风现金发放工资，但对王秋风的身份及是否在上海某信息科技有限公司任职的情况均未提交证据证实，故王某某的主张与上海某信息科技有限公司之间存在劳动关系的诉讼请求缺乏事实依据，不予支持。

随着互联网平台的蓬勃发展，外卖配送员、快递派送员、网约车司机等新兴行业应运而生并快速形成规模化，该类行业入行门槛较低，管理松散，大量劳动力涌入此类行业，如何在尊重和保障互联网行业发展的同时，保障劳动者的合法权益不受损害，对此类行业劳动者的劳动关系予以认定，成为一个重要的课题。

外卖配送员、快递派送员、网约车司机等行业具有一些不同于传统劳动力市场的特点。第一，依托互联网平台的服务行业入门门槛较低，劳动者应聘的途径更加多样化，且一般不需要经过用人单位面试等多种考核程序，只需符合互联网服务平台的一般条件，即可通过注册账号等方式从事相关业务。第二，此类行业劳动者的计薪方式多为提成式计薪，按每单提成若干费用的标准，以劳动者实际从事的业务单量结算费用，是多劳多得的直接体现。第三，此类行业劳动者的工作时间相对自由、灵活，一般并非朝九晚五的标准工时工作制，夜间、休息日或节假日往往是业务需求量较大的时段，劳动者不完全接受用人单位的考勤管理，可自主安排工作时间。第四，此类行业劳动者往往没有固定的工作场所。因外卖配送、快递派送等业务的特殊性，从业人员极易发生交通事故，但认定工伤的前提是确认劳动关系，所以能否认定劳动关系是此类依托互联网平台的服务行业从业人员发生劳动争议的矛盾集中区域。

劳动关系的外在表现形式，是劳动者向用人单位提供劳动，接受用人单位的劳动管理，用人单位向劳动者发放劳动报酬。目前司法实践中适用的法律依据为《劳动和社会保障部关于确立劳动关系有关事项的通知》第一条的规定，即用人单位招用劳动者未订立书面劳动合同，但同时具备下列情形的，劳动关系成立：(1) 用人单位和劳动者符合法律、法规规定的主体资格；(2) 用人单位依法制定的各项劳动规章制度适用于劳动者，劳动者受用人单位的劳动管理，从事用人单位安排的有报酬的劳动；(3) 劳动者提供的劳动是用人单位业务的组成部分。其中，提供劳动和发放报酬，在劳务关系或承揽关系中也均有体现，不属于劳动关系的独有性特征，难以以此来进行区分。劳动关系最核心的特征为人身从属性，即劳动者接受用人单位的劳动管理，服从用人单位的工作安排，即一种劳动力受用人单位强势控制的状态。所以，在认定外卖配送员、快递派送员、网约车司机等劳动者是否与互联网平台存在劳动关系时，也要结合上述劳动关系的特征要素予以考量。

首先，劳动者与网络平台之间是否具有劳动合意。劳动者在通过网络平台进行外卖配送等相关服务时，往往会使用网络平台提供的统一制式工作服、工作证、商号名称等，甚至网络平台所属公司会为劳动者购买商业保险，以降低意外事故发生后的风险成本。这些外在形式使劳动者倾向于认为其劳动关系归属于该网络平台所属公司，但网络平台所属公司是否真正具有与劳动者建立劳动关系的意思表示，需要从多个维度进行考量，在司法实践中，则需要网络平台所属公司进行举证，证明其与劳动者之间属于何种法律关系。

其次，劳动者的工作模式是否体现劳动力的从属性和控制性。实践中，一种情况是网络平台发布业务资源，劳动者可自行通过网络平台注册，注册过程中网络平台往往会提供格式化协议，要求劳动者认可协议条件后，方可从事网络平台提供的业务，比如网约车司机。如果劳动者与网络平台已经以协议形式明确约定了双方的权利义务，则均应依约履行。此种情形中，网络平台一般仅对劳动者的从业资质有所要求，并要求劳动者遵守该行业均应遵守的一般性行业规定，对劳动者无其他方面的劳动管理，劳动者可自主决定劳动时间及劳动量，且由于工作时间灵活，此种情形中存在大量劳动者兼职的情形，网络平台业务的收入并不作为其主要生活来源。此种情况下，劳动者与网络平台所属公司不具有劳动从属性，不属于劳动关系。另一种情况是网络平台所属公司将其线下的实际操作业务发包给相关劳务公司，与承包公司通过签署书面协议约定双方权利义务，劳动者的招用及管理全部由承包公司负责，网络平台所属公司授权承包公司使用其品牌名称，双方按照承包协议结算费用，再由承包公司向劳动者支付报酬。网络平台仅作为信息媒介，通过网络平台发布订单信息等。此种情形多见于外卖配送行业及快递派送行业，因网络平台所涉业务可能遍及全国，但在各个区域，均由不同公司承包线下业务。这种情形中，网络平台所属公司并不是劳动者提供劳动的对象，也不是向劳动者发放工资的主体，故双方不具有劳动关系。劳动者与承包公司之间是否具有劳动关系，仍需结合相关事实予以考量。此外，由于互联网平台的资源多样性及灵活性，也存在其他形式的用工形式，需结合具体案情予以认定。

在对外卖配送员、快递派送员、网约车司机等新兴行业从业人员的劳动关系进行认定时，需明确价值取向，平衡劳动者及网络平台所属用工单位双方的利益，在维护劳动者合法权益的同时，亦应保障互联网行业的发展，遵从市场规律和经济规律，促进新兴行业健康繁荣发展，才能为劳动者提供更多的劳动机会和更好的劳动待遇，从长远来看实现劳动者和用人单位的双赢局面。

（天津市滨海新区人民法院塘沽审判管理委员会　倪天骄）

12. 在校大学生与用人单位之间劳动合同效力的认定

争议焦点

1. 关于用人单位与大四学生签订劳动合同效力的认定问题；
2. 工伤认定机构作出认定工伤决定后对仲裁活动中确认劳动关系的影响。

基本案情

申请人（被反申请人）：郭某
被申请人（反申请人）：A 公司

郭某系在校大四学生，于 2018 年 3 月 1 日入职 A 公司，双方签订了劳动合同。2018 年 3 月 27 日郭某在工作中受伤，后经人力资源社会保障部门认定为工伤，达到职工工伤与职业病致残等级标准八级。因 A 公司未依法及时为郭某缴纳工伤保险费，故郭某向劳动争议仲裁委员会提出仲裁申请，要求 A 公司支付相关工伤待遇。A 公司接到仲裁申请后在举证期限内提出反请求，要求确认双方签订的劳动合同无效，理由为郭某系在校大学生，尚未毕业，不符合建立劳动关系的主体资格。庭审中，双方当事人均认可 A 公司自 2018 年 5 月起为郭某正常缴纳了工伤保险费，并补缴了 2018 年 3 月至 2018 年 4 月期间的工伤保险费。

审理结果

A 公司按照法律规定支付郭某工伤待遇，驳回 A 公司的仲裁请求。

评析意见

（一）关于用人单位与大四学生签订劳动合同效力的认定问题

一种观点认为，根据《劳动部关于贯彻执行〈中华人民共和国劳动法〉若干问题的意见》（以下简称《意见》）的规定，在校生利用业余时间进行勤工助学的行为不视为就业，且大四学生仍需接受所在学校的管理，完成学校交给的学习任务，与社会上的其他求职者存在差别，故未毕业的大学生并不具备劳动关系的主体资格，大四学生与用人单位之间签订的劳动合同应当认定为无效。

另一种观点认为，我国法律法规并未禁止在校大学生就业，《劳动和社会保障部关于确立劳动关系有关事项的通知》中规定的劳动关系认定三要素所涉及的劳动者主体资格亦仅从民事行为能力方面进行审查，并未将在校大学生排除在外，因而，大四学生与用人单位签订的劳动合同应当认定为有效。

笔者认为，尽管《意见》明确规定"在校生利用业余时间勤工助学，不视为就业，未建立劳动关系，可以不签订劳动合同"，但该规定仅针对利用课余时间从事勤工俭学或社会实践活动的在校学生，不仅包括大学生，也包括中学生，此种情形仅指在校学生不以就业为目的、提供短期或不定期劳务工作以获取一定劳务报酬的情况，显然不宜按劳动关系认定。但大四学生面临毕业及就业，且以毕业后继续留任工作、建立长期稳定的劳动关系为前提，有明确的求职意向，符合建立劳动关系的基本主体资格。且《意见》中关于"公务员和比照实行公务员制度的事业组织和社会团体的工作人员，以及农村劳动者（乡镇企业职工和进城务工、经商的农民除外）、现役军人和家庭保姆等不适用劳动法"的规定，也未将在校大学生排除在适用范围之外，故对于大四学生与用人单位之间签订的劳动合同效力问题不宜简单地认定，而应进行全面细致的审查。

本案中，郭某符合建立劳动关系的基本主体资格，且距离毕业仅半年时间，学业基本完成，求职时已对单位说明该情况，A公司亦作了系统考察；郭某自2018年3月1日起以就业为目的全日制在A公司工作，双方签订的劳动合同书系真实意愿的表达，不存在欺诈、胁迫、乘人之危、显失公平等情形，亦未损害国家、集体或者第三人利益，且劳动合同约定的工作任务、劳动报酬等权利义务内容不违反法律法规，比照我国劳动法律的相关规定，此种情况下的劳动合同不存在无效情形，依法应为有效合同，双方建立事实劳动关系。

（二）工伤认定机构作出认定工伤决定后对仲裁活动中确认劳动关系的影响

实践中，劳动者在工作过程中发生工伤，向工伤认定机构申请工伤认定时，按照《工伤保险条例》的规定，应提交与用人单位存在劳动关系（或存在事实劳动关系）的证明材料，这是社会保险行政部门受理工伤认定的基础。那么，工伤认定机构在进行工伤认定时，是否有权对事实劳动关系进行确认，工伤认定机构对劳动者提交证明材料仅作形式审查后对于劳动仲裁部门认定事实劳动关系是否存在影响？

一种观点认为，工伤认定中事实劳动关系的确认权可以由工伤认定机构行使，理由如下：（1）《工伤保险条例》第十八条第一款已明确规定证明劳动关系的材料包括证明事实劳动关系的相关资料，即行政法规已经授权工伤认定部门可以对是否存在事实劳动关系作出主观判断，事实不清的，认定部门还应调查核实；（2）先经仲裁确认劳动关系、后进行工伤认定的程序，加重了劳动者的诉累，不利于社会稳定；（3）若按这一程序开展工作，极易把劳动争议仲裁的确认程序变成工伤认定的前置程序，但法律法规对此并无明确规定。上述观点肯定了劳动关系认定属于工伤认定机构的附属职权。①

另一种观点认为，工伤认定中事实劳动关系争议仍应由劳动仲裁部门解决。之所以要明确工伤认定中对事实劳动关系的确认权属问题，是由于工伤与一般的侵权或者意外事故区别的关键在于，工伤认定属于劳动关系的范畴。如果没有劳动关系这一前提，则伤害只能是一般侵权或者意外事故。因此，工伤认定的逻辑起点在于劳动关系的存在。②

2009年7月20日，最高人民法院行政审判庭针对湖北省高级人民法院作出《关于劳动行政部门在工伤认定程序中是否具有劳动关系确认权请示的答复》（〔2009〕行他字第12号），对此作出了明确规定："根据《劳动法》第九条和《工伤保险条例》第五条、第十八条的规定，劳动行政部门在工伤认定程序中，具有认定受到伤害的职工与企业之间是否存在劳动关系的职权"；但按照《关于确立劳动关系有关事项的通知》的规定，劳动者与用人单位就是否存在劳动关系

① 陈荣鑫. 工伤认定中事实劳动关系的确认权［J］. 中国劳动，2005（6）.

② 丁晓华. 劳动关系的认定属于工伤认定机构的附属职权［J］. 人大复印资料（经济法学、劳动法学），2008（4）.

引发争议的，可以向有管辖权的劳动争议仲裁委员会申请仲裁，劳动关系确认属于劳动争议，应通过劳动仲裁及民事诉讼途径解决，而不应经过行政确认，继而再通过行政复议、行政诉讼解决。

笔者认为，认定工伤系行政行为，一经作出立即生效，鉴于此，工伤认定部门对受伤劳动者与企业之间是否存在劳动关系的审查需遵循审慎的原则。在实际工作中，若劳动者与用人单位未签订劳动合同，则需就劳动者提交的其他证明材料进行审查。工伤认定部门受职权所限，一般无法就证据组织双方举证质证，亦无法作出有法律效力的司法文书，此时应由社会保险行政部门告知劳动者申请仲裁的权利，这实际上是要求劳动者补充劳动关系证据材料，经过劳动仲裁及民事诉讼途径作出生效的法律文书后即可确认双方劳动关系；若劳动者或用人单位或双方共同提出认定工伤申请，且提交了劳动合同等劳动关系证明材料，则工伤认定部门一般仅对上述材料作形式审查，不作实质审查，此时，可视作工伤认定部门行使了劳动关系认定的附属职权。

本案中，郭某与A公司签订了劳动合同，郭某受伤后向工伤认定部门提出认定工伤申请，该劳动合同即为郭某提交的劳动关系证明材料，因劳动合同系劳动关系的直接证明材料，故工伤认定部门进行形式审查后即可确认郭某工伤认定的基础条件成就。在认定工伤决定作出后，郭某提出要求A公司支付工伤待遇的仲裁请求。对于工伤认定部门依据双方劳动合同及具体受伤情况作出的已经生效的具体行政行为，劳动仲裁部门不应盲目推翻，应结合案件实际情况作出劳动关系存在与否的确认结论。综上，劳动仲裁部门确认了双方劳动合同的有效性，并依据相关法律规定裁决A公司支付郭某相应的工伤待遇。

（北京市丰台区劳动人事争议仲裁院　张越）

13. 在校学生与实习单位之间劳动关系的认定

争议焦点

在校学生就业实习是否认定劳动关系。

基本案情

原告：刘某

被告：北京某教育科技公司

刘某系2015级全日制研究生，于2018年6月毕业。北京某教育科技公司系提供教育咨询服务的有限责任公司，实际经营范围包括提供出国留学咨询、撰写出国文书等。

2017年7月31日，刘某与北京某教育科技公司签订实习协议，约定：本合同为固定期限劳动合同，于2017年7月31日生效，至2018年7月30日终止，试用期至2017年9月30日；刘某担任文书顾问工作；执行标准工时制度；试用期基本工资为4 500元/月，转正后基本工资为7 000元/月。北京某教育科技公司于2018年4月20日向刘某发送通知书，以刘某在职期间的工作能力与岗位要求有所差距，我行我素、自由散漫，经多次指正不予改进为由，通知其自2018年5月20日起解除劳动关系。上述通知书同时载明："公司将按照劳动法的规定，给予您一个月工资的经济补偿金"等内容。此外，北京某教育科技公司在刘某办理交接后，为刘某出具了解除劳动合同证明书，载明："刘某系我单位员工，于2017年7月起在我单位工作，已签订劳动合同，我单位决定从2018年5月20日起与该同志解除劳动合同。"

刘某向北京市朝阳区劳动人事争议仲裁委员会提起仲裁，要求北京某教育科技公司支付其未签订劳动合同双倍工资差额、工资差额、提成工资、十三薪、加班费及违法解除劳动关系赔偿金。北京市朝阳区劳动人事争议仲裁委员会认为，刘某于2017年7月31日至2018年6月期间系学生并全日制在校学习，接受学校的全面管理，其至北京某教育科技公司工作的行为系自行从事社会实践活动的行为，对刘某主张双方存在劳动关系的主张不予采信，故裁决驳回刘某的全部仲裁请求。

刘某不服上述裁决，诉至法院要求判令北京某教育科技公司支付2017年7月31日至2018年5月20日期间提成工资16 000元、2017年7月31日至2018年5月20日期间的十三薪7 000元、违法解除劳动关系赔偿金7 000元、2017年7月31日至2018年5月20日期间休息日加班费7 000元及法定节假日加班费1 000元、2017年8月1日至2017年9月30日工资差额2 200元、2017年8月31日至2018年5月20日期间未签劳动合同二倍工资差额90 000元。

北京某教育科技公司不同意刘某的诉讼请求，辩称：双方没有建立劳动关系。刘某是全日制在校学生，于2017年7月31日至2018年5月18日期间在北京某教育科技公司处进行社会实践活动的实习。北京某教育科技公司招收在校大学生进行勤工俭学，由于招纳的学生较少，没有相应的管理制度和协议，所以参照正式员工管理制作了实习协议。双方所签实习协议期限为一年期，到期后终止，可见刘某没有在北京某教育科技公司长期任职的打算。

审理结果

北京市朝阳区人民法院依照《劳动合同法》第十条、第二十条、第四十条、第四十七条、第八十七条，《劳动法》第四十四条，《劳动争议调解仲裁法》第六条之规定，作出判决如下：

（1）北京某教育科技公司于本判决生效之日起七日内支付刘某提成工资16 000元；

（2）北京某教育科技公司于本判决生效之日起七日内支付刘某违法解除劳动关系赔偿金7 000元；

（3）北京某教育科技公司于本判决生效之日起七日内支付刘某休息日加班费643.68元、法定节假日加班费965.52元；

（4）北京某教育科技公司于本判决生效之日起七日内支付刘某试用期工资差

额 2 200 元；

（5）驳回刘某的其他诉讼请求。

评析意见

在校学生就业实习是否认定劳动关系，应根据具体事实进行判断。

在校生实习根据不同情况大致可分为教学实习、带薪实习和就业实习三种。教学实习是学校教学活动的组成部分，学生须完成实习才能达到毕业条件，具有一定强制性。带薪实习是指学生在教学计划之外自行联系用人单位进行的实习活动，并以此获取一定报酬，例如勤工俭学。就业实习则指在校学生以就业为目的，在符合用人单位招录条件的前提下，通过实习获得与用人单位签订劳动合同的机会，除了在社会保险方面存在一定的特殊性外，在管理、薪酬等其他方面都与正式员工无本质区别。此时，其身份虽仍属学生，但已基本完成学业，相较于学校而言，更倾向于接受用人单位的监督和管理，与劳动用工无实质差异。

结合上述案例，首先，从招用方面讲，北京某教育科技公司在向刘某送达的入职通知中承诺有薪资构成、福利待遇含年底十三薪、社会保险、晋升加薪机会等，与正式员工所享待遇无本质差别。其次，从合同的订立方面讲，北京某教育科技公司在明确知晓刘某系应届毕业生的情况下，与刘某订立协议，该协议虽名为“实习协议”，但具备《劳动合同法》规定的劳动合同应具备的全部条款，且明确约定为固定期限劳动合同，并有试用期。再次，从合同的履行方面讲，刘某所从事的工作内容为北京某教育科技公司经营活动的主要组成部分，于 2017 年 8 月至 2018 年 5 月期间工作日出勤基本为满勤，且存在休息日、法定假日加班情形，北京某教育科技公司亦向刘某支付了基本工资，故相较于学校而言，刘某更倾向于由北京某教育科技公司进行日常监督、管理，具有明显的人格和经济的从属性。最后，从合同的解除方面讲，北京某教育科技公司向刘某所送达的解除通知书中表示“解除劳动关系”“公司将按照劳动法的规定，给予您一个月工资的经济补偿金”等字样；在刘某办理交接后，北京某教育科技公司亦按照法律规定向刘某出具了解除劳动合同证明书，并在其中明确表示刘某系其员工，自 2018 年 5 月 20 日起解除劳动合同。综上，刘某与北京某教育科技公司之间符合劳动关系的实质要件，应认定为劳动关系。

实践中，对于在校学生与实习单位是否建立劳动关系的认定应注重区分实习的具体情形。对于为完成学校安排的社会实习或自行从事社会实践活动的实习，一般不构成劳动关系；但对于双方名为实习，实为与正式劳动用工无实质差别的实习，尤其是带薪实习和就业实习，应该认定实习学生和实习单位之间建立劳动关系，以防止用人单位利用在校学生的特殊身份，规避最低工资、加班工资、解雇保护等劳动基准规定，侵害在校学生的劳动权益。

（北京市朝阳区人民法院民一庭　郭天天）

劳动合同的签订与履行

劳动合同是调整劳动关系的基本法律形式，是确立劳动者与用人单位劳动关系的重要前提，在劳动法中占据核心位置。司法实践中，因劳动合同的签订、履行引发的劳动争议案件较为常见，如涉及未订立劳动合同二倍工资差额、工资差额、加班费、未休年休假工资、奖金及提成等争议。同时，随着经济社会的发展，竞业限制、专项培训等引发的案件也日渐增多，呈现新型化、复杂化的特点。用人单位和劳动者依法签订书面劳动合同，全面履行劳动合同，有利于保护双方的合法权益，稳定劳动关系，减少和避免劳动争议的产生。

● 用人单位应当依法与劳动者签订劳动合同。劳动合同是劳动者与用人单位之间确立劳动关系，明确双方权利和义务的协议。建立劳动关系，用人单位应当与劳动者签订书面劳动合同。用人单位未与劳动者签订书面劳动合同的，应赔偿劳动者未签订劳动合同二倍工资差额。

● 劳动合同内容应当完备。劳动合同内容应当具备劳动合同期限、工作内容和地点、工作时间和休息休假、劳动报酬、社会保险等条款。除必备条款外，劳动者与用人单位还可以在法律、法规允许的范围之内，协商约定其他内容作为劳动合同的约定条款，如试用期限、专项培训、商业秘密的保护和补充保险、福利待遇等。

● 用人单位应当根据法律规定与劳动者约定试用期。用人单位为劳动者提供专项培训费用，进行了专业技术培训的，可以与劳动者订立协议，约定服务期。用人单位可以对负有保密义务的劳动者，在劳动合同或者保密协议中与劳动者约定竞业限制条款。实践中，由于试用期、服务期及商业秘密的保护属于用人单位与劳动者之间的约定条款，操作空间较大，用人单位可以依法运用相关制度平衡双方权利义务关系，劳动者应重点关注双方约定的条款，保护自身权益。

● 签订劳动合同，应当遵循合法、公平、平等自愿、协商一致、诚实信用的原则。劳动合同效力认定是劳动合同制度中的重要内容，关系到劳动合同是否成立和有效，关系到双方当事人合法权益的维护。近年来，劳动者提供虚假信息、隐瞒真实情况等欺诈入职的现象频繁发生，用人单位违反劳动基准和参加社会保险的规定等情形也并不少见，这些都将导致劳动合同无效。无效劳动合同得不到法律保护。劳动合同只有善意地成立、生效并得到履行，才能成为保护双方当事人合法权益的“利剑”。

● 用人单位与劳动者负有全面履行劳动合同约定的义务。依法订立的劳动合同具有约束力，用人单位与劳动者应当按照劳动合同的约定全面履行各自的义务。用人单位应严格遵守劳动基准和参加社会保险的规定，规范劳动管理。依法建立和完善劳动规章制度，保障劳动者享有劳动权利、履行劳动义务。按照劳动合同约定和国家规定，向劳动者及时足额支付劳动报酬。严格执行劳动定额标准，不得强迫或者变相强迫劳动者加班。劳动者应当接受用人单位的管理，遵守规章制度，履行劳动义务。

● 用人单位与劳动者协商一致，可以变更劳动合同约定的内容。劳动合同一经依法订立，即具有法律约束力，受法律保护，双方当事人应当严格履行，任何一方不得随意变更劳动合同约定的内容。但是，当事人在订立合同时，有时不可能对涉及合同的所有问题都作出明确的规定，因此双方可以依据有关法律法规的规定，经协商一致，就劳动合同的部分条款进行修改、补充或者删减，通过对双方权利义务关系重新进行调整和规定，使劳动合同适应变化发展了的新情况，从而保证劳动合同的继续履行。实践中，用人单位单方面随意调整劳动者工作岗位、工作地点、劳动报酬的案例很多，劳动者应注意保护自身权益，双方应以诚相待、协商一致，依法变更劳动合同，使劳动合同得以继续履行。

我国正处于社会转型期，社会矛盾凸显，劳动合同的合法签订和全面履行，明确了用人单位与劳动者之间的权利义务关系，促进了劳动力资源的合理配置，有利于减少和避免劳动争议的发生。劳动合同既是对双方的保障，又是一种约束，用人单位和劳动者应秉持诚实信用的原则，正确行使权利，严格履行义务，使劳动合同制度发挥更大的作用，建立双方和谐稳定的劳动关系。

14. 关于“基于特殊待遇而设定的服务期”的司法认定

争议焦点

1. 服务期的内涵是什么；

2. 《劳动合同法》第二十二条是否排除了基于专业技术培训之外的特殊待遇而设定服务期的可能；

3. 基于特殊待遇服务期而设定的违约金是否受到限制以及如何限制。

基本案情

上诉人：某科技公司

被上诉人：孙某某

孙某某于2012年7月11日入职某科技公司，任研发工程师，双方先后签订了2012年7月11日至2015年7月10日、2015年7月11日至2018年7月10日的劳动合同。

2012年9月4日，某科技公司（甲方）与孙某某（乙方）签订劳动合同补充协议，协议中载明：“（1）甲方将依据国家及北京市办理进京户口的相关规定，协助乙方办理在北京的落户手续，乙方已充分了解甲方对自己的工作安排和相关待遇，并保证在甲方的服务年限不低于五年。（2）乙方同意，如乙方不能在甲方连续工作五年而提前离职，甲方可以按照国家的相关规定将乙方户口返回原籍或不予协助乙方办理相关的户口转出手续，除非乙方将乙方提前离职给甲方造成的实际损失（不低于20万元人民币）在离职前支付给甲方。（3）乙方知道甲方并非为在甲方工作的每一位员工办理进京户口，基于此，乙方同意对签署和履行本协议的情况对甲方的其他员工承担保密义务。”后某科技公司为孙某某办理了北京户口。

2016年12月12日，孙某某向某科技公司提交辞职申请，以“因为自己一些个人原因，再考虑公司的发展”为由提出离职，双方的劳动合同于2017年1月17日解除。孙某某陈述其离职前12个月的平均工资为11 040元。后某科技公司提起仲裁及诉讼，要求孙某某赔偿损失20万元。

审理结果

北京市大兴区人民法院于2017年12月20日作出判决：（1）孙某某于判决生效之日起10日内向某科技公司赔偿损失20 000元；（2）驳回某科技公司的其他诉讼请求。

北京市第二中级人民法院于2018年8月1日作出判决：驳回上诉，维持原判。

评析意见

本案中，某科技公司为孙某某办理了进京落户手续，并基于孙某某担任研发工程师的岗位特性与孙某某约定了五年的最低工作年限及孙某某提前离职所需要承担的损失赔偿责任。现孙某某因个人原因提前离职，某科技公司基于双方约定要求孙某某承担损失赔偿责任，孙某某则以进京落户指标不能作为违约金和赔偿损失的依据、某科技公司不能证明其实际损失作为抗辩理由拒绝对某科技公司予以赔偿。据此，对于用人单位为劳动者所提供的诸如解决进京落户指标等特殊待遇而设定的服务期以及相对应的违约金、赔偿金条款，法院及劳动仲裁部门应当如何审查认定，成为本案审理的关键点。

对此，笔者认为需要厘清三个方面的问题：第一，服务期的内涵是什么？第二，《劳动合同法》第二十二条是否排除了基于专业技术培训之外的特殊待遇而设定服务期的可能？第三，基于特殊待遇服务期而设定的违约金是否受到限制以及如何限制？

首先，服务期的内涵是什么。服务期应当是和劳动自由原则尤其是契约自由相关联的概念。劳动自由原则是法律自由价值在劳动法中的体现，主要体现为劳动者的契约自由、结社自由和团体自治，禁止强迫劳动。在劳动合同法领域，契约自由主要包括劳动者的缔约自由以及辞职自由，也就是劳动者通常可以决定是否与某一用人单位建立劳动关系、签订劳动合同，可以自主决定是否继续履行劳动合同，仅需遵守相关的程序性规则，即可解除劳动合同。服务期则是对劳动者辞职自由的一种限制，但这种限制并非针对劳动者的人身自由，劳动者仍享有遵守程序性规则前提下的辞职自由，但需要以承担一定数额的违约金为代价。基于保护劳动者辞职自由的原则，服务期的约定应当受到严格限制，也就是说只有当用人单位为劳动者提供了特殊待遇或出资招用、培训的情况下，经双方协商一致才能设定服务期。因此，服务期的内涵是指用人单位和劳动者约定的，对劳动者有特殊约束力的，劳动者因获得特殊的条件而应当与用人单位持续劳动关系的期限。

其次，《劳动合同法》第二十二条第一款规定“用人单位为劳动者提供专项培训费用，对其进行专业技术培训的，可以与该劳动者订立协议，约定服务期”，该条款属于授权性规范，即授予用人单位可以自行抉择是否通过对劳动者进行专业技术培训的方式约定服务期，但无法据此推出对劳动者进行专业技术培训是实现约定服务期的唯一方式。在现实的劳动合同履行过程中，用人单位通过提供住房、汽车、现金补贴等方式与劳动者约定服务期的情况屡见不鲜。虽然《劳动合同法》第二十五条规定“除本法第二十二条和第二十三条规定的情形外，用人单位不得与劳动者约定由劳动者承担违约金”，但并未规定其法律后果。从社会效果上看，如果一概认定专项技术培训之外的服务期约定无效，不仅会造成与此相关联的劳动关系的不稳定性，而且会导致劳动者需要承担全额返还特殊待遇的后果，反而不利于劳动者权益的保护，也不符合《劳动合同法》第三条所规定的公平原则。因此，在用人单位为劳动者提供足以与专业技术培训相对等的特殊待遇的情况下，应当参考适用《劳动合同法》第二十二条之规定，并据此确定用人单位与劳动者的权利义务。

最后，基于特殊待遇服务期而设定的违约金是否受到限制以及如何限制。《劳动合同法》第二十二条之所以未将特殊待遇对应的服务期予以明确列举和规定，是基于对开发型人才竞争方式的鼓励，即鼓励用人单位通过对劳动者进行专项技术培训的方式提升人才的数量和质量，从而增加全社会人力资源的总供给，实现人力资源的良性竞争以及人力资源市场秩序的稳定。而特殊待遇服务期对应的争夺型人才竞争方式，属于人才存量的竞争，争夺的是现有的人力资源，对于增加人力资源供给的积极作用小于开发型人才竞争方式，因此争夺型人才竞争方式应当得到有效的规制，以避免对开发型人才竞争方式形成抑制作用。有鉴于此，对于基于特殊待遇服务期而设定的违约金，应当予以严格限制，即原则上该违约金应当低于基于专业技术培训服务期而设定的违约金标准。具体而言，该违约金应当受到《合同法》第一百一十四条第二款以及《劳动合同法》第二十二条第二款的限制。

具体到本案而言，孙某某所享有的进京落户指标属于稀缺资源，为孙某某办理进京落户手续并非某科技公司的法定义务，因此，某科技公司为孙某某办理进京落户手续的行为属于用人单位为劳动者提供特殊待遇的范畴，双方基于上述情况并考虑孙某某的岗位特性订立劳动合同补充协议，其中关于五年最低工作年限及孙某某提前离职所需要承担的损失赔偿责任的约定应当参照适用《劳动合同法》第二十二条之规定。孙某某既可以选择工作至五年期限届满，也可以选择将户口迁回原籍，亦可以选择提前离职并向某科技公司支付相应损失。现孙某某在明知双方存在五年服务期之约定的情况下，仍然选择在工作约四年半之时提前离职，且从未表达将户口迁回原籍的意思表示，表明其基于谋求更高待遇等想法自愿选择了后一种方式，理应向某科技公司予以赔偿。在损失确定方面，孙某某工作满四年不满五年，一审法院基于《合同法》第一百一十四条第二款以及《劳动合同法》第二十二条第二款的规定，酌情确定孙某某赔偿某科技公司损失20 000元，并无不当。

（北京市高级人民法院　张雅侠
北京市第二中级人民法院　窦江涛）

15. 劳动合同能否继续履行的认定条件

争议焦点

劳动合同能否继续履行的认定。

基本案情

上诉人：吴某

被上诉人：甲物流公司

吴某于2015年7月23日入职甲物流公司，任人力行政总监；甲物流公司于2015年11月6日与吴某签订了自2015年7月23日至2018年7月22日的劳动合同，合同约定吴某的试用期为2015年7月23日至2015年10月22日，转正后的月工资标准为30 000元，试用期月工资为转正后月工资的80%。

甲物流公司曾在2015年12月4日向吴某送达解除劳动合同通知，通知与吴某解除劳动合同，但吴某拒收。甲物流公司主张其公司通知吴某解除劳动合同的时间为2015年12月4日；吴某主张甲物流公司通知其解除劳动合同的时间为2015年12月7日。2015年12月8日，甲物流公司再次向吴某送达解除劳动合同通知，以吴某"于2015年12月4日，在处理部门内部工作时，未做到该职务应尽职责，没有正确解决该项工作，而将该项工作进行散布，给公司造成极为恶劣影响，并且干扰了公司的正常工作秩序"为由，通知吴某于2015年12月7日解除劳动合同。

吴某以甲物流公司为被申请人向劳动争议仲裁委员会申请劳动仲裁，要求甲物流公司继续与其履行劳动合同，支付其2015年10月23日至12月4日间的工资差额、2015年12月5日至12月31日间的工资差额、2016年1月1日至2017年9月27日间的工资、2017年9月27日之后的工资，支付其2015年7月23日至11月6日间未签劳动合同的双倍工资差额，支付其2016年1月1日至2017年9月27日间的社会保险费、继续为其缴纳2017年9月之后的社会保险费，支付其2015年12月至2017年9月期间的住房公积金、继续为其缴纳2017年9月之后的住房公积金，支付其未按时支付工资及工资差额、未按时缴纳社会保险费和住房公积金的75%的赔偿金，以及向其书面赔礼道歉。2018年7月23日，仲裁委员会作出裁决，驳回了吴某的全部申请请求。后吴某不服向一审法院起诉。

吴某认可其从2016年1月起已在其他单位缴纳了社会保险费，在本案庭审时其仍在其他单位缴纳社会保险费，但称其与其他单位是委托代缴关系。

二审期间，吴某为证明其与代缴社会保险费、个人所得税、公积金的公司之间是委托代缴关系而非劳动关系，提交了相关证据证明其是为了孩子入学及办理北京市工作居住证而委托其他单位代缴社会保险费、个人所得税及公积金。甲物流公司质证意见主要是，吴某能够提交公共管理机构出具的社会保险缴费记录、个人所得税完税凭证等证据，恰恰证明吴某与其他公司建立了劳动关系，完成了社会保险费缴纳、个人所得税缴纳及公积金缴纳的用工手续，并不能反映出吴某所主张的代缴关系，其中乙科技公司亦不具备社会保险费代理缴纳的资质。

甲物流公司为证明吴某未到其公司上班，亦未提供任何形式的劳动，提交了人力资源考勤表、门卫保安处的会客登记记录等。吴某对上述证据的真实性、证明目的均不认可。

甲物流公司申请二审法院调取吴某与乙科技公司办理北京市工作居住证的申请材料。二审法院前往北京市海淀区人力资源和社会保障局（以下简称海淀人社局），调取包括北京市工作居住证申请表、乙科技公司营业执照、乙科技公司关于吴某办理北京市工作居住证的申请报告、乙科技公司开具的任职证明、乙科技公司与吴某的劳动合同书、税收完税证明以及吴某个人身份及家庭相关信息等申请材料。

审理结果

北京市大兴区人民法院于2018年11月29日作出判决：驳回吴某的全部诉讼请求。

北京市第二中级人民法院于2019年4月11日作出判决：驳回上诉，维持原判。

评析意见

本案的争议焦点是劳动合同能否继续履行的认定问题。《劳动合同法》第四十八条规定："用人单位违反本法规定解除或者终止劳动合同，劳动者要求继续履行劳动合同的，用人单位应当继续履行；劳动者不要求继续履行劳动合同或者劳动合同已经不能继续履行的，用人单位应当依照本法第八十七条规定支付赔偿金。"

本案中，关于劳动合同的解除问题，甲物流公司以吴某于 2015 年 12 月 4 日在处理部门内部工作时，未做到该职务应尽职责，没有正确解决该项工作，而将该项工作进行散布，给公司造成极为恶劣影响，并且干扰了公司的正常工作秩序为由，与吴某解除劳动合同。但甲物流公司未能提供充分证据证明其解除劳动合同具有合法依据，故甲物流公司解除与吴某的劳动合同应属违法解除。

关于双方的劳动合同是否应予继续履行，根据本案查明的事实，2016 年 1 月至 2018 年 6 月，吴某的社会保险费由乙科技公司缴纳，个人所得税亦由乙科技公司代扣代缴。在此期间，吴某向海淀区人力资源社会保障局提交了北京市工作居住证申请表、乙科技公司营业执照、乙科技公司关于吴某办理北京市工作居住证的申请报告、乙科技公司开具的任职证明、乙科技公司与吴某的劳动合同书、税收完税证明等，海淀区人力资源社会保障局等单位对吴某所提交的相关资料予以认定并据此为吴某办理了北京市工作居住证。在吴某已经通过乙科技公司缴纳社会保险、代扣代缴个人所得税及申办北京市工作居住证的情况下，吴某以其与乙科技公司并非劳动关系为由要求与甲物流公司继续履行劳动合同，其主张与实际行为相悖且有违诚实信用原则。据此，应当认为吴某与甲物流公司的劳动合同符合《劳动合同法》第四十八条规定的劳动合同已经不能继续履行的情形，故对吴某要求撤销甲物流公司与其解除劳动合同的通知、甲物流公司继续履行劳动合同的上诉请求，不应予以支持。吴某可依据《劳动合同法》第八十七条之规定另行要求甲物流公司支付违法解除劳动合同赔偿金。

因此，劳动合同能否继续履行的认定，应考虑以下三方面因素。一是前提条件，即用人单位违法解除或终止劳动合同，且劳动者要求继续履行。二是客观条件，即劳动合同能够继续履行。这就要实质审查劳动者的行为是否符合诚实信用原则的要求，在争议期间确实没有其他工作单位。审理过程中，既可以要求劳动者提供其争议期间的社会保险费和个人所得税缴纳情况及相应的转账记录进行核实，也鼓励用人单位提供劳动者可能已经与其他用人单位建立劳动关系的线索进行调查，尽可能还原案件客观真实。三是主观条件，即劳动合同适合继续履行，能达到良好的社会效果。这也是司法实践中须加以考虑的额外因素，也就是在司法实践中应当参考劳动者与用人单位双方矛盾是否激烈，继续履行的判决作出后，劳动者真正能够在该用人单位正常工作，还是会导致后期的不断诉讼。对于不适合继续履行的案件，尽量通过调解和案外和解等方式解决争议，避免双方诉累。只有考虑全面才能作出真正有利于和谐劳动关系构建的裁判。

另外，诚实守信是中华民族的传统美德，也是现代法治社会的一项基本法律规则。《民法通则》第四条规定："民事活动应当遵循自愿、公平、等价有偿、诚实信用的原则。"《合同法》第六条规定："当事人行使权利、履行义务应当遵循诚实信用原则。"《劳动合同法》第三条规定："订立劳动合同，应当遵循合法、公平、平等自愿、协商一致、诚实信用的原则。"劳动关系作为具有一定隶属性与人身依附性的长期、持续和稳定的关系，在劳动者享有权利的同时，亦应当履行义务，本着诚实信用的原则履行劳动合同。劳动者在履行劳动合同过程中恪守诚实信用原则，才能保障其自身合法权利，才能有助于和谐劳动关系的构建、良好社会风气的弘扬。

本案中，吴某一方面主张其并未真正在乙科技公司工作，主要是为了其孩子入学而由乙科技公司为其代缴社保和税收；另一方面又向海淀人社局提交了一整套申请北京市工作居住证的完备手续，并且海淀人社局等单位对吴某所提交的相关资料予以认定并据此已经为吴某办理了北京市工作居住证。那么在吴某已经通过乙科技公司缴纳社会保险费、代扣代缴个人所得税及申办北京市工作居住证的情况下，吴某系以实际行为认可了上述其提交材料的真实性，吴某又以其与乙科技公司并非劳动关系为由要求与甲物流公司继续履行劳动合同，可谓自相矛盾，亦不符合诚实信用原则的要求，故不应予以支持。

（北京市第二中级人民法院　金铭）

16. 劳动合同能否继续履行需考虑行业特殊性及互信基础

争议焦点

用人单位违反劳动合同法相关规定解除或者终止劳动合同后，在何种情形下宜判定为“劳动合同已经不能继续履行”。

基本案情

上诉人（原审原告）：某信托有限责任公司

被上诉人（原审被告）：杨某

杨某于2011年2月21日入职某信托有限责任公司（以下简称某信托公司），双方签订期限为2011年2月21日至2014年2月20日的劳动合同，后劳动合同续签至2017年2月20日。

某信托公司主张杨某在担任×××投资基金集合资金信托计划的信托执行经理期间，发生保管的艺术品丢失事件，杨某存在严重失职行为。杨某辩称某信托公司在未查明物品丢失的时间与原因，以及是否与杨某有关联的情况下解除与杨某的劳动合同，属于违法解除。

经查，涉案信托项目中的艺术品通过向银行租用保管箱的方式进行保管。某信托公司为证明杨某在保管艺术品过程中存在失职，提交了两份保管箱租用协议及开箱记录清单，其中一份协议由某信托公司以单位名义与中国工商银行签订，后因中国工商银行业务变化，于2015年2月6日转由杨某以个人名义与中国工商银行签订，但整个过程都有杨某参与开箱。开箱记录单显示杨某参与了16次开箱，在2015年2月6日后杨某以个人名义单独开箱5次。杨某对此予以认可。

经法庭询问，每次开箱某信托公司都会委派多名员工一起前往，但将物品从保管箱中取出只能由合同约定的开箱人进行。某信托公司主张就艺术品丢失向杨某进行了调查问责，杨某在调查谈话中自认存在失职行为，故某信托公司依据全员问责制度“在资产管理中因失职或徇私舞弊导致资产损失、丧失诉讼时效、债权不能落实，形成风险隐患或造成经济损失”的规定，于2017年1月24日以杨某严重失职给公司造成重大损失为由向杨某发出解除劳动合同通知书。杨某对该主张不予认可，认为自己不存在失职行为，并就本案提起劳动仲裁。仲裁裁决撤销解除劳动合同通知书，双方恢复劳动关系。某信托公司不服诉至法院，要求确认其解除与杨某劳动关系合法，不需撤销解除劳动合同通知书，不需恢复与杨某的劳动关系。

审理结果

一审法院经审理认为：某信托公司向杨某送达解除劳动合同通知书时，艺术品丢失事件虽已报警，但公安机关尚未查明丢失原因。依据现有证据难以认定杨某在涉案信托项目中应承担的具体工作职责以及涉案信托项目艺术品丢失的原因及与杨某工作职责之间的关联性，故某信托公司作出的解除劳动合同通知书缺乏证据支持，应予撤销。双方签订的劳动合同已于2017年2月20日到期，杨某提出的要求签订无固定期限劳动合同符合法律规定，故双方应恢复劳动关系。

一审法院依法作出如下判决：(1) 撤销某信托公司作出的解除劳动合同通知书，恢复某信托公司与杨某之间的劳动关系；(2) 驳回某信托公司的诉讼请求。

某信托公司不服一审判决，提出上诉。

二审法院经审理，对于一审法院认定的某信托公司系违法解除与杨某劳动关系不持异议。本案二审主要的争议焦点为双方之间的劳动合同是否应当继续履行。二审法院认为，从双方提交的新证据、庭审情况以及本案的特殊性来看，涉案劳动合同已经不具备继续履行的条件。第一，基于信托行业的特殊性，信托即委托人基于对受托人的信任，将其财产权委托给受托人进行管理。某信托公司将委托人的财产丢失，严重损害了公司在信托行业的信誉。第二，作为信托行业从业人员，需要发挥比其他行业更大的主观能动性和勤勉精神。此事件虽然一直未能查明原因，但杨某作为负责该项目的小组成员、信托执行经理、保险箱的开箱人之一，即便艺术品丢失并非杨某所为，杨某对财产的丢失也有难以推卸的责任。第三，双方之间已失去相互信任基础。双方发生劳动争议已两年有余，某信托公司一直明确表示拒绝劳动关系，且双方在调查、交涉此事过程均提交了诸多谈话录音作为证据，可以看出，因财产丢失事件，杨某与某信托公司矛盾颇深，已失去相互信任的基础条件，继续履行劳动合同势必会对某信托公司的正常经营产生重大影响，同时杨某也无法顺利开展工作。第四，杨某之前的岗位已经取消，根据某信托公司托的陈述，以杨某的工作能力和学历已不满足某信托公司目前招聘工作人员的工作要求，且杨某有两年多未实际工作，客观上亦不具备继续履行的条件。

二审法院依法作出如下判决：(1) 撤销一审法院民事判决第一项、第二项；(2) 撤销某信托公司解除劳动合同通知书，某信托公司与杨某之间的劳动关系于本判决生效之日起解除；(3) 驳回某信托公司的其他诉讼请求。

评析意见

该案件在认定用人单位是否违法解除与劳动者的劳动关系以及在认定违法解除后判断劳动合同是否存在继续履行的条件方面具有一定的典型性和特殊性，主要表现在以下两个方面。

(一) 用人单位以劳动者存在严重失职为由解除劳动合同的认定

在劳动争议中，因用人单位作出的开除、除名、辞退、解除劳动合同、减少劳动报酬、计算劳动者工作年限等决定而发生的劳动争议，用人单位负举证责任。《劳动合同法》第三十九条第（三）项规定，劳动者存在“严重失职，营私舞弊，给用人单位造成重大损害的”情形下，用人单位可以解除劳动合同，但对这条的具体证明标准和适用条件在相关法律及解释中均无明确规定。从该条规定的字面意思理解，用人单位必须能证明严重失职与重大损害这两个要件同时成立，且构成因果关系。严重失职，应指劳动者应当做、有能力做而事实上没有做的行为，并且从程度和影响两个方面来看，该行为属于严重。失职与违纪行为不同，其区别在于失职是存在过失，而违纪是存在故意，两者的主观过错不同。立法上之所以对劳动者作出这样的规定，首先是因为在劳动关系中，劳动者应尽到注意义务，应当诚实、勤勉地履行自己的职责。与此同时，严重失职必须导致用人单位遭受重大损害，才构成用人单位解除劳动合同的条件。

对于严重失职及重大损害的证明标准，目前仅在《劳动部关于贯彻执行〈中华人民共和国劳动法〉若干问题的意见》中有模糊的规定。根据该意见第87条，“劳动法第二十五条第（三）项中的‘重大损害’，应由企业内部规章来规定，不便于在全国对其作统一解释。若用人单位以此为由解除劳动合同，与劳动者发生劳动争议，当事人向劳动争议仲裁委员会申请仲裁的，由劳动争议仲裁委员会根据企业类型、规模和损害程度等情况，对企业规章中规定的‘重大损害’进行认定”。即对于“严重失职”“重大损害”标准的审查，应以企业内部规章中规定的标准和程度为主要确认依据，在企业的规章制度无明确标准时，应结合行业及企业的类型、员工岗位职责的重要性、员工收入和损害程度等情况予以综合认定，总体采取理性人的标准，以公平合理为原则。本案中，某信托公司虽在规章中规定员工存在严重失职情形可以解除劳动合同，但是对杨某的职责范围、具体失职的内容和程度、杨某是否具有主观过错以及该行为是否与艺术品丢失存在直接的因果关系等未提交更加充分的证据予以证明，故从公平合理的角度及举证责任的适用，本案宜认定用人单位违法解除与劳动者的劳动关系。

（二）在认定用人单位违法解除后，在何种情形下可以判定“劳动合同已经不能继续履行”

对于劳动合同解除后的处理问题一直是实践中争议最大的问题。从比较法的角度讲，纵观世界两大法系中的主要国家，对于劳动关系解除后的处理原则上均以金钱补偿为原则，继续履行为例外。在英美法系国家中，从19世纪末开始，美国普通法就形成了任意雇佣原则，雇主和雇员均可以任意解除雇佣关系而不承担任何法律责任。20世纪中期开始，美国先后通过《国家劳资关系法》《公平劳动标准法》《公民权利法案》等法律，在联邦层面逐步确立起了有限的解雇保护制度。[①] 在英国，当雇主过失解雇时，雇员能获得的唯一救济方式往往是请求赔偿，法庭基于强迫雇佣合同的执行不符合劳资关系需要相互信任的普通法原则，不会命令雇佣合同的强制履行。[②] 大陆法系以德国和法国最为典型。德国《解雇保护法》规定，雇主解雇不合法时雇员可以请求恢复或要求经济补偿，但事实

① 胡立峰. 论任意雇佣原则在美国劳动法中的衰落［J］. 现代法学，2009（4）.

② ［英］史蒂芬·哈迪. 英国劳动法与劳资关系［M］. 陈融，译. 北京：商务印书馆，2012：200.

上，即便雇主解雇不合法，司法恢复原先的劳动条件也仅仅是例外，经济补偿是正常模式。① 法国《劳动法》在恢复劳动关系上的规定较有特色：首先，除了雇员，雇主也有权选择恢复劳动关系；其次，双方均有权拒绝恢复劳动关系，如果雇主拒绝恢复劳动关系，则需要额外支付经济赔偿金；最后，如果雇员要求恢复劳动关系，则可主张自被解雇之日至权利恢复之日期间的正常工资。②

《劳动合同法》第四十八条规定："用人单位违反本法规定解除或者终止劳动合同，劳动者要求继续履行劳动合同的，用人单位应当继续履行；劳动者不要求继续履行劳动合同或者劳动合同已经不能继续履行的，用人单位应当依照本法第八十七条规定支付赔偿金。"我国劳动法虽最大程度从保护劳动者的角度考虑，规定以继续履行为优先，经济赔偿为例外，但是不能简单地理解为只要劳动者主张继续履行劳动合同，法院或仲裁委员会必须对其主张无条件地予以支持，应考虑案件中是否存在"劳动合同已经不能继续履行"的情形，而对于该情形的认定问题一直是审理中的难点所在。笔者认为，对于该情形的认定，应结合具体案情，考虑到企业所处的行业背景、岗位对于人才要求及岗位变化情况、劳动者自身履职能力以及双方是否还存在互信基础等因素予以综合评定，特别是互信基础是劳动合同能否继续履行的关键。

从互信基础是否存在的客观因素分析，本案中，企业所处行业特殊，根据《中华人民共和国信托法》第二十五条规定，受托人应当遵守信托文件的规定，为受益人的最大利益处理信托事务。受托人管理信托财产，必须恪尽职守，履行诚实、信用、谨慎、有效管理的义务。作为信托公司，因有"受人之托，代人理财"的行业特点，其对员工的注意义务要求应该比一般的行业要高，对于其失职的认定也应比一般行业严格。在上述分析中，虽经审查认定杨某的行为未能构成《劳动合同法》第三十九条第（三）项的情形，但是鉴于委托人的信托财产丢失，杨某作为受托人之一并作为一段时间的独立开箱人，可以认定其未尽到勤勉审慎义务，存在一定程度的失职行为。这一行为也导致公司内部及委托人对其任职能力和履职能力失去了一定的信任基础。

从互信基础是否存在的主观因素考量，首先，用人单位单方解除劳动合同，

---

① ［德］曼弗雷德·魏斯，马琳·施米特. 德国劳动法与劳资关系［M］. 倪斐，译. 北京：商务印书馆，2012：143-144.

② 郑爱青. 法国劳动合同的订立和解除及对我国劳动合同立法的启示［J］. 法学杂志，2002（5）.

从某种意义上就象征着信任危机的爆发，即便解除是违法的、不成立的；其次，劳动关系的构建基础是劳资双方的互信，劳动关系的存续同样需要靠互信来维系。劳动合同虽然和一般的民事合同有所区别，但劳动合同的本质依然属于合同的范畴，依然应该遵循契约自由的基本原则。本案中，双方从仲裁到二审持续两年多，仲裁庭及法院均作了大量调解工作，用人单位的态度是坚决不同意恢复与杨某的劳动关系，而且从双方提交的短信往来可以看出，出现艺术品丢失事件后，企业内部经过了多轮的调查沟通甚至出现言语冲撞的现象，双方的态度已持僵持状态，信任关系已经出现重大裂痕难以修复。

从客观上是否存在继续履行的条件及从执行的角度出发，本案也不宜再判决继续履行。首先，本案中，杨某所在的岗位已经取消，部门也发生重大变更和调整，且信托行业业务结构随着监管方向及市场方向不断发生变化，杨某已有两年多未能工作，杨某目前的学历条件已经不符合信托行业对于人员招聘的要求，客观上已经欠缺了继续履行的条件。其次，从执行及彻底解决双方矛盾的角度考虑，某信托公司态度坚决，对杨某又处于完全不信任的状态，在用人单位非自愿的情形下，强行判决劳动合同继续履行，用人单位可能拒绝劳动者向其提供劳动或者以管理为借口将劳动者依法解雇，从长远来看更不利于对劳动者的保护。在此情形下，法院判决不继续履行劳动合同比较适宜，劳动者可以另案主张仲裁及诉讼期间的工资损失及解除劳动合同赔偿金等。

（北京市第三中级人民法院　李森　高赫男）

17. 劳动者在外挂证是否对原单位劳动关系的履行产生阻碍

争议焦点

劳动者在外挂证是否导致其与原单位劳动合同无法继续履行。

基本案情

申请人：崔某
被申请人：北京某地产公司

2007年11月28日，北京某地产公司与崔某签订劳动合同，合同期限自2007年11月28日起至2010年11月28日止。2010年11月28日，双方续订劳动合同，合同期限5年。北京某地产公司经民主程序制定了公司各项规章制度，包括考勤休假管理制度、奖惩管理制度等，崔某对上述规章制度知悉且表示遵守。2015年11月临近崔某第二份劳动合同到期日，北京某地产公司通过考勤记录及监控录像发现，11月25日、26日崔某在工作时间均未出勤打卡，而是在下班后到公司打卡；11月27日崔某全天未打卡，没有出勤记录。北京某地产公司经核实崔某在上述期间并无请假和外出申请。2015年11月27日下午，北京某地产公司以崔某弄虚作假打卡、连续旷工达3天、已严重违反公司相关规章制度为由，与崔某解除劳动合同。崔某不服，随后向北京市海淀区劳动人事争议仲裁委员会申请仲裁，要求与北京某地产公司确认存在无固定期限劳动合同关系，继续履行劳动合同，并追索工资、补贴若干。

审理结果

仲裁审理中，就第一份劳动合同，北京某地产公司所持合同显示双方签订于

2007年11月28日；而崔某所持合同显示双方签订于2008年1月1日。仲裁委员会认为，崔某提供的签订于2008年1月1日的劳动合同具有法律效力，双方属于应当订立无固定期限劳动合同的情形，同时崔某连续旷工3天事实不能成立，故北京某地产公司于2015年11月27日对崔某作出的解除劳动合同决定存在瑕疵，应予以撤销。2016年4月仲裁委员会据此裁决：确认北京某地产公司自2015年11月29日起与崔某存在无固定期限劳动合同关系，北京某地产公司与崔某继续履行劳动合同并支付工资、补贴若干。

北京某地产公司不服上述裁决，崔某亦对裁决的工资及补贴数额不认可，双方均起诉至北京市海淀区人民法院（以下简称一审法院）。一审法院审理中，北京某地产公司通过全国建筑市场监管与诚信信息发布平台和四川省政府政务服务和公共资源交易服务中心网站查询，提供了崔某于2016年2月25日已在四川某监理公司注册为公用设备工程师（给水排水）、监理工程师、一级建造师，同时代表该公司参加四川某工程投标工作的相关证据。同时就第一份劳动合同的签订时间，北京某地产公司提供了崔某在2017年11月28日办理入职的登记表，以及紧邻其后编号的劳动合同签订于2017年12月等其他佐证。一审法院认为，北京某地产公司对崔某的解除系违法解除，崔某有权要求北京某地产公司继续履行劳动合同；但崔某已于2016年2月25日起在四川某监理公司注册为公用设备工程师（给水排水）、监理工程师、一级建造师，而申请此类执业证书的前提是崔某受雇于该公司，可见2016年2月25日起崔某已入职新单位，此后其与北京某地产公司的劳动合同必将确实无法继续履行；同时就第一份劳动合同签订时间，支持了北京某地产公司签订于2007年11月28日的主张，认定双方不属于应当签订无固定期限劳动合同的法定情形。2018年5月一审法院据此判决：双方继续履行劳动合同至2016年2月24日止，北京某地产公司支付崔某工资、补贴若干，同时北京某地产公司无须支付未签订无固定期限劳动合同的二倍工资差额。

崔某不服一审判决，向北京市第一中级人民法院（以下简称二审法院）提起上诉。二审法院审理中，崔某提交了四川某监理公司出具的声明，载明该公司从未与崔某签订劳动合同。二审法院向住建部所属执业资格注册中心发出公函，调取到了崔某在四川某监理公司申请注册所涉工程师的全部档案，包括崔某本人签名的注册申请表、崔某与该公司签订的劳动合同书、养老保险个人账户对账单等。二审法院认为，根据查明事实，崔某与四川某监理公司已签订书面劳动合同，故对其要求继续履行劳动合同的上诉请求不予支持。2018 年 12 月，二审法院据此判决：驳回上诉、维持原判。

崔某不服二审判决，向北京市高级人民法院（以下简称再审法院）申请再审。再审法院认为崔某自 2016 年 2 月入职新单位四川某监理公司，故其与北京某地产公司的劳动合同客观上已无法继续履行。2019 年 5 月再审法院据此裁定：驳回崔某的再审申请。

评析意见

本案是一起因用人单位单方解除劳动合同引发的纠纷，历经仲裁、一审、二审、再审程序，争议焦点较多，如用人单位解除事由能否成立，双方是否存在无固定期限劳动合同关系等。但因劳动者由始至终都要求继续履行劳动合同，即使用人单位就“劳动合同确实无法继续履行”进行了充分举证，法院就“劳动者入职新单位”调取了确凿证据，劳动者依然坚持其继续履行劳动合同的请求，导致本案争议焦点最终转移到“劳动者在外挂证是否导致其与原单位劳动合同无法继续履行”这一问题上。最终法院以“劳动者入职新单位，劳动合同无法继续履行”为由，部分支持了劳动者继续履行劳动合同的请求。劳动者虽然获得了对用人单位解除违法的认定，却未实现违法解除后可主张利益的最大化。我们分析法院作出的上述判决，其理据主要如下。

（一）用人单位举证结合法院调取证据已形成完整证据链，可以证明劳动者与新单位不是简单的挂证关系，而是形成了新的劳动关系

用人单位提供了在全国建筑市场监管与诚信信息发布平台查询到的劳动者在四川某监理公司注册为公用设备工程师（给水排水）、监理工程师、一级建造师的相关信息。该平台（现为全国建筑市场监管公共服务平台）系国家住房和城乡建设部（以下简称住建部）主导的，用于全国建筑工程的统一监管平台，主要监管建筑工程公司以及执业人员的诚信信息。该平台的性质确保了上述查询信息的真实性和客观性。根据《注册建造师管理规定》第六条、第十二条的规定，劳动者注册一级建造师的，其注册条件包括受聘于一个相关单位并提交受聘的劳动合同。而二审法院也向住建部所属执业资格注册中心调取到了劳动者在四川某监理公司注册上述信息的全部档案，包括劳动合同、注册申请表、养老保险个人账户对账单等。更为重要的是，用人单位还提供了在四川省政府政务服务和公共资源交易服务中心网站的中标公示查询信息，显示劳动者已代表四川某监理公司参加了某工程的实际投标工作。

以上证据相互佐证形成完整证据链，可以证明劳动者在本案仲裁期间不但与四川某监理公司签订了劳动合同，还实际向该公司提供了劳动成果，劳动者与该公司不是简单的挂证关系，而是已经形成了新的劳动关系。

（二）劳动者虽不承认其与新单位已形成劳动关系，但不能提出有效反证，故其应承担举证不利的法律后果

2017年北京市高级人民法院、北京市劳动人事争议仲裁委员会《关于审理劳动争议案件法律适用问题的解答》（以下简称“2017年北京解答”）第10条对“劳动者与用人单位因劳动合同是否为违法解除发生争议，劳动者要求继续履行劳动合同的情况下，原单位提交了其他单位为劳动者缴纳社会保险的凭证，并以此主张劳动者与新单位之间已经形成劳动关系，此时社会保险缴纳记录能否作为认定劳动者与新单位形成劳动关系的依据？并由此导致劳动者与用人单位‘劳动合同已经不能继续履行’”明确表示：不能仅以社会保险缴纳记录作为认定劳动者与新单位形成劳动关系的依据。但此时举证责任转移，由劳动者证明其与新用人单位之间不是劳动关系。若劳动者不能提出反证，则依据其与新用人单位之间的社保缴费记录确认劳动者与原用人单位“劳动合同确实无法继续履行”。

由于本案用人单位举证结合法院调取证据已形成完整证据链，可以证明崔某与新单位形成了新的劳动关系，因此相关举证责任转移到崔某一方。而崔某在二审中提交的四川某监理公司出具的声明，证明力不足以对抗上述证据。根据《最高人民法院关于民事诉讼证据的若干规定》第二条第二款的规定，劳动者应承担举证不利的法律后果。

（三）法院认定劳动者与原用人单位“劳动合同确实无法继续履行”于法有据

“2017年北京解答”第9条规定了用人单位违法解除或终止劳动合同后，劳动者要求继续履行劳动合同，可以认定为“劳动合同确实无法继续履行”的情形，包括劳动者已入职新单位的情形。如前所述，劳动者于仲裁期间确已入职新单位四川某监理公司，法院据此认定劳动者与原用人单位的劳动合同无法继续履行，符合上述规定。

（四）本案不属于完全无法继续履行劳动合同的情形且劳动者执意继续履行劳动合同，法院部分支持了劳动者继续履行的请求，并未违反相关规定

虽然“2017年北京解答”第8条规定，用人单位违法解除或终止劳动合同，劳动者要求继续履行劳动合同的，一般应予以支持。……在诉讼中发现确实无法继续履行劳动合同的，驳回劳动者的诉讼请求，告知其可另行向用人单位主张违法解除劳动合同赔偿金等。但是，本案劳动者要求自2015年11月29日继续履行劳动合同，而其入职新单位是在2016年2月25日，其间劳动者与原单位的劳动合同继续履行并不存在障碍，且鉴于劳动者坚持继续履行劳动合同，法院部分支持了劳动者诉求，并无不妥。

（五）“保护劳动者合法权益”与“诚信原则”的平衡

保护劳动者的合法权益是《劳动合同法》的立法宗旨之一，诚实信用原则也是《劳动合同法》的基本原则。诚实信用原则要求民事主体从事民事活动时，应该诚实守信，正当行使民事权利并履行义务，不实施欺诈和规避法律的行为，在不损害他人利益和社会利益的前提下追求自己合法权益。该原则是民事活动中最核心、最基本的原则；既能够指导民事主体进行民事活动，又能规范其善意履行民事义务；同时也赋予了法官司法裁判的自由裁量权。本案中，虽然用人单位在劳动合同的解除中存在瑕疵，劳动者的合法权益应当得到保护；但劳动者面对法院调取的其本人签署的劳动合同时，依然拒绝如实陈述。在此情况下，法院也需综合考量各方利益，在劳动者与用人单位之间作出平衡，才能构建和发展和谐稳定的劳动关系。

（北京德恒律师事务所　张希宁）

18. 企业内部调整不属订立劳动合同时的客观情况发生重大变化

争议焦点

企业以经济效益不好为由作出的撤销岗位并解除劳动关系行为是否合法。

基本案情

申请人：王某

被申请人：某五金制品公司

王某于2017年11月入职某五金制品公司，双方订立三年期劳动合同，约定王某的岗位为办公室文员。2019年3月，公司告知王某，由于企业经济效益不好，为了减员增效，决定撤销王某所在的办公室文员岗位并与王某解除劳动关系，同时公司同意按法律规定支付解除劳动关系经济补偿及未提前一个月通知的解除劳动关系代通知金，希望王某能签署解除劳动合同协议书。王某不同意公司的要求，认为公司属于违法解除劳动关系，公司则认为该情况属于订立劳动合同时的客观情况发生重大变化，公司也同意向王某支付经济补偿及代通知金符合法律规定。王某认为公司的解除行为违法，故向劳动人事争议仲裁委员会提出仲裁申请，要求公司支付双倍的违法解除劳动关系赔偿金。

审理结果

仲裁委员会经审理后认为，公司根据生产经营需要，调整王某的工作岗位，系为应对市场变化主动采取的经营策略调整，不属于“订立劳动合同时的客观情况发生重大变化”的情形，且未与王某协商调整工作岗位，公司虽然同意支付王某经济补偿及代通知金，但并不代表其解除行为合法，故对王某的仲裁请求予以支持。

评析意见

本案的争议焦点实质为企业以经济效益不好为由作出的撤销某类工作岗位行为是否属于订立劳动合同时的“客观情况发生重大变化”。笔者认为不可随意解释订立劳动合同时的“客观情况发生重大变化”，应主要从以下三方面考量。

（一）条文规定角度

对“客观情况发生重大变化”的说明，可以参考劳动法的相关规定。《关于〈中华人民共和国劳动法〉若干条文的说明》（劳办发〔1994〕289 号）第二十六条规定：“《劳动法》第二十六条第三款中的‘客观情况’指：发生不可抗力或出现致使劳动合同全部或部分条款无法履行的其他情况，如企业迁移、被兼并、企业资产转移等，并且排除本法第二十七条所列的客观情况，即用人单位濒临破产进行法定整顿期间或者生产经营状况发生严重困难，确需裁减人员。”

（二）立法原理角度

上述规定是情势变更原则在劳动合同中的体现。所谓情势变更原则，是指因不可归责于双方当事人的原因，使债的形成所依赖的客观情况发生了当事人不能预料的变化，致原债的关系显失公平时，双方应变更债的内容，重新协调双方利益，达到新的平衡。因情势变更致合同不能履行时，合同一方可解除合同。情势变更原则的确立在于追求公平和正义，故不得滥用该原则：有情势变更的客观事实，主要表现为劳动合同订立时所依据的客观情况发生了重大变化，如税收的增减直接影响了产品的成本；情势的变更为不可归责于当事人的事由所致，如地震、水灾等不可抗力，战争、国家经济调整等；情势的变更未为当事人所预料，也不能为当事人所预料；情势的变更发生在劳动合同关系产生之后、消灭以前；情势的变更导致劳动合同不能履行，或继续履行原劳动合同将显失公平；经双方当事人协商，不能达成变更劳动合同的协议。

（三）立法原理在劳动合同中的应用

因此，根据情势变更原理，在解释如何确定劳动合同订立时所依据的“客观情况发生重大变化”时，需要注意考虑以下两个条件：一是要把握客观情况发生重大变化的范畴，一般是指用人单位搬迁、被兼并或被撤销等整体发生变化的情形，不能将客观情况发生重大变化随意加以解释；二是客观情况发生重大变化后，经协商无法就变更劳动合同的内容达成一致意见的，用人单位才可以解除劳动合同。发生上述情况是为了使劳动合同能够继续履行，必须根据变化后的客观情况，由双方当事人对合同进行变更协商，直到达成一致意见，如果劳动者不同意变更劳动合同，原劳动合同所确立的劳动关系就没有存续的必要，在这种情况下，用人单位也只有解除劳动合同。

本案中，用人单位作为经营者，在与劳动者订立劳动合同时，其对市场可能产生的波动及生产经营策略可能产生的变化应当有所预见。确因生产经营需要须调整劳动者工作岗位的，应协商一致书面变更或解除劳动合同。在无法达成一致的情形下，用人单位可在相近或类似岗位上安排劳动者工作，并不得随意降低劳动者的工资标准，更不能简单地解除劳动合同。

根据以上分析，可以总结出所谓劳动合同订立时所依据的“客观情况发生重大变化”，可以从以下角度来分类。

1. 订立劳动合同所依据的法律、法规已经修改或者废止。劳动合同的签订和履行必须以不得违反法律、法规的规定为前提。如果合同签订时所依据的法律、法规发生修改或者废止，合同如果不变更，就可能出现与法律、法规不相符，甚至是违反法律、法规的情况，导致合同因违法而无效。因此，根据法律、法规的变化而变更劳动合同的相关内容是必要而且是必须的。

2. 用人单位方面的原因。用人单位经上级主管部门批准或者根据市场变化决定转产、调整生产任务或者生产经营项目等。用人单位的生产经营不是一成不变的，而是根据上级主管部门批准或者根据市场变化可能会经常调整自己的经营策略和产品结构，这就不可避免地发生转产、调整生产任务或者生产经营项目情况。在这种情况下，有些工种、产品生产岗位就可能因此而撤销，或者为其他新的工种、岗位所替代，原劳动合同就可能因签订条件的改变而发生变更。

3. 劳动者方面的原因。如劳动者的身体健康状况发生变化、劳动能力部分丧失、所在岗位与其职业技能不相适应、职业技能提高了一定等级等，造成原劳动合同不能履行或者如果继续履行原合同规定的义务对劳动者明显不公平。

4. 客观方面的原因。这种客观原因的出现使得当事人原来在劳动合同中约定的权利义务的履行成为不必要或者不可能。这时应当允许当事人对劳动合同有关内容进行变更。主要有：由于不可抗力的发生，使得原合同的履行成为不可能或者失去意义；由于物价大幅度上升等客观经济情况变化，致使劳动合同的履行会花费太大代价而失去经济上的价值。这是民法的情势变更原则在劳动合同履行中的运用。

（北京市顺义区劳动人事争议仲裁院　赵子丹）

19. 书面劳动合同的认定及二倍工资差额支付问题

争议焦点

应聘人员登记表能否视为双方已签订书面劳动合同。

基本案情

申请人：李某

被申请人：某装饰公司

李某于 2019 年 3 月 4 日入职某装饰公司，担任预算员职务，试用期工资 7 200 元。在职期间某装饰公司没有为李某缴纳社会保险费。李某称，试用期一过其即向公司提出转正申请，但某装饰公司要降低她转正后的工资标准，因其不同意降薪，某装饰公司于 2019 年 5 月 13 日违法与其解除劳动关系。同时，李某主张自其入职至被辞退，双方从未签订过书面劳动合同，据此李某要求某装饰公司支付未签订劳动合同二倍工资差额。某装饰公司不同意李某的请求，并主张入职时双方共同填写的应聘人员登记表具备劳动合同的所有构成要件，该登记表中对于劳动关系用工双方的具体信息、工作内容、劳动合同期限、试用期期限、试用期和转正后的工资标准、社会保险、考勤和管理制度均有明确具体的约定，应视为劳动合同。李某认为，应聘人员登记表中部分内容是事后添加的，不认可除个人信息及签名外的其他内容。除李某个人信息及签字外，应聘人员登记表还记载了如下内容："试用期薪资 7 200 元"，"试用期截止时间 2019. 5. 3"，"转正后薪资 9 000 元（暂定）"，"合同期两年"，并写有"代试用期合同，同意试用期满后签订正式合同"，备注中显示"双休，遵守公司规章制度（2018. 1 修订版)”。落款处有“李某”字样的签名，落款日期为“2019.2.27”。本案中，某装饰公司还提交了应聘人员登记表所载的公司规章制度。

审理结果

仲裁委员会裁决某装饰公司支付李某未签订劳动合同二倍工资差额。

评析意见

本案在审理中，支持李某二倍工资差额的理由有四点。

第一，建立劳动关系，应当订立书面劳动合同。试用期包含在劳动合同期限内。试用期中双方约定的权利义务等内容属于劳动合同的组成部分，试用期的约定不应是独立于劳动合同之外的。某装饰公司称应聘人员登记表系试用期合同，在其公司未举证证明已与李某订立正式劳动合同的情况下，仅订立试用期合同而未签订书面劳动合同的行为不符合劳动合同法的相关规定。

第二，某装饰公司提交的规章制度显示，在招聘阶段应聘者填写应聘表，在员工入职后填写员工档案登记表、签订公司劳动合同，由此可推断出应聘表和公司劳动合同是在不同阶段填写或签订的作用不同的两种文件，该公司称应聘人员登记表系试用期劳动合同的主张与提交的规章制度存在矛盾。

第三，某装饰公司称应聘人员登记表系李某入职时双方共同填写，但应聘人员登记表中显示的落款时间早于李某的入职时间，与该公司的主张存在矛盾。仲裁委员会无法认定应聘人员登记表中李某不认可的内容是经双方协商一致后确认的。

第四，劳动合同应当具备以下条款。(1) 用人单位的名称、住所和法定代表人或者主要负责人；(2) 劳动者的姓名、住址和居民身份证或者其他有效身份证件号码；(3) 劳动合同期限；(4) 工作内容和工作地点；(5) 工作时间和休息休假；(6) 劳动报酬；(7) 社会保险；(8) 劳动保护、劳动条件和职业危害防护；(9) 法律、法规规定应当纳入劳动合同的其他事项。应聘人员登记表中虽显示“遵守公司规章制度（2018.1修订版)”，但在李某不认可规章制度的情况下，仲裁委员会无法确认李某已知晓规章制度内容。对于某装饰公司称应聘人员登记表系劳动合同的主张，仲裁委员会不予采信。

根据《劳动合同法》第十条的规定，与劳动者签订书面劳动合同是用人单位的法定义务。签订书面形式的劳动合同对劳动者的权益保护主要体现在两个方面：一是书面记载的权利义务有助于明确劳动者与用人单位之间的权利义务，避免发生纠纷；二是在发生纠纷时，易于举证，便于分清责任。不在法律规定的时限内与劳动者签订书面劳动合同，将面临支付二倍工资的法律风险。

《劳动合同法》第八十二条规定，用人单位自用工之日起超过一个月不满一年未与劳动者订立书面劳动合同的，应当向劳动者每月支付二倍的工资。用人单位违反本法规定不与劳动者订立无固定期限劳动合同的，自应当订立无固定期限劳动合同之日起向劳动者每月支付二倍的工资。二倍工资立法目的在于提高书面劳动合同签订率，而非劳动者可从中谋取超出劳动报酬的额外利益，因此二倍工资中除正常劳动报酬的另一倍工资外，应属于对用人单位未签订书面劳动合同的惩罚性赔偿。关于二倍工资，实践中大致可以分为未签订劳动合同二倍工资、未续签劳动合同二倍工资、未签订无固定期限劳动合同二倍工资三种。上述二倍工资的计算期间，即最长可主张二倍工资的期间分别为11个月、12个月、12个月。对于二倍工资计算基数，北京市劳动和社会保障局、北京市高级人民法院《关于劳动争议案件法律适用问题研讨会会议纪要》（2009年）第二十八条规定："两倍工资的计算基数应以相对应的月份的应得工资为准"。

企业未与劳动者签订书面合同会产生很多不必要的风险，为了免除这些风险，企业应当积极与员工签订书面劳动合同，规范用工形式，维护自身的合法权益，维护社会秩序。

（北京市顺义区劳动人事争议仲裁院　魏月）

20. 用人单位适用缔约过失责任的认定标准

争议焦点

1. 劳动者与用人单位就签订劳动合同进行协商的过程中，用人单位中断缔约过程的，劳动者是否可以要求用人单位承担缔约过失责任；

2. 如何认定用人单位应适用缔约过失责任。

基本案情

原告：张某

被告：某技术服务公司

2016 年 11 月 2 日，某技术服务公司以电子邮件形式向张某发出面试邀请函，张某于当日回复表示愿意。2016 年 11 月 29 日，某技术服务公司以电子邮件形式向张某发出入职通知书，内容为：非常欢迎您成为某技术服务公司的一员。通过我们前几次的洽谈，我公司决定向您提供如下职位。请您按约定日期准时来公司报道，否则将取消您的入职资格，如遇特殊原因须更改入职日期的，经双方提前协商后另行约定。职位名称：产品总监；入职时间：2016 年 12 月 12 日（星期一）；入职需携资料：照片 2 张，离职证明等；福利待遇：试用期薪资总额 17 800 元，转正薪资总额 22 000 元。同日，张某回复电子邮件，表示“非常荣幸也非常确定我将加入贵公司”。

张某称于 2016 年 12 月 5 日向原工作单位提出离职，并于 2016 年 12 月 8 日离职。张某就此提交了数份电子邮件及离职证明，离职证明显示确认张某于 2016 年 12 月 8 日离职。某技术服务公司对张某此部分证据真实性表示无异议。

张某主张 2016 年 12 月 9 日接到某技术服务公司电话通知取消入职通知。某技术服务公司确认通过电话通知张某，认可张某陈述的时间。

张某主张某技术服务公司系以岗位不再招用人员为由取消了入职通知，并提交了一份电话录音和二份对话录音，称系分别与某技术服务公司副总经理，人力资源部经理、总监的对话，但录音使用的手机已经更换，仅导出了录音文件。某技术服务公司对张某提交的此部分证据不予认可，称张某入职前，某技术服务公司曾请张某帮忙，在帮忙过程中，发现张某不符合某技术服务公司的录用条件，故取消了入职通知。

张某就本案诉争事项申请劳动仲裁，北京市朝阳区劳动人事争议仲裁委员会作出不予受理决定。张某向北京市朝阳区人民法院提起诉讼。

审理结果

北京市朝阳区人民法院经审理认为，某技术服务公司向张某发出的入职通知书明确表明了录取之意，且告知了入职时间、薪资待遇等，并要求张某提供离职证明，此部分信息使张某有理由认为自己已被某技术服务公司录用，并对此产生合理信赖，其后某技术服务公司通知张某取消入职通知的行为属于有违诚实信用原则的缔约过失行为，应承担相应责任。某技术服务公司的行为使张某与原工作单位解除劳动关系后未能及时入职，且还需另谋职业，给张某造成了损失，某技术服务公司应承担赔偿责任，赔偿数额参考某技术服务公司发出的入职通知书中承诺的薪资待遇水平酌情判处。

北京市朝阳区人民法院依法判决如下：(1) 某技术服务公司于本判决生效之日起七日内支付原告张某经济损失44 000元；(2) 驳回张某的其他诉讼请求。

评析意见

本案的争议焦点是劳动者与用人单位就签订劳动合同进行协商的过程中，用人单位无正当理由突然中断缔约过程的，劳动者是否可以要求用人单位承担缔约过失责任。因此，本案涉及的是劳动合同订立过程中缔约过失责任的认定问题。

（一）劳动合同领域适用缔约过失责任制度的必要性

缔约过失责任是指双方当事人在订立合同的过程中，一方因违背其应依据诚实信用原则所尽义务，导致另一方的信赖利益受到损失，应承担相应的赔偿责任。《合同法》第四十二条规定，当事人在订立合同过程中有下列情形之一，给对方造成损失的，应当承担损害赔偿责任：（1）假借订立合同，恶意进行磋商；（2）故意隐瞒与订立合同有关的重要事实或者提供虚假情况；（3）有其他违背诚实信用原则的行为。该条规定是缔约过失责任制度的法律依据。

虽然《合同法》调整的是普通民商事合同法律关系，缔约过失责任一般也被认为适用于普通民商事合同领域。劳动者与用人单位双方在劳动合同的缔约过程中也应遵循平等自愿、诚实信用的原则。因为当劳动者对于劳动合同的订立完成产生合理信赖时，往往会付出时间、金钱及相应的机会成本，劳动者产生信赖的基础是基于用人单位的缔约意愿及行为。正是由于用人单位的强势缔约地位，缔约进度通常处于用人单位的掌控，所以才更应规范用人单位在缔约过程中的行为，以保护劳动者对于缔约结果的合理信赖。

（二）用人单位适用缔约过失责任的认定标准

劳动合同的缔约过程中，用人单位是否承担缔约过失责任应从以下两方面进行考量。

第一，劳动者对于劳动合同的达成（劳动关系的建立）是否形成合理信赖。劳动合同的缔约过程中，用人单位通常会向劳动者作出一系列的意思表示，如：发送书面的录取通知或者有关负责人员发出口头录取通知等，此时需要判断相关意思表示是否会让劳动者对于合同达成形成合理信赖，判断标准应基于普通社会大众的基本认知。

第二，缔约未成时，劳动者是否因合理信赖而受到损害。劳动者在入职用人单位前通常会经历投递简历、参加面试、通知录取、建立劳动关系、签订劳动合同等阶段，当劳动者在收到录取通知后给予用人单位接受入职的意思表示，双方对于合同的达成均已形成合理信赖并进入缔约过程，此时劳动者一般会放弃其他工作机会，并为基于合同磋商而支出各种费用。此时，用人单位若无正当理由放弃此次缔约，则会给劳动者造成基于合理信赖而产生的损失。

（三）可期待利益赔偿范围的认定

缔约过失责任中，可期待利益的损失通常包括直接损失及机会成本的损失。其中，直接损失主要指劳动者与用人单位就劳动合同的协商而支出的材料费、交通费、体检费等，以及从原单位离职后本应获得的工资收入。另外，我国劳动法律法规一般不认可双重劳动关系，故劳动者在确定一个缔约对象后，必须放弃与其他单位进行缔约的机会，这就产生了机会成本的损失。因此，法院审理此类案件，在认定针对用人单位适用缔约过失责任时，应将劳动者已举证证明实际发生的材料费、交通费、体检费等，以及依据劳动者过往的工资标准推定其从原单位离职后本应获得的工资收入，均作为可期待利益的损失予以裁判。

本案中，某技术服务公司向张某发出入职通知的行为，已表明其希望缔约完成的意愿，张某基于此意思表示对于缔约完成形成了合理信赖，并从原工作单位离职。因某技术服务公司中断缔约的行为，给张某造成了可期待利益的损失，故应承担相应的缔约过失责任。

（北京市朝阳区人民法院　白星晖　师一哲）

21. 用人单位与劳动者基于办理落户手续而约定服务期、违约金的认定

争议焦点

1. 贾某与北京某建设有限公司基于办理进京落户手续而约定服务期的法律效力；

2. 贾某与北京某建设有限公司基于服务期而约定违约金的法律效力；

3. 贾某违反服务期约定是否对北京某建设有限公司造成损失及是否应予赔偿。

基本案情

原告：北京某建设有限公司

被告：贾某

贾某（乙方）于2013年7月22日入职北京某建设有限公司（甲方），双方签订五年期劳动合同。同日甲乙双方签订人才引进及进京落户协议，约定“甲方因工作需要，欲引进应届毕业生乙方到甲方工作。乙方同意到甲方工作，但甲方须为其办理北京市城镇户口。双方本着诚实信用原则，经协商，自愿达成以下协议：（一）甲乙双方均认为本协议约定的事项与履行劳动合同无关，属于民事协议，是双方真实意思的表示；（二）在签订本协议前，乙方已充分了解了北京市城镇户口的社会价值及办理落户的困难程度，认识到甲方为争取进京指标需要付出巨大的费用和工作，理解甲方面临的招聘风险和引进人才的迫切愿望，乙方同意以个人劳务回报甲方的付出；（三）甲方保证为乙方办理进京落户，乙方保证在甲方的最低服务期为五年，期限自2013年7月22日至2018年7月21日，在

本服务期内，如乙方违反本约定，或由于个人原因被甲方解除劳动合同，同时甲方为乙方办理了进京落户的，乙方将按照未履行的服务期×2万元（人民币）/年向甲方支付违约金。”

2014年9月15日，贾某以个人原因申请离职。2014年10月10日，北京某建设有限公司作为甲方与乙方贾某签订服务期违约金分期偿还协议，约定：“(一) 甲乙双方在此确认，截至本协议签订之日乙方需支付甲方服务期违约金总额为人民币柒万陆仟圆元（¥76 000）……（三）乙方于2014年10月11日前预付人民币叁万伍仟圆元（¥35 000）予甲方，余款分两次还清，于2015年10月11日偿还人民币贰万壹仟圆元（¥21 000），于2016年10月11日偿还人民币贰万元（¥20 000）……。”2014年10月10日，贾某向北京某建设有限公司支付违约金35 000元，此后未再支付。

北京某建设有限公司起诉要求贾某支付剩余违约金41 000元。

审理结果

北京市朝阳区人民法院经审理认为：第一，劳动关系中的服务期，是劳动者与用人单位约定的、对劳动者有特殊约束力的、劳动者因获得特殊的劳动条件而应当与用人单位持续劳动关系的期限。《劳动合同法》第二十二条规定：“用人单位为劳动者提供专项培训费用，对其进行专业技术培训的，可以与该劳动者订立协议，约定服务期。”该条款属于授权性规范，即授予用人单位可以自行决定是否通过对劳动者进行专业技术培训的方式约定服务期，但无法据此推出对劳动者进行专业技术培训是实现约定服务期的唯一方式。用人单位向劳动者提供了正常劳动报酬之外的额外待遇，劳动者从中获益后，自愿让渡一定期限内的辞职权，向用人单位承诺服务期限，使得双方付出对价的期待利益不致落空，符合公平、平等自愿、协商一致的原则。北京某建设有限公司为贾某办理进京落户手续并非用人单位的法定义务，因此，北京某建设有限公司为贾某办理进京落户手续的行为属于用人单位为劳动者提供特殊待遇，双方据此签订人才引进及进京落户协议，约定服务期，应当参考适用《劳动合同法》第二十二条之规定，确定用人单位与劳动者的权利义务，双方均应当秉承契约的精神，诚实信用地自觉履行协议约定。

第二，《劳动合同法》第二十五条规定："除本法第二十二条和第二十三条规定的情形外，用人单位不得与劳动者约定由劳动者承担违约金。"故贾某与北京某建设有限公司签订的人才引进及进京落户协议中约定违约金，违反法律强制性规定，应属无效。

第三，一方面基于户籍指标数量的有限性，劳动者违反服务期约定辞职将造成用人单位的户籍指标流失，而再行招录接替员工、培养专业技能势必将导致用人单位再行投入一定的时间、人力、资金等成本；另一方面劳动者在用人单位为其办理进京落户指标后随即离职，也不利于用人单位内部人才队伍的稳定性。因此，北京某建设有限公司主张因贾某违反服务期约定离职，给该公司造成损失，法院予以采信，贾某应当予以赔偿。但鉴于北京某建设有限公司未能明确实际损失的客观情况，贾某已经支付北京某建设有限公司 35 000 元，综合考量贾某在职期间工资标准和北京某建设有限公司的损失情况，法院认定贾某已支付的部分已经弥补了其提前离职给北京某建设有限公司造成的损失。故北京某建设有限公司要求贾某支付违约金及损失赔偿金 41 000 元的诉讼请求，法院不予支持。

北京市朝阳区人民法院依法判决：驳回原告北京某建设有限公司的诉讼请求。

评析意见

户籍系用以记载和留存住户人口基本信息的法律文书，与我国每个人的生老病死、衣食住行密切相关。不同城市经济发展水平、社会保障制度、公共基础设施建设、教育医疗水平等方面各有不同，"北上广深"等城市凭借着自身发展优势，吸引着来自五湖四海的人到此工作生活，也使得某些具有落户指标的用人单位在人才招聘市场上具有强有力的竞争优势。不少用人单位以此为条件，与劳动者约定服务期及相应违约条款，在此种情况下，基于落户约定服务期及违约金的效力如何认定，是本案的核心争议焦点。司法实践中对此问题存有争议，结合本案论述如下。

（一）可以约定服务期的情形

尽管法律上并未对服务期的定义进行解释，但劳动关系中的服务期，可以理解为劳动者与用人单位约定的、对劳动者有特殊约束力的、劳动者因获得特殊的劳动条件而应当与用人单位持续劳动关系的期限。服务期是以用人单位给予劳动者优厚的待遇为前提，且一般情况下这种优厚待遇优于其他普通劳动者。故而用人单位给予了现实利益，劳动者应当在一定期限内以其劳动成果支付对价。《劳动合同法》第二十二条对用人单位可以约定服务期的情形进行了规定，立法者仅以列举的方式将用人单位出资进行专业技术培训纳入可以约定服务期的范围，对于落户等特殊待遇是否属于可以约定服务期的范围并未涉及。

实践中，对于《劳动合同法》第二十二条规定的性质存在不同理解。有观点认为，该条规定应属于义务性规范。笔者认为《劳动合同法》第二十二条规定应属于典型的授权性规范，对于上述观点并不认同。

第一，从该条规定本身的文义内容和结构分析来看，该条规定全文均是在说明当用人单位为某劳动者提供专项培训费用，对其进行专业技术培训时，可以与该劳动者订立协议，协议内容中可以约定服务期。一方面，该规定本身并非对于服务期的内涵界定或外延限定，只是对于用人单位基于为劳动者进行专项技术培训而约定最低工作年限情形的特别规定说明，并没有强调服务期仅针对专项技术培训情形的意图。另一方面，该条规定中所用的“可以”也只是针对本条所述的专项技术培训情形，从中不应得出其余情形“不可以”的结论。“可以”是授权性法律规范的典型表述之一。

第二，从法律条文的性质来看，该条规定属于劳动法规范，而劳动法规范仍属于民事法律规范范畴。在民事法律规范体系下，民事活动“法未禁止即可为”。在当前劳动法规范体系中，均没有对于约定服务期的情形进行限制性规定，当然不能得出服务期仅只能针对专项技术培训而设的结论。

第三，服务期协议的效力与对劳动者违约金责任的限定应予以区分。认为《劳动合同法》第二十二条规定属于义务性规范的观点或多或少受到了《劳动合同法》第二十五条规定的影响。《劳动合同法》第二十五条对于劳动关系中劳动者违约金责任的范围进行了限制。那么，从第二十五条的限制性规定能否推理出第二十二条应属于义务性规范呢？笔者持否定意见，并认为服务期协议的效力与劳动者违约金责任的限定性应予以区分。服务期协议效力的判断应根据法定判断规则独立进行。只要用人单位与劳动者签订的服务期协议符合《民法总则》第一百四十三条规定的三项要件，该协议即应属有效。如前述，劳动法规范并未对于约定服务期的情形进行限制性规定，则只要用人单位和劳动者据以约定服务期的情形不违背公序良俗且双方意思表示真实，双方所签订服务期协议的效力即应属有效。只不过当双方据以签订服务期协议的情形并非第二十二条规定的专项技术培训时，双方在协议中不得约定针对劳动者的违约金条款。

（二）基于服务期而约定违约金的效力

在我国现有法律体系框架下，《劳动合同法》第二十五条对于用人单位与劳动者约定由劳动者承担违约金责任的情形进行了强制性规定，即除双方约定劳动者因违反服务期约定而承担违约金和违反竞业限制义务而承担违约金外，双方不得约定由劳动者承担其他违约金。而此处的劳动者因违反服务期约定而承担的违约金专指用人单位为劳动者提供专项培训费用、对劳动者进行专业技术培训而约定服务期的情形。

在上述法律规范背景下，用人单位与劳动者若因专业技术培训之外的事由约定服务期的，双方不得约定由劳动者承担违约金责任，或者说双方约定的由劳动者承担违约金责任的条款无效。本案中，北京某建设有限公司与贾某基于办理进京落户手续而签订的人才引进及进京落户协议被认定为有效，但该协议中关于贾某承担违约金的相关约定，因违反了《劳动合同法》第二十五条的强制性规定，应属无效。

（三）劳动者违反服务期约定是否对用人单位造成损失及是否应予赔偿

劳动者违反服务期约定可能对用人单位造成什么样的损失呢？如前述，服务期是劳动者因用人单位给予的额外福利待遇等优利条件，自愿让渡一定期限内的辞职权，而向用人单位承诺的服务期限。用人单位受领该承诺后，自然对于劳动者的工作期限产生了信赖，并可能据此作出业务运营上的相应安排。当劳动者违反服务期约定时，用人单位对于其承诺工作期间的信赖被破坏，而用人单位据此作出的相应工作安排则可能受到冲击和损害。从类型上看，用人单位遭受的损失可能包括物质损失和非物质损失，也可能包括直接损失和间接损失。

那么，劳动者违反服务期约定，应在何种范围内对用人单位的损失承担责任呢？笔者认为，从我国劳动法规范体系的倾斜保护理念出发，此时，劳动者应就用人单位可以证明的直接物质损失承担赔偿责任。

第一，我国当前的法律规范体系，尤其是劳动法规范并没有对劳动者向用人单位承担损害赔偿责任的范围进行限制。在此背景下，从侵权责任的一般规则出发，劳动者若因自身行为对用人单位造成损失的，理应依法承担赔偿责任。

第二，相对于一般民事责任规范，劳动法规范又具有倾斜保护劳动者的基本功能和价值理念。因此，当劳动者因违反服务期约定而对用人单位造成损失时，其赔偿责任范围又应该受到限制。非物质损失和间接损失往往具有不可预测的特征，因而应被排除在劳动者应承担赔偿责任的范围之外。

当然，劳动者违反服务期约定并不必然给用人单位造成直接物质损失，因此，当用人单位主张劳动者承担该种赔偿责任时，用人单位应负担证明其直接物质损失的责任。

（北京市朝阳区人民法院　全军　汪洋　龙泉）

劳动合同的解除与终止

在劳动合同的履行过程中可能出现种种原因而导致劳动关系归于消灭，它直接关系到劳动合同的效力、当事人的利益和劳动秩序的稳定，成为劳动合同法中需要重点关注和研究的一个问题。数据显示，大多数劳动争议均与劳动合同的解除或终止有关，有的用人单位片面强调其用人的自主权，随意解除劳动合同，损害了劳动者的合法权益；同时也有不少劳动者对择业自由认识错误，任意跳槽，甚至不辞而别，影响了用人单位的经营秩序和劳动力的正常流动。因此，了解并切实执行劳动合同解除与终止的有关规定和制度，有助于理顺劳动关系，规范劳动合同管理，维护劳动关系双方的正当权益。

由于劳动合同解除与终止均产生劳动关系消灭的效果，实务中经常出现将二者概念混为一谈、相互混淆的情况，但二者作为两个独立的制度，代表着不同的法律概念，正确区分劳动合同的解除和劳动合同的终止对当事人的利益非常重要。

劳动合同法中关于劳动合同解除的规定，是对劳动者自主择业权利和用人单位用人自主权的保障。劳动合同的解除是劳动合同的当事人通过协商或者单独行使解除权而使劳动合同的权利义务关系提前结束的制度，一般基于劳动者的辞职和用人单位的辞退或者经济性裁员而发生。在劳动关系中，劳动者相对于用人单位而言始终处于弱势地位，从保护劳动者权益出发，法律赋予劳动者单方解除劳动合同的权利。从保障用人单位自主用工角度，也同时赋予了用人单位单方解除权，用人单位还可以依据劳动合同履行中客观情况的变化而对劳动者进行辞退或采取经济性裁员的措施来解除劳动合同。为了防止用人单位滥用解除权，立法上严格限制了用人单位行使解除权的条件，禁止用人单位随意或武断地解除劳动合同，以保护劳动者的劳动权。

劳动合同的终止是指劳动合同的法律效力被依法消灭，即劳动关系由于一定法律事实的出现而终结，劳动者与用人单位之间原有的权利义务不复存在，主要包括劳动合同期限届满、完成约定的工作任务和当事人一方主体资格的丧失，是劳动关系的自然结束。

对比来看，劳动合同的解除的发生总是有一方主动提出，更多地基于劳动合同两个主体的主观的意志，是劳动关系的提前结束，一般不可预见，受法律约束程度较高，更多地体现社会法的性质和国家公权力的介入，体现了对劳动者的倾斜保护。劳动合同的终止则侧重于非当事人意志的客观原因，其发生条件具有一定预见性。劳动合同的签订本身就具有一定的特殊性，因而在解除时应该依据法定程序解除。我国对劳动合同的解除规定了较为严格而具体的满足和限制条件，且需要遵守特定程序，加大了用人单位违法解除劳动合同的惩罚措施与责任成本，强化了用人单位依法解除劳动合同的要求。当发生解除事宜时，双方务必严格依照法律规定执行，避免因不懂法而承担不必要的法律责任。劳动合同法对终止的限制则相对宽泛。

劳动合同的解除与终止不同于一般民事合同的解除与终止，渗透着倾斜保护劳动者合法权益的立法目的，经济补偿制度就是体现这一目的的劳动合同法上的独特制度。《劳动合同法》第三十六条至第五十条对解除和终止劳动合同进行了规范。劳动者和用人单位只有规范解除和终止劳动合同，才能预防和减少争议发生，更好地维护双方的合法权益。

22. 未建立工会组织的用人单位单方解除劳动关系可否免除通知工会的义务

争议焦点

用人单位以连续旷工多日为由，单方解除与劳动者的劳动关系，因用人单位没有建立工会组织，是否可以免于其单方解除劳动者事先通知工会的责任。

基本案情

申请人：张某某

被申请人：河北衡水冀州区某公司

申请人张某某系被申请人河北衡水冀州区某公司职工，双方于2015年1月1日签订了一份无固定期限劳动合同。2019年4月2日，被申请人以申请人张某某连续旷工多日为由，单方解除了双方的劳动关系，并通过邮寄送达方式告知了申请人。申请人认为，双方已签无固定期限劳动合同，没有法定事由不能解除劳动合同，且被申请人作出单方解除劳动合同前没有按照法律规定事先通知工会，属于违法解除，请求依法认定被申请人单方解除劳动合同行为无效，要求继续履行劳动合同。

被申请人在开庭审理中提交证据，充分证明申请人工作期间无故旷工多日，违反了被申请人的规章制度，该规章制度经民主程序通过，且劳动者上岗前均培训学习过该规章制度。因被申请人未建立工会组织，故不存在主观上不通知工会的故意，且法律上未明确未建立工会组织的企业是否必须通知上级工会或者其他补救措施，即法律对此情况规定是空白。被申请人不应承担因法律空白的相应责任，请求依法驳回申请人仲裁请求。

审理结果

仲裁委员会根据《劳动合同法》第四十三条、《最高人民法院关于审理劳动争议案件适用法律若干问题的解释（四）》第十二条之规定，裁决被申请人作出的与申请人解除劳动关系通知解除程序违法。

评析意见

（一）用人单位单方解雇通知工会的法律规定

《劳动合同法》第四十三条明确规定，用人单位单方解除劳动合同，应当事先将理由通知工会。用人单位违反法律、行政法规规定或者劳动合同约定的，工会有权要求用人单位纠正。用人单位应当研究工会的意见，并将处理结果书面通知工会。

上述规定设定了用人单位解除劳动合同时应当履行通知工会的义务。但是，引起争议的是，《最高人民法院关于审理劳动争议案件适用法律若干问题的解释（四）》（以下简称《司法解释（四）》）第十二条规定，建立了工会组织的用人单位解除劳动合同符合《劳动合同法》第三十九条、第四十条规定，但未按照《劳动合同法》第四十三条规定事先通知工会，劳动者以用人单位违法解除劳动合同为由请求用人单位支付赔偿金的，人民法院应予支持，但起诉前用人单位已经补正有关程序的除外。

这条规定不仅没有定纷止争，反而加深了对用人单位单方解除通知工会义务理解和裁判的分歧，由此有人认为，通知工会的义务仅仅只是设立了工会的用人单位的义务，而没有建立工会就没有义务。那没有建立工会的用人单位是否就真不需要通知工会了呢？笔者认为，用人单位没有建立工会并不能当然免除通知工会之法定义务。因为法律之所以规定要通知工会的义务，是为了充分发挥工会的作用，缓解矛盾，减少劳动争议的发生。工会作为劳动者的群众性组织使命之一就是依法维护劳动者的合法权益。而且《劳动合同法》规定的是“应当通知工会”，而“应当”就是必须，必须就不能只局限于用人单位的工会组织，也不能局限于建立了工会的单位。既然法律明确规定用人单位解除劳动合同应当事先将理由通知工会，只要用人单位未事先通知工会，就属于程序违法。加之《司法解释（四)》中关于“程序可以补正”之规定，相对而言，对用人单位的约束已相当宽松，不能再做退让。即使用人单位没有工会，还有行业工会、集团工会、当地总工会，而用人单位完全可以找到并通知上述工会组织。如果用人单位没有建立工会就免除了通知工会之法定义务，实际上等于奖励用人单位不建立工会，这与我国工会制度格格不入。因此，用人单位在没有建立企业工会的情况下，单方解除劳动者劳动合同时，为了将违法风险降到最低，最好提前通知用人单位所在地的地区工会或者行业工会甚至是总工会。如果在作出解雇决定时未通知任何工会的，最好在劳动者提起仲裁、诉讼前补正程序，通知相关工会。

（二）没建立工会的用人单位单方解雇通知工会的司法实践

案件审理中，我们也查阅了各地类似案例，司法实践中仍然存在两种不同的裁判口径。一种观点认为，建立工会是企业职工的自愿行为，法律对工会的建立没有强制性规定。而根据《司法解释（四)》的规定，“起诉前用人单位已经补正有关程序的除外。”既然可以补正有关程序，说明仅仅是程序上的瑕疵，而非真正意义上的程序违法，故认为劳动者以解除合同未通知工会系程序违法的主张不具有法律依据，不应采信。另一种观点认为，对于劳动者严重违反劳动纪律或者用人单位规章制度的，用人单位可以行使单方解除权。但是，为避免用人单位滥用权力导致对劳动者权利的侵害，法律法规亦对用人单位行使单方解除权作出了较高的实体和程序要求。《劳动合同法》规定用人单位单方解除劳动合同，应当事先将理由通知工会，这不仅是单位解除劳动合同时应当履行的法定程序，亦是对职工劳动权利、生存权利的保障，故即使用人单位尚未建立基层工会，也应当通过告知并听取职工代表意见的方式或者向当地行业工会等组织征求意见的变通方式来履行告知义务这一法定程序。在后者做法上，江苏省作出了很好的法律约束，《江苏省劳动合同条例》第三十一条第二款规定，用人单位单方解除劳动合同，应当事先将理由通知工会；用人单位尚未建立工会的，通知用人单位所在地工会。此举明确了用人单位的义务，避免了裁审口径不一的问题，值得各地借鉴。

（河北省衡水市冀州区劳动人事争议调解仲裁委员会　马洁　王国辉）

23. 用人单位欠薪的主观过错考量

争议焦点

甲销售公司在非故意欠薪的情况下，是否应当为唐某某提出解除劳动合同支付经济补偿。

基本案情

上诉人：唐某某

被上诉人：甲销售公司

唐某某于2004年5月22日入职甲销售公司，担任区长职务，月薪是基本工资3 000元加提成加加班费。2012年8月1日起双方签订无固定期限劳动合同。2018年3月16日因单位拖欠加班工资唐某某提出解除劳动合同。唐某某离职前12个月平均工资为5 038.14元。

唐某某属于销售岗位，作为区长负责管理本区内店面销售。2016年7月22日甲销售公司申请了综合工时制，唐某某认可实行综合工时制，称：2017年3月存在延时加班13小时，甲销售公司已支付相应延时加班工资211.82元；2017年5月31日存在3小时延时加班，甲销售公司已经支付相应加班工资48.88元；2017年6月13日存在3小时延时加班，甲销售公司已支付相应加班工资48.88元。甲销售公司提供了2017年5月考勤，总计上班工时152小时，6月总计上班工时170小时，综合工时每月工时174小时，并未超过总工时。庭审中唐某某提出不再主张上述延时加班工资。2015年12月唐某某存在73小时延时加班，甲销售公司认可2015年没有申请综合工时，但是已经支付唐某某延时加班工资1 082.41元，是按照当年最低工资标准计算的延时加班工资；唐某某不认可，称应按照其月工资标准计算延时加班工资，因此存在延时加班工资差额。双方没有对于加班工资基数的约定，甲销售公司称公司是统一按照最低工资标准支付加班费。对于延时加班公司管理不严格，一般只要职工填写加班申请，都给算作延时加班。

2018 年 3 月 22 日，唐某某向北京市东城区劳动人事争议仲裁委员会申请仲裁，请求：(1) 甲销售公司支付解除劳动合同经济补偿 60 933. 89 元；(2) 甲销售公司支付 2015 年 12 月延时加班 73 小时延时加班工资差额 812. 83 元；2017 年 3 月 8 日延时加班 3 小时、15 日延时加班 5 小时、26 日延时加班 5 小时，延时加班工资差额共计 167. 51 元；2017 年 5 月 25 日延时加班 2 小时、31 日延时加班 3 小时，延时加班工资差额共计 47. 84 元；2017 年 6 月 13 日延时加班 3 小时，延时加班工资差额 28. 7 元。

2018 年 6 月 26 日，仲裁委员会作出裁决：(1) 甲销售公司支付唐某某 2015 年 12 月延时加班 73 小时延时加班工资差额 805. 5 元、2017 年 3 月延时加班 13 小时延时加班工资差额 124. 4 元、2017 年 5 月 31 日延时加班 3 小时延时加班工资差额工资 28. 7 元、2017 年 6 月 13 日延时加班 3 小时延时加班工资差额 28. 7 元，共计 987. 3 元。(2) 甲销售公司支付唐某某解除劳动关系经济补偿 60 933. 89 元。甲销售公司不服裁决结果，向法院提起诉讼。

审理结果

北京市东城区人民法院于 2018 年 8 月 28 日作出判决：(1) 于判决生效之日起 7 日内，甲销售公司支付唐某某 2015 年 12 月延时加班工资差额 805. 5 元，无须支付 2017 年 3 月延时加班工资差额 124. 4 元、2017 年 5 月 31 日延时加班工资差额 28. 7 元、2017 年 6 月 13 日延时加班工资差额 28. 7 元。(2) 甲销售公司无须支付唐某某解除劳动关系经济补偿 60 933. 89 元。

唐某某不服一审判决，提起上诉。北京市第二中级人民法院于 2018 年 11 月 29 日作出判决：驳回上诉，维持原判。

评析意见

劳动报酬权是劳动者按自己提供劳动的数量和质量取得应得工资收入的权利。根据《劳动合同法》第三十八条第一款第二项、第四十六条第一项规定，用人单位未及时足额支付劳动报酬，劳动者以此为由解除劳动合同的，用人单位应当支付劳动者解除劳动合同经济补偿。在审判实践中，当用人单位存在未及时足额支付劳动报酬的情况时，劳动者提出解除劳动合同并要求支付经济补偿是否应当予以支持，目前存在一定争议，主要观点分歧体现在是否应当区分用人单位在欠薪行为中存在“恶意”。

一种观点认为，区分“用人单位未及时足额支付劳动报酬”是否存在主观过错并不符合对《劳动合同法》第三十八条的文意解释，该条规定的行为模式并不包含主观过错，即只要用人单位存在欠付劳动报酬的情形，无论是否存在主观过错，均可确认劳动者解除劳动合同的效力并依据《劳动合同法》第四十六条的规定支持关于经济补偿的请求。

另一种观点认为，劳动者以“用人单位未及时足额支付劳动报酬”解除劳动合同，要求支付经济补偿时，用人单位应当具有过错。主要理由是：（1）在劳动法体系内，对欠付劳动报酬的行为进行归责须具备主观要件。《劳动法》第五十条规定，工资应当以货币形式按月支付给劳动者本人。不得克扣或者无故拖欠劳动者的工资。按照词语的文意理解，“克扣”通常是指以违法理由和手段，利用职权对劳动者合法按期领取的工资实施非法的强行扣除或部分扣除。“无故拖欠”通常指无正当理由逾期不发给劳动者依法应获取的劳动报酬。上述两种行为均能体现出用人单位存在主观恶意。此外，《劳动法》第九十一条、《最高人民法院关于审理劳动争议案件适用法律若干问题的解释》第十五条等法律规范中，亦存在克扣、无故拖欠、拒不支付等表述。可见，现行劳动法体系内对用人单位欠付劳动报酬的行为评价需要结合其主观情况加以考量，在审判实践中需要对用人单位是否存在主观过错的情形加以区分对待。（2）从《劳动合同法》的立法目的来看，对欠薪行为不区分主观过错一概予以否定，不符合保护用人单位合法权益的价值目标。在现阶段劳资双方地位不对等前提下，我国《劳动合同法》确立了对劳动者进行倾斜保护的立法原则，其实质在于弥补平等原则的不足，实现公正公平。但这并不意味着用人单位在倾斜保护规则中会丧失合法利益。在本案中，劳动者在加班时间付出的劳动，用人单位已经以支付提成方式对其额外的劳动付出予以补偿，在双方没有约定加班费支付标准的情况下，又另行以最低工资标准为基数支付其加班工资，没有少付劳动报酬的故意。如果不结合案件实际情况机械地认定用人单位存在“未及时足额支付劳动报酬”的情况，用人单位将额外承担支付解除劳动合同经济补偿的法律责任，显然有失公平。

笔者对第二种观点更为认同。针对用人单位欠薪的问题，在司法裁判中应当具体情况具体分析，特别是应当查明用人单位的欠薪行为是否存在过错。本案判例最终认定用人单位仅是对加班工资计算基数存在认识偏差，并不具有过错，故未能支持劳动者关于解除劳动合同经济补偿的请求，符合对《劳动合同法》第三十八条关于“未及时足额支付劳动报酬”这一规定的正确理解和适用。同时，本案裁判思路在某种程度上亦体现了对用人单位和劳动者利益均衡保护的价值取向。如果用人单位在生产生活中能够积极采取有效措施保障劳动者的基本权益，那么其自身的合法利益亦会获得公正保护。

（北京市第二中级人民法院　刘邢）

24. 劳动者病休期间旅游，用人单位该怎么做

争议焦点

1. 用人单位规章制度能否限制劳动者病休期间的活动；
2. 用人单位怎么把握劳动者病休期间的活动界限。

基本案情

上诉人：某公司
被上诉人：张某

张某原系某公司员工，任司机。某公司的员工手册规定，病假期间进行外出旅游等其他社会活动，属于严重违反公司规章制度的行为，将予以辞退。张某因患腰椎间盘突出从2016年4月6日开始休病假。2016年6月，某公司通知张某医疗期为在12个月内累计病休6个月，从4月6日起算。2016年8月8日，张某在其微信朋友圈中上传了与家人在张家口张北草原游玩的照片。后某公司人力资源部门工作人员与张某电话沟通朋友圈照片的问题，张某告诉其孩子放假从老家来了，所以陪着出去玩了。2016年8月10日，某公司以张某在病假期间进行外出旅游活动，严重违反公司管理制度为由，通知张某解除劳动合同。后张某申请劳动争议仲裁，要求某公司支付违法解除劳动合同赔偿金等。仲裁委员会驳回张某的全部申请请求。张某不服，提起诉讼。

审理结果

北京市大兴区人民法院于2017年6月26日作出判决：（1）某公司向张某支付违法解除劳动合同赔偿金57 912.84元；（2）驳回张某的其他诉讼请求。

某公司不服，提起上诉。北京市第二中级人民法院于2017年10月23日作出判决：驳回上诉，维持原判。

评析意见

用人单位规章制度是用人单位制定的组织劳动过程和进行劳动管理的规则和制度。病休是指劳动者因患病或非因工负伤，需要停止工作治病休息的医疗假期。那么，用人单位规章制度能否限制劳动者病休期间的活动呢？

一种意见认为，用人单位规章制度所规定的内容，应限定在进行正常的用工管理、维护正常的用工管理秩序所必需的范围之内，劳动者在工作之外有自主合理安排生活方式的权利。劳动者在与用人单位履行劳动合同期间，因患病需要休息，应以医疗机构出具的诊断证明及休假证明为依据。至于员工病休期间的活动，法律法规对此无限制性规定，用人单位规章制度严格限制劳动者在工作之外病休方式的做法，明显超出了用人单位进行正常的用工管理、维护正常的用工管理秩序所必需的限度，侵害了劳动者在工作之外自主合理安排生活方式的权利。

另一种意见认为，用人单位规章制度限制劳动者病休期间的活动并不违反法律法规的规定，病假怎么休不仅与劳动者自身利益密切相关，还影响着用人单位日常管理秩序，所以用人单位规章制度就此作出规定仍属于正常的劳动管理范畴。

笔者同意上述第二种意见。第一，病休是指劳动者无法工作而需治病休息，从定义来看，劳动者的身体已因疾病无法继续坚持工作，需要治疗休息，从而尽快正常工作，即劳动者病休期间的行为应当限制在治疗休息的范围。第二，劳动者病休期间，用人单位需支付相应的病假工资、缴纳五险一金，还要对其原来负责的工作安排其他劳动者临时顶替等，用人单位承担了相应义务，根据权利和义务对等原则，用人单位通过规章制度对劳动者病休期间的活动作出限制仍属于正常的劳动管理。第三，实践中存在着医疗机构工作人员为劳动者开具虚假的病休证明的情况，用人单位在其规章制度中限制劳动者病休期间的活动，一方面防止员工“泡病假”，另一方面亦使管理者和裁判者处理时依据更充分。

关于活动的界限，应当限制在治疗休息的范围，一般应以医嘱为主，并符合身体生理机能恢复常识。如某劳动者因患严重颈椎病而向单位请了病假，但当日就长途飞往国外。医嘱肯定不会写明患者可不可以长途乘坐飞机，但根据一般人的体会，这样的病情通常或者是在家休息，或者是在医院做相应治疗，所以其行为合理性不能不让单位产生怀疑，且其亦不能就此作出合理解释，单位就可以按照规章制度作出相应处理。但对于病休期间旅游问题，笔者认为不能一概而论。比如现在高发的抑郁、焦虑等精神疾病，相应适当的旅游放松有助于身体康复，未超出一般的合理性范围。本案中二审法院认为，张某因患腰椎间盘突出而连续病休，其间带孩子前往张北草原进行了休闲游玩形式的外出活动，不足以构成对所患病症的危害，属于正常活动内容，且在某公司人员向其询问外出情况时，并未隐瞒该行动，亦对此行目的作出了解释和说明，某公司因此而与张某解除劳动关系欠妥。

（北京市第二中级人民法院　董和平）

25. 用人单位能否单方变更劳动者工作岗位

争议焦点

1. 用人单位能否单方变更劳动者工作岗位；
2. 劳动者实际履职新岗位能否代表双方就变更劳动合同内容达成一致。

基本案情

申请人：王某

被申请人：某俱乐部

王某系某俱乐部员工，该俱乐部餐厅分为给客户提供餐饮的会所部餐厅和给员工提供饮食的员工餐厅。王某与俱乐部签订的劳动合同中约定王某从事会所部二锅（厨师）岗位，每月工资9 200元，同时约定不服从单位安排将被辞退。王某自2012年9月入职后直至2017年7月一直在会所部担任厨师。王某于2017年8月起应单位要求到员工餐厅帮忙，并明确表示帮忙可以，调整岗位不同意。因会所部是为客户提供餐饮服务，而员工餐厅是为单位员工提供三餐饮食，虽然薪资待遇不变但所服务对象不同，王某担心可能会对自己今后的发展有影响。2018年5月11日，单位人事部向王某下发调岗通知，要求王某从会所部二锅岗位转到员工餐厅当厨师，并要求王某签署调岗书，但遭到王某拒绝。事后该俱乐部以王某不签署调岗通知为由将其辞退。王某认为俱乐部单方调岗并不合法，遂申请仲裁要求俱乐部支付违法解除劳动关系赔偿金。俱乐部则认为因单位组织架构变更，王某在2017年8月就已经调整为员工餐厅厨师，之后实际也一直在员工餐厅工作；2018年5月因单位要求编制和岗位要一致，故让王某签署调岗书，但其拒绝签署调岗书属于不服从单位安排，故与王某解除劳动合同并无不妥，无须支付解除劳动合同赔偿金。

审理结果

本案经开庭审理后，双方均有调解意向。经仲裁员向双方当事人给予法律释明后，双方就王某解除劳动合同赔偿金争议事项达成一致调解意见，某俱乐部同意支付王某解除劳动合同赔偿金等共计6万元。

评析意见

在现实生活中，因调岗引发的劳动纠纷屡见不鲜。究其原因，既有用人单位因生产经营情况调整、产业结构转移升级、自身发展需求变化等企业经营管理情况对劳动者的调岗，也有因客观情况发生重大变化或员工个人情况发生变化造成的调岗，当然也存在用人单位恶意调岗从而逼迫劳动者离职的情况。对于劳动者工作岗位的调整，用人单位确实存在一定程度的用工自主权和管理权，但绝非企业可以随意、无条件调动或变更劳动者工作岗位。那么，用人单位对劳动者调岗如何把握呢？

众所周知，用人单位与劳动者协商一致可以调整变更劳动者工作岗位，而在实践中普遍存在的是企业单方调岗的情况。《劳动合同法》第四十条明确规定了用人单位单方调岗的三种情形：（1）劳动者患病或者非因工负伤，在规定的医疗期满后不能从事原工作的调岗；（2）劳动者不能胜任工作产生的调岗；（3）劳动合同订立时所依据的客观情况发生重大变化致使劳动合同无法履行的调岗。另外，2017年《北京市高级人民法院、北京市劳动人事争议仲裁委员会关于审理劳动争议案件法律适用问题的解答》中提出了新的指导意见，当用人单位与劳动者约定可根据生产经营情况调整工作岗位的，且用人单位能够证明生产经营情况发生变化，调岗属于合理范畴，用人单位可以单方调整劳动者工作岗位；而双方未在劳动合同中约定工作岗位或约定不明时，用人单位有正当理由，也可根据自身经营需要合理调整劳动者工作岗位；双方在劳动合同中明确约定工作岗位但未约定如何调整的，且不符合《劳动合同法》第四十条所列情形时，用人单位自行调整劳动者工作岗位属于违约行为；用人单位在调整岗位的同时调整工资，劳动者接受调整岗位但不接受调整工资的，由用人单位说明调整理由。据此可知，用人单位合法行使用工自主权进行调岗，需要满足以下条件方可进行：第一，双方在劳动合同中对调整工作岗位作出了约定或者未明确约定工作岗位；第二，调岗具有必要性，即调整劳动者工作岗位是用人单位生产经营需要，或因劳动者个人能力、工作态度等因素导致；第三，调整后的工作岗位不具有侮辱性和惩罚性；第四，调整后的薪资水平与原岗位基本相当或与新岗位工作性质相匹配。

本案同时涉及另一方面问题，即劳动者实际履行新岗位能否代表双方就变更劳动合同内容达成一致。值得注意的是，《最高人民法院关于审理劳动争议案件适用法律若干问题的解释（四）》第十一条规定，变更劳动合同未采用书面形式，但已经实际履行了口头变更的劳动合同超过 1 个月，且变更后的劳动合同内容不违反法律、行政法规、国家政策以及公序良俗，当事人以未采用书面形式为由主张劳动合同变更无效的，人民法院不予支持。换言之，在用人单位与劳动者实际履行劳动合同过程中，双方真实意思实际履行的事实可以视为对原劳动合同进行变更。

具体到本案，首先，俱乐部并未举证证明单位组织架构发生调整，且双方在劳动合同中明确约定王某的工作岗位为会所部二锅，但并未有对王某进行工作调整的相关约定；其次，王某虽然在 2017 年 8 月到员工餐厅从事厨师工作将近 10 个月之久，但工作的前提是帮忙且其当时就已明确表示不同意调整工作岗位；再次，俱乐部在 2018 年 5 月 11 日下发调岗通知并要求王某签署调岗书的行为，也说明俱乐部与王某在此前未就调岗事宜达成一致意见，而王某虽在会所部餐厅与员工餐厅的岗位均系厨师岗位，但两者性质确有不同，王某所述可能对今后职业发展产生影响的主张存在一定合理性；最后，员工服从单位安排工作的前提是企业合理合法对工作进行安排，某俱乐部在双方未就调岗事宜达成一致的情况下，将王某拒绝签署调岗书的行为归于不服从单位安排实为不妥。因此，该单位以王某不服从单位安排为由解除劳动合同不符合法律规定，应当认定为违法解除劳动合同行为。

（北京市顺义区劳动人事争议仲裁院　关亚静）

26. 以“严重失职”为由解除劳动合同合法性剖析

争议焦点

如何认定“严重失职”与“重大损害”。

基本案情

申请人：王某

被申请人：某服装有限公司

王某于 2017 年 11 月入职某服装有限公司担任会计职务。公司于 2019 年 1 月 31 日向其出具解除劳动合同通知书，载明“王某严重失职，给公司造成重大损害，依据《劳动合同法》第三十九条之规定与王某解除劳动合同”。王某不服，于 2019 年 3 月 1 日向劳动争议仲裁委员会提起仲裁，要求该公司支付违法解除劳动合同的赔偿金。

公司主张其解除王某的劳动合同的法律依据为《劳动合同法》第三十九条“严重失职，给用人单位造成重大损害的”情形；事实依据为“王某作为出口退税经办人，在报税过程中出现‘提交单证不齐，亦未及时采取延期申请等补救措施，导致迟延申报’等严重失职行为，造成公司不能享受出口退税达 40 000 余元，给公司造成重大经济损失”。经查，该公司会计岗位职责第七条载明“负责报税及出口退税”，会计岗位职责已由王某签字确认。2018 年 7 月公司生产企业出口货物免、抵、退税申报汇总表中经办人一项有王某本人签字；“单证不齐”一项注有“B”字母，“B”表示无报关单；同时，该表显示不能享受出口退税金额合计 40 000 余元。由王某签字的中华人民共和国海关出口货物报关单可以证明王某在申报期限内已取得报关单。该批货款申请出口退税的截止期限为2018年10月21日，而王某实际交齐单证的日期为2018年11月15日。申请人承认其在申报期内未办理延期申请。2018年6月生产企业出口货物免、抵、退税申报汇总表与生产企业出口货物免、抵、退税申报明细表显示，同种货物在单证齐全、及时申报的情况下，税务机关予以退税。

审理结果

仲裁委员会认为，某服装有限公司依据《劳动合同法》第三十九条，以“严重失职，给用人单位造成重大损害”为由，与王某解除劳动合同，具备相应的事实依据与法律依据，属于合法解除，从而驳回王某支付赔偿金的申诉请求。

评析意见

《劳动合同法》第三十九条明确规定，劳动者严重失职，营私舞弊，给用人单位造成重大损害的，用人单位可以解除劳动合同。此种情形下，用人单位解除劳动合同，既是维护正常生产秩序的需要，也是依法行使法律赋予的权利，并无不当。但实践中如何把握判断标准，正确适用法律条文，对于用人单位合法解除劳动合同，避免法律风险尤为重要。笔者认为，以“严重失职”为由解除劳动合同必须具备三个构成要件：第一，劳动者有失职行为，且达到了严重的程度；第二，用人单位的利益出现了重大损害，其直接经济损失达到了重大的程度；第三，员工的失职行为与用人单位的经济损失之间有直接的因果关系。用人单位在以“严重失职”为由开除职工时，应当对上述因素进行举证，否则难以构成合法解除。但问题在于，如何对“严重失职”和“造成重大损失”作出恰当的解释？我国目前尚无法律明确规定，实践中也难以避免用人单位借失职之名行解除之实的情形。

所谓“严重失职”，通常是指劳动者在履行劳动合同期间，由于故意或重大过失为或不为一定工作的行为，其作为或不作为严重偏离了岗位要求。“严重失职”需同时满足如下要件。第一，劳动者需有失职行为，而认定员工失职行为必须以明确告知其岗位职责为前提。本案中，会计岗位职责明确王某工作职责包括报税及出口退税内容。第二，失职行为应达到严重程度。仅一般的失职行为，即便造成重大损害也不构成严重失职。“严重失职”不同于一般失职的一个重要的衡量标准就是，是否属于企业的正常经营风险，抑或是否能通过员工提高主观上的注意义务而加以避免。在认定严重程度时，仲裁员或法官可以参考行为人的主观恶意、行为本身的性质与造成的后果，以及用人单位规章制度对“严重失职”的相关界定等因素。本案中，王某在取得报关单后未在申报出口退税时提交，导致该批货款因“单证不齐”而不能退税。国家税务总局规定，出口企业因特殊原因无法在规定期限内取得相关单证，应当在规定期限内向税务机关提出书面延期申报申请，经地市级以上（含地市级）税务机关核准，在核准的期限内申报办理退（免）税。本案中，王某在可以申请延期申报的情况下未作出申请，最终导致迟延申报。而2018年6月，同种货物在单证齐全、及时申报的情况下，税务机关予以退税。从以上事实不难看出，假设王某及时交齐单证，或在申报期限内申请延期，可以避免因不能退税所造成的经济损失，这显然不属于企业正常经营风险。

《劳动部关于〈中华人民共和国劳动法〉若干条文的说明》第二十五条第三款规定：“‘重大损害’由企业内部的规章来规定。因为企业类型各有不同，对‘重大损害’的界定也千差万别，故不便于对‘重大损害’作统一的解释。若由此发生劳动争议，可以通过劳动争议仲裁委员会对规章规定的重大损害进行认定。”由此可以看出，劳动者的严重失职行为是否给用人单位造成“重大损害”，可以由公司内部规章制度确定具体标准。当然，用人单位制定的规章制度究竟是否合法，还要经仲裁委员会或法院审查，否则就有可能面临败诉的风险。本案中由于王某迟延申报导致不能退税金额达40 000余元，而该公司规章制度中没有针对“重大损害”规定具体标准，此时，根据企业性质、实际经济损失的数额、违规行为对企业产生的影响等各方面因素进行综合评价，从而认定40 000余元的经济损失属于“重大损害”。

本案提醒用人单位，依据《劳动合同法》第三十九条之规定以“严重失职，给用人单位造成重大损害”为由解除劳动合同时，须谨慎考虑如下因素：第一，建立完善的岗位职责体系、明确岗位职责是认定“严重失职”的重要前提；第二，在规章制度中明确量化“重大损失”的标准，做到有据可循；第三，做好日常管理和证据搜集工作，在员工出现“严重失职，给公司造成重大损害”情形时，应当采取有效措施，及时固定相关事实证据。

（天津市西青区劳动人事争议仲裁院　赵亮）

27. 哺乳期女职工劳动保护、劳动条件的认定

争议焦点

哺乳期内女职工因单位未安排 1 小时哺乳时间申请离职，是否属于用人单位“未按照劳动合同约定提供劳动保护或者劳动条件的”劳动者可以解除劳动合同的情形。

基本案情

申请人：潘某

被申请人：深圳某服饰公司

潘某于 2014 年 6 月入职深圳某服饰公司任商场导购一职。2016 年 6 月 27 日潘某生育一子。2016 年 10 月 24 日产假结束后，潘某回岗工作。深圳某服饰有限公司在潘某哺乳期内未安排其每日 1 小时的哺乳时间，潘某曾就此事与深圳某服饰公司协商，但被拒绝。随后潘某依据《劳动合同法》第三十八条、第四十六条规定提出解除劳动合同，并要求深圳某服饰公司支付经济补偿。另，潘某认为单位未能给予哺乳假期，应视为加班并按照三倍工资支付。2017 年 6 月 16 日潘某申请仲裁，后于同年 6 月 29 日撤回原仲裁请求事项，变更诉请为：（1）确认双方劳动合同解除，被申请人支付经济补偿 19 600 元；（2）被申请人支付本人 2016 年 10 月 24 日至 2017 年 6 月 27 日每日 1 小时哺乳假加班费 8 132 元。

深圳某服饰公司主张：潘某于 2017 年 6 月 16 日提出要求安排哺乳时间但同时立即提出解除劳动合同并申请仲裁，潘某应该给公司必要的岗位调整安排时间来为潘某安排哺乳时间，若公司仍不安排哺乳时间后潘某才可采取法律法规规定的救济方式维权。另外，潘某对于单位未安排哺乳时间这一事实，可以通过投诉、举报、责令改正的方式进行权利救济。潘某提出的每日 1 小时的哺乳时间属

于加班时间的主张没有法律依据。

审理结果

仲裁委员会裁决确认双方解除劳动合同，驳回申请人要求支付经济补偿及加班费的请求事项。

评析意见

（一）“三期”女职工在哺乳期内每日1小时哺乳时间是否属于用人单位法定必须提供的劳动条件？

目前有两种观点：一种观点认为劳动条件是指劳动者维持和再生产劳动能力的物质条件即生活资料，或劳动者借以实现其劳动的物质条件即生产资料；另一种观点认为劳动条件除了上述主观条件和客观条件外还包括生产过程中有关劳动者的安全、卫生和劳动程度等所必需的物质设备条件。

立足上述两种观点分析，如果按照第一种对于劳动条件的解释，本案中潘某主张的哺乳时间便不属于劳动条件调整范畴。但从第二种观点来看，哺乳期内女职工未享受法定哺乳时间，损害了其自身权益，应该属于用人单位未依法向劳动者提供劳动保护或者条件。

《女职工劳动保护特别规定》的立法目的在于加强女职工的劳动保护，改善女职工劳动安全卫生条件，强制性要求用人单位不得因女职工怀孕、生育、哺乳降低其工资，予以辞退，与其解除劳动或者聘用合同。就此笔者认为哺乳时间属于女职工应享有的合法权益，用人单位不得以任何理由侵害，如果用人单位违反了《女职工劳动保护特别规定》，女职工应在单位违法行为存续时通过投诉、举报、申诉的途径向劳动行政部门或者劳动人事争议仲裁机构进行权利救济。本案中，潘某在其哺乳期内未享受每日1小时的哺乳时间事实存在，但潘某未能就曾提出过要求用人单位改正违法行为提供真实有效的证据，潘某系哺乳期届满时向劳动人事仲裁部门申请仲裁要求支付经济补偿后，向用人单位邮寄送达解除劳动合同通知书的。潘某因用人单位未安排哺乳时间认定用人单位未提供劳动条件法律依据亦不明确。综上，仲裁委员会认定潘某提出解除劳动合同事实成立，但据此要求用人单位支付解除劳动合同经济补偿的请求事项没有法律依据，予以驳回。

潘某收到裁决后依法向人民法院申请上诉，现本案仍在审理中。

（二）哺乳时间未休后，可否折算成法定或延时加班？

正如前文所述，针对孕期、产期、哺乳期（以下称“三期”）内女职工身体特殊情况，用人单位或者劳动者任一方应在“三期”内，本着对健康权的最大保护，给予处于特殊身体时期的女职工以身体承受范围内的保护，而不是在超负荷完成工作后，以加班情形索要加班费。根据劳动部《对〈工资支付暂行规定〉有关问题的补充规定》，“凡是安排劳动者在法定工作日延长工作时间或安排在休息日工作而又不能补休的”，应支付加班工资。哺乳时间是行政法规规定的法定工作时间内根据需要而予以安排的特殊时间，本案并非延长工作时间，不满足潘某所主张的加班工资制度的法定条件。并且依据《全国年节及纪念日放假办法》，法定节假日共计 11 天，所以潘某主张 1 小时哺乳期间视为法定节假日的请求事项没有法律依据。潘某的请求最终被依法予以驳回。

《劳动合同法》第四十二条规定，女职工在孕期、产期、哺乳期的，用人单位不得依照本法第四十条（即无过失辞退，包括医疗期满、不能胜任、情势变更）、第四十一条（即裁员）的规定解除劳动合同。

笔者对于“三期”女职工解除时要注意的问题做了归纳。

1. 女职工在孕期、哺乳期患病，医疗期满后，不能从事原工作，也不能从事单位另行安排的工作的，单位不能解除劳动合同。但可以选择继续安排其他更适合的工作。

2. 女职工在孕期、哺乳期内，不能胜任工作，经培训或调岗后仍然不能胜任工作的，也不能解除劳动合同。单位应当继续调岗或接受较低的工作表现。

3. “三期”内，劳动合同订立时所依据的客观情况发生重大变化，致使劳动合同无法履行，经协商，未能就变更劳动合同内容达成协议的，单位仍然不能解除劳动合同。

4. 经济性裁员时，不得裁减在“三期”内的女职工。

5. “三期”内单位可与劳动者协商一致解除劳动合同。“三期”内解除的限制中，并不包括《劳动合同法》第三十六条，因此，协商解除是可以的。若单位主动提出解除的，应支付经济补偿。

6. 女职工“三期”同时在试用期内（比如入职不久即怀孕，或哺乳期内入职的)，并且试用期间被证明不符合录用条件的，单位可以解除劳动合同。

7. “三期”内有严重违纪情形的，单位可以解除劳动合同。因严重违纪属过失性辞退条件。同理，女职工“三期”内有严重失职，营私舞弊，给用人单位造成重大损害的情形；或有同时与其他单位建立劳动关系，对本单位的工作造成严重影响，或经单位提出拒不改正的情形；或有被依法追究刑事责任等情形时，单位也可以解除劳动合同，并且此情况下不需支付经济补偿。

总而言之，女职工在孕期、产期、哺乳期内，单位不得以医疗期满、不能胜任、情势变更等非过失性理由辞退，也不得裁员，但可以以过失性理由辞退。

（天津市和平区劳动人事争议仲裁院　张超）

28. 用人单位辞退私自安排顾客在机场隔离区餐厅存放行李的员工是否构成违法解除劳动关系

争议焦点

1. 李某的行为是否已经构成违反用人单位规章制度；
2. 某餐饮公司是否可以依据员工手册规定将李某辞退。

基本案情

申请人：李某
被申请人：某餐饮公司

李某于2015年3月2日入职某餐饮公司，担任运营经理职务，月工资28 000元，其提供劳动至2018年3月8日。某餐饮公司在机场控制区候机隔离区内设有经营场所。2018年2月8日，经常光顾某餐饮公司设在机场控制区候机隔离区内餐厅的刘某，通过电话联系到李某，称需要将自己的行李暂时放在餐厅中，请李某帮忙沟通。李某后来解释称，因刘某经常光顾某餐饮公司位于机场控制区候机隔离区的餐厅，且刘某从事的工作与公司部分业务相关，其认为刘某是某餐饮公司潜在客户，故在没有询问行李中系何种物品的情况下，同意刘某将行李暂时存放在餐厅中。后海关工作人员巡查发现，该行李箱内装有10条香烟，遂将香烟和李某带走接受调查。调查后，并未发现违法行为，没有对刘某和李某进行处罚。机场餐饮管理公司接到通报后，对某餐饮公司开出了处罚通知单，给予某餐饮公司通报批评，暂停某餐饮公司新店面招商投标资格，同时取消其评优资格，并收回了李某机场控制区候机隔离区工作证。某餐饮公司在接到机场餐饮管理公司的处罚通知单并对该事件进行调查后，依据公司员工手册作出了将李某开除的决定。同时，将开除李某的决定上报公司工会，在工会未提出相反意见的情况下，向李某送达了解除劳动合同通知书。庭审中，某餐饮公司提交了员工手册和制定员工手册时相关的民主程序材料。员工手册规定，因工作疏忽，违反操作规程或擅自变更工作方法，使公司蒙受重大损失者，公司有权解除劳动关系。李某认可签收过该员工手册，也认可学习过该员工手册，但坚称其本意是为了给公司开发新的客户、新的业务，并非因私违反相关规定，某餐饮公司系违法与其解除劳动关系。之后，李某将某餐饮公司诉至劳动人事争议仲裁委员会，要求某餐饮公司支付违法解除劳动关系赔偿金196 000元。

审理结果

劳动人事争议仲裁委员会驳回李某全部仲裁请求。

评析意见

民用机场，是指专供民用航空器起飞、降落、滑行、停放以及进行其他活动使用的划定区域，包括附属的建筑物、装置和设施。机场控制区是指根据安全需要在机场内划定的进出受到限制的区域，包括候机隔离区、行李分拣装卸区、航空器活动区、航空器维修区（机库）、货物存放区。安全检查是指使用技术或其他手段对机场控制区安全状况进行的检查，以识别和探测是否存在可用于非法干扰行为的武器、爆炸物或其他危险装置。候机隔离区是指根据安全需要，在候机楼内划定的供已经安全检查的出港旅客等待登机的区域及登机通道。

李某系某餐饮公司运营经理，对某餐饮公司设在机场控制区候机隔离区内的餐厅负有监督和管理责任。其因刘某系该候机隔离区内餐厅的老客户，且自认为刘某从事的工作与公司部分业务相关，是某餐饮公司的潜在客户，就在未经领导审批，也未核实所存放的行李内系何物品、是否存在安全隐患的情况下，私下答应了刘某存放行李的要求。海关工作人员对该行李中的物品进行调查后，虽未采取强制措施，也未进行处罚，但机场餐饮管理公司没收了李某的机场控制区候机隔离区证件，并对某餐饮公司进行了相关通报和处罚，势必给某餐饮公司的经营和声誉造成一定影响。上述情况，可以表明李某私自允许存放行李的行为在机场控制区候机隔离区内是不被允许的，且其未查明行李中的物品，无法确定行李的安全，给机场的运营安全及旅客的人身财产安全，都造成了严重的安全隐患。加之，某餐饮公司员工手册规定，因工作疏忽，违反操作规程或擅自变更工作方法，使公司蒙受重大损失者，公司有权解除劳动关系。依据《劳动合同法》第四条、第三十九条的规定，用人单位应当依法建立和完善劳动规章制度，保障劳动者享有劳动权利、履行劳动义务。用人单位在制定、修改或者决定有关劳动报酬、工作时间、休息休假、劳动安全卫生、保险福利、职工培训、劳动纪律以及劳动定额管理等直接涉及劳动者切身利益的规章制度或者重大事项时，应当经职工代表大会或者全体职工讨论，提出方案和意见，与工会或者职工代表平等协商确定。在规章制度和重大事项决定实施过程中，工会或者职工认为不适当的，有权向用人单位提出，通过协商予以修改完善。用人单位应当将直接涉及劳动者切身利益的规章制度和重大事项决定公示，或者告知劳动者。劳动者有严重违反用人单位规章制度的，用人单位可以解除劳动合同。综合上述情况，李某签收了某餐饮公司制定的员工手册，并进行了相关学习。该员工手册系经过民主程序制定，符合法律规定。李某存在违反该员工手册的行为，且该行为本身即使不违反员工手册，也是影响机场安全运营的不被允许的行为。故某餐饮公司将李某辞退的行为并无不妥。李某要求某餐饮公司支付违法解除劳动关系赔偿金的请求，仲裁委员会未予支持。

需要进一步讨论的是，本案中即便李某要求的违法解除劳动关系赔偿金成立，但其要求的数额也过高。因为《劳动合同法》第八十七条规定，用人单位违法解除劳动合同的，依照经济补偿的 2 倍支付赔偿金。根据《劳动合同法》第四十七条的规定，经济补偿按劳动者在本单位工作的年限，每满 1 年支付 1 个月工资的标准向劳动者支付。6 个月以上不满 1 年的，按 1 年计算；不满 6 个月的，向劳动者支付半个月工资的经济补偿。劳动者月工资高于用人单位所在直辖市、设区的市级人民政府公布的本地区上年度职工月平均工资 3 倍的，向其支付经济补偿的标准按职工月平均工资 3 倍的数额支付，向其支付经济补偿的年限最高不超过 12 年。李某的月工资为 28 000 元，已经超过了北京市月平均工资的 3 倍，故其要求违法解除劳动关系赔偿金数额过高。

（北京市顺义区劳动人事争议仲裁院　于立华）

29. 用人单位应慎以劳动者违反公序良俗为由单方解除劳动关系

争议焦点

用人单位单方解除权所依据公序良俗原则的合理范围应如何确定。

基本案情

申请人：史某

被申请人：某快递公司北京分公司

2017年7月4日，史某入职某快递公司北京分公司，担任市场部经理职务，月工资10 000元。同时，史某还担任其与朋友合作开办的某电子商务公司的法定代表人。2018年11月12日，某电子商务公司因经营不善，拖欠下属5名劳动者工资7万余元，且拒不履行法院生效判决，被列入严重违法失信企业名单，史某同时被列入失信被执行人名单，并被采取限制高消费措施。2019年6月9日，某快递公司北京分公司指派史某赴外省出差，在购买机票的过程中被告知，史某因被列入失信被执行人名单被限制高消费，不能乘坐飞机、G字头动车组，某快递公司北京分公司只得安排他人出行。2019年6月30日，某快递公司北京分公司以史某违反公序良俗原则，且因其个人行为导致无法从事需经常出差的工作为由，下发解除劳动合同通知书将史某辞退。史某认为某快递公司北京分公司的辞退缺少法律依据，遂对该公司提出劳动争议仲裁申请。

申请请求：（1）要求某快递公司北京分公司支付2017年7月4日至2019年6月30日解除劳动关系经济补偿20 000元；（2）要求某快递公司北京分公司支付未提前30日通知解除劳动关系代通知金10 000元。

审理结果

仲裁委员会裁决支持史某全部仲裁请求。

评析意见

公序良俗原则，包括遵守公共秩序和符合善良风俗两种，其概念起源于罗马法。按照罗马法学家的观点，所谓“公序”即国家的安全、人民的根本利益，“良俗”则是指人民的一般道德准则。这两个概念所包含内容十分宽泛，且随着经济发展水平和主体文明程度的提高而不断发展变化。我国现行法律中并未明确提出“公序良俗”这一概念，只是在《民法通则》第七条中规定：“民事活动应当尊重社会公德，不得损害社会公共利益，扰乱社会经济秩序。”一般认为这些规定就是公序良俗的内容。

用人单位在缺少规章制度规定或与劳动者特别约定的情况下，可以依据劳动者违反公序良俗原则为由解除双方劳动关系的观点，已为劳动争议实务处理领域所普遍接受并积极践行。本案所探讨的焦点就在于，用人单位单方解除权所依据公序良俗原则的合理范围应如何确定？

关于这一问题，一种观点认为，应严格界定公序良俗的范围，除非劳动者的行为已对用人单位运营秩序造成现实妨害或严重威胁，否则用人单位不得援引公序良俗原则解除与劳动者的劳动关系。举例而言，某员工在“十一”长假期间因盗窃被抓，但因盗窃数额不大，尚未构成刑事犯罪，仅被处以行政拘留 5 日，假期结束前即被放出，上班期间工作表现正常。该盗窃行为虽已违反治安管理处罚法相关规定，但并未对公司业务造成实质影响，如果用人单位与员工并未就“员工劳动关系存续期间存在触犯治安管理处罚行为，用人单位能单方解除劳动关系”的约定依法制定内部规章制度，用人单位不应以员工存在该行为为由，单方解除与员工的劳动关系。另一种观点则认为，每个人都应对其行为负责，当一个人的行为构成为一般社会大众所“不耻”或“难以接受”的程度，就必然构成对用人单位生产安全及运营秩序的“潜在威胁”，用人单位就可以依据违反公序良俗原则将解除其劳动合同。套用观点一的例子，持本观点的人认为，违反治安管理法规定必然受到一般社会理性的非难，而盗窃行为这一污点也充分暴露了该劳动者性格和品德上的缺失，如果继续使用该员工，必将加大用人单位和其他劳动者的财务安全隐患。同时，其他劳动者也必将因该员工曾经的盗窃行为而难以与之相处，进而影响到整个用人单位的运营秩序，劳资关系的信赖基础已难以为继，用人单位当然享有劳动关系单方解除权。

笔者更认同第一种观点，认为在现行劳动法律领域及当前法治形势下，应严格限定用人单位的单方解除权行使范围，具体理由如下。一是现行劳动法律领域，立法或司法实践并未对公序良俗的范围有一个十分具体明确的标准尺度，劳动者的行为是否已达到能够解除劳动关系的严重程度，一定范围内还依靠司法者的自由心证。但无论是依据劳动法适当倾斜保护劳动者利益的立法精神，还是尽量维持现有关系而不去打破市场经济现实要求，都要求对用人单位单方解除所依据的公序良俗范围予以“收紧”。二是探究用人单位单方解除权的意义，实际是法律对用人单位在缺少规章制度规定或双方约定的情况下，因劳动者明显违反了基本的社会公德、公民基本行为准则或公序良俗，对用人单位工作场所的秩序或者用人单位的日常管理、声誉造成了严重不利影响的，进而严重影响用人单位正常运行秩序的保护机制，因此，“严重影响正常秩序”是单方解除的必然条件。司法者必须综合考虑劳动者的行为程度、影响范围、职务要求以及用人单位是否尽到提醒义务等情况，慎重裁判，如并未达到“严重”程度，对用人单位的解除行为不应支持。三是用人单位所认为的一名有人格污点的劳动者可能对单位造成严重损害的预计实质是管理者或其他劳动者的单纯臆想，现代法治要求以事实为依据，以法律为准绳，法律无法也不应对尚未发生、也无必然关系表示定然发生的情况进行惩罚。

回归本案，史某虽然被人民法院列入失信被执行人名单，但原因是某电子商务公司拒不履行生效判决，而史某又担任其公司法定代表人身份，而非其在某快递公司北京分公司的个人行为。因此，史某的失信行为虽然违反了公序良俗，且有法院的生效文件作为证明，但并不构成某快递公司北京分公司对史某单方解除劳动关系行为的合法理由。某快递公司北京分公司败诉的关键是，史某被法院采取了限制高消费措施，使其无法乘坐飞机等交通工具及时履行公司指派的工作，再考虑史某市场部经理的职务性质，最终仲裁委员会认定史某违反公序良俗的行为严重影响了其在某快递公司北京分公司的正常工作，导致劳动合同无法继续履行。依据《劳动合同法》第四十条相关规定，劳动合同订立时所依据的客观情况发生重大变化，致使劳动合同无法履行，经用人单位与劳动者协商，未能就变更劳动合同内容达成协议的，用人单位提前 30 日以书面形式通知劳动者本人或者额外支付劳动者 1 个月工资后，可以解除劳动合同。依据第四十六条相关规定，用人单位依照本法第四十条规定解除劳动合同的，用人单位应当向劳动者支付经济补偿。某快递公司北京分公司没有与史某就变更工作内容进行协商，缺少法定程序，因此仲裁委员会支持了史某的全部请求。

（北京市顺义区劳动人事争议仲裁院　安祺）

30. 再次入职约定的试用期是否合法

争议焦点

员工再次入职时与单位签订新的劳动合同时约定的试用期是否合法。

基本案情

申请人：黄某

被申请人：某工程公司

黄某于2008年2月1日入职某工程公司任采购员，某工程公司与黄某签订了期限自2008年2月1日至2012年1月31日止的劳动合同，其中约定试用期为2008年2月1日至2008年6月30日。2008年5月10日黄某向工程公司提出解除劳动合同的书面申请，申请30日后与工程公司解除劳动合同。某工程公司收到申请后，批准了黄某的辞职。2008年6月9日黄某与某工程公司办理完结交接手续，正式解除了劳动合同。

2014年1月10日某工程公司向社会公开发出招聘信息，公开招聘项目经理。黄某看到招聘信息后参加了某工程公司的招聘工作，经面试黄某符合招聘条件。2014年1月28日某工程公司向黄某发送了入职通知书，通知黄某已被公司录用，于2014年2月1日办理入职手续签订劳动合同。2014年2月1日某工程公司与黄某签订了期限自2014年2月1日至2020年1月31日止的劳动合同，劳动合同中约定试用期期限为2014年2月1日至2014年7月31日，工作岗位为项目经理，月工资标准为10 000元，试用期月工资标准为8 000元。

2015年1月黄某找到某工程公司，提出由于其曾在2008年2月1日与公司签订的劳动合同中已经约定过一次试用期，因此本次入职后，某工程公司不能再与其约定试用期，因此要求某工程公司按照其10 000元的月工资标准，补发

2014 年 2 月 1 日至 2014 年 7 月 31 日的工资差额 12 000 元。某工程公司就黄某提出的工资差额不予认可，告知黄某公司与其 2014 年 2 月 1 日签订的劳动合同中约定的试用期符合法律规定，不同意支付工资差额。2015 年 3 月黄某向劳动争议仲裁委员会提出仲裁申请，要求某工程公司支付违法约定试用期的赔偿金 72 000 元。

审理结果

仲裁委员会支持了黄某的申请请求，裁决某工程公司支付黄某违法约定试用期的赔偿金 72 000 元。

评析意见

本案的争议焦点是某工程公司与黄某在 2014 年 2 月建立劳动关系签订新的劳动合同时约定的试用期是否合法，就此存在以下两种观点。

观点一认为，黄某 2014 年 2 月到某工程公司工作属于再次就业，且再次应聘的岗位也和之前所从事的岗位有所不同，某工程公司与黄某再次约定试用期符合《劳动部关于〈中华人民共和国劳动法〉若干条文的说明》第二十一条“本条中规定的‘试用期’适用于初次就业或再次就业时改变劳动岗位或工种劳动者”的规定，且根据双方签订的劳动合同期限，约定的试用期期限也符合法律规定，因此某工程公司不存在与黄某违法约定试用期的事实。

观点二认为，依据《劳动合同法》第十九条第二款“同一用人单位与同一劳动者只能约定一次试用期”之规定，某工程公司与黄某由于在 2008 年 2 月 1 日初次建立劳动关系时已经约定过一次试用期，因此，其在 2014 年 2 月 1 日再次与同一劳动者即黄某建立劳动关系时，已不能与黄某再次约定试用期。故某工程公司与黄某在 2014 年 2 月 1 日签订的劳动合同中所约定的自 2014 年 2 月 1 日至 2014 年 7 月 31 日止的试用期期限违反《劳动合同法》之规定。鉴于违法约定的试用期已经履行，依据《劳动合同法》第八十三条“用人单位违反本法规定与劳动者约定试用期的，由劳动行政部门责令改正；违法约定的试用期已经履行的，由用人单位以劳动者试用期满月工资为标准，按已经履行的超过法定试用期的期间向劳动者支付赔偿金”的规定，某工程公司应向黄某支付赔偿金 72 000 元。

笔者同意第二种观点，具体分析如下。

许多用人单位认为，《劳动合同法》第十九条第二款所规定的“同一用人单位与同一劳动者只能约定一次试用期”是限于连续的一次劳动关系存续期间之内的，一旦劳动者与用人单位解除了劳动关系，且在解除劳动关系较长一段时间后，再次建立劳动关系时，试用期的约定就不再受一次的限制。甚至认为，在如本案劳动者再次应聘入职时，基于重新入职的岗位与之前劳动关系的岗位已不一致，作为用人单位有权要求试用期。

也许有人还会提出，《劳动部关于〈中华人民共和国劳动法〉若干条文的说明》第二十一条“本条中规定的‘试用期’适用于初次就业或再次就业时改变劳动岗位或工种劳动者”规定的内容，不是和上面的观点一致吗？《劳动部关于贯彻执行〈中华人民共和国劳动法〉若干问题的意见》第19条规定：“试用期是用人单位和劳动者为相互了解、选择而约定的不超过6个月的考察期。一般对初次就业或再次就业的职工可以约定。在原固定工进行劳动合同制度的转制过程中，用人单位与原固定工签订劳动合同时，可以不再约定试用期。”该条款的内容不也是表述用人单位可以与再次入职的劳动者约定试用期吗？

上面所引用的两个法律文件确实存在，许多用人单位就此提出的质疑看起来很有道理，也有依据。但是用人单位在参照和引用上述两个法律文件的同时，犯了一个最基本的错误，即忽略了我国在法律法规内容出现冲突时的效力认定原则。在法律法规内容出现相抵触情况时，首先要看相抵触法律法规的法律层次，《劳动合同法》在法律层次上明显高于上述两个法律文件，因此依据下位法与上位法相冲突，下位法与上位法相抵触的条款无效的原则，《劳动部关于〈中华人民共和国劳动法〉若干条文的说明》和《劳动部关于贯彻执行〈中华人民共和国劳动法〉若干问题的意见》中与《劳动合同法》第十九条第二款相冲突的条款即不具备有效性；其次从法律法规的颁布实施时间看，《劳动合同法》也晚于上述两个法律文件。

综上，就试用期约定次数的问题，应当按照《劳动合同法》第十九条第二款的规定执行，也就是说，同一劳动者在同一用人单位无论是再次招用，还是岗位变化，用人单位都不能再约定试用期。

其实，《劳动合同法》将约定试用期的次数限制为一次，是考虑到劳动者的品德素质和基本技能，试用一次即可了解，不需再次试用。而现实中部分用人单位利用劳动合同变更、续订等变动和再次招用的机会，多次与劳动者约定试用期，侵害了劳动者的合法权益。

用人单位在与劳动者初次建立劳动关系时，可以考虑签订三年以上期限的劳动合同，最大限度地约定试用期期限，并在招聘材料、招聘入职登记填报材料、劳动合同书或规章制度中对录用条件或者工作要求予以注明和规定。做到对劳动者试用期内录用条件考核时间充沛、标准清晰，以实现试用期考察劳动者是否符合录用条件的真正价值，从而避免在劳动合同变更、续订和再次签订劳动合同时，多次与劳动者约定试用期，不仅侵害了劳动者合法权益同，也给自身带来承担违法赔偿责任的法律后果。

（北京市西城区劳动人事争议仲裁院　仝彬）

31. 试用期患病是否属于不符合录用条件

争议焦点

1. 石某入职时所签收的员工手册中对录用条件的规定是否有效；
2. 如果录用条件约定试用期内患病为不符合录用条件是否合法。

基本案情

申请人：石某

被申请人：某科技发展有限公司

2018 年 12 月 25 日，石某应聘到某科技发展有限公司工作，双方签有期限为 3 年的劳动合同，合同约定工资每月 4 000 元，工作岗位为运营专员，试用期 3 个月。石某于 2019 年 3 月 11 日患肺炎住院，至 2019 年 4 月 22 日病愈出院。2019 年 4 月 30 日，某科技发展有限公司以不能胜任工作为由与石某解除劳动合同。石某认为公司系违法解除劳动合同，故提出仲裁申请，要求公司支付违法解除劳动合同赔偿金。公司主张石某系不符合录用条件，提交劳动合同附件员工手册予以证实。员工手册显示："员工有下列情形之一的，公司可以随时解除劳动合同，且无须支付任何经济补偿或赔偿：(1) 试用期内被证明不符合以下录用条件中任何一项的：……③出现任何影响工作的病症（精神病、传染病等），不能保证正常工作的。"石某于 2018 年 12 月 25 日入职当天签收了员工手册。

审理结果

仲裁委员会裁决某科技发展有限公司支付石某违法解除劳动合同赔偿金 4 000 元。

评析意见

（一）员工手册效力的认定问题

对于员工手册中关于录用条件的规定是否有效问题，存在两种观点。

第一种观点认为，劳动者在入职时所签收的员工手册中，对录用条件作出了约定，不违反法律规定。而劳动者在入职之时签收了员工手册，即代表其对员工手册内容的认可，对录用条件也一并承认，因此该录用条件合法有效，可以对劳动者进行约束。

第二种观点认为，录用条件是用人单位确定所要聘用的劳动者的最终条件。而作为用人单位录取员工的前提，录用条件应当在确定聘用之前提出。现双方已签订劳动合同，公司即已聘用劳动者，将录用条件载入作为劳动合同附件的员工手册之中，已失去录用条件作为聘用前提的意义。

笔者对第二种观点持认同态度。

（二）试用期内患病不符合录用条件的约定问题

对于录用条件约定“试用期内患病为不符合录用条件”是否合法问题，亦存在两种观点。

第一种观点认为，《劳动合同法》第二十一条规定，“在试用期中，除劳动者有本法第三十九条和第四十条第一项、第二项规定的情形外，用人单位不得解除劳动合同”。该条款对于试用期用人单位可以解除劳动合同的情形作出了具体限制性规定。

本案中涉及《劳动合同法》第二十一条规定的豁免条款为第三十九条规定，“劳动者有下列情形之一的，用人单位可以解除劳动合同：（一）在试用期间被证明不符合录用条件的”；以及第四十条规定，“有下列情形之一的，用人单位提前三十日以书面形式通知劳动者本人或者额外支付劳动者一个月工资后，可以解除劳动合同：（一）劳动者患病或者非因工负伤，在规定的医疗期满后不能从事原工作，也不能从事由用人单位另行安排的工作的”。

持此种观点者认为，《劳动合同法》第二十一条既然将第三十九条第一项针对不符合录用条件的条款与第四十条第一项针对患病情形的条款这两条豁免条款分别纳入，即可以理解为《劳动合同法》对于劳动者在试用期内患病作出了特殊的规定，即将患病情形与不符合录用条件情形予以区分，并分别作出了规定，这一行为是本着区分劳动者存在主观过失与劳动者无过失而解除劳动合同的原则，因此应将试用期内患病情形单独作出处理，而不应列入不符合录用条件的范围。

第二种观点认为，对于不符合录用条件和患病两种情形，《劳动法》分别作出了规定，其中录用条件的相应条款为第二十五条规定，“劳动者有下列情形之一的，用人单位可以解除劳动合同：（一）在试用期间被证明不符合录用条件的”，《劳动法》中并未针对该条款作出豁免情形。

而对于患病情形的相应条款为第二十六条规定，“有下列情形之一的，用人单位可以解除劳动合同，但是应当提前三十日以书面形式通知劳动者本人：（一）劳动者患病或者非因工负伤，医疗期满后，不能从事原工作也不能从事由用人单位另行安排的工作的”；涉及本案的豁免条款为第二十九条规定，“劳动者有下列情形之一的，用人单位不得依据本法第二十六条、第二十七条的规定解除劳动合同：（二）患病或者负伤，在规定的医疗期内的”。

持此种观点者认为，《劳动法》第二十九条规定不得解除劳动合同的豁免条款仅针对涉及第二十六条和二十七条的情形，而第二十五条对于“试用期不符合录用条件”的规定属特别规定，其发生条件是特定的，即“试用期”和“不符合录用条件”。因此，只要符合这两个条件的，则用人单位就可以解除职工的劳动合同，不受第二十九条的限制。同时，现行仍有效的《劳动部关于贯彻执行〈中华人民共和国劳动法〉若干问题的意见》第30条规定：“劳动法第二十五条为用人单位可以解除劳动合同的条款，即使存在第二十九条规定的情况，只要劳动者同时存在第二十五条规定的4种情形之一，用人单位也可以根据第二十五条的规定解除劳动合同。”因此如果双方约定试用期患病属于不符合录用条件，那么用人单位依据劳动者患病这一事实，解除与劳动者的劳动合同是合法的。

笔者对于第一种观点持认同态度。

本案涉及《劳动法》与《劳动合同法》新旧条款适用的竞合问题。第一，《劳动法》和《劳动合同法》属于普通法和特别法的关系。所谓普通法，是指在一般范围内适用的法律，其效力具有普遍性；特别法是指在特定范围内适用的法律，其效力仅仅及于特定身份的人或者事。一般而言，在法律的适用上面，特别法优于普通法。第二，《劳动法》和《劳动合同法》属于新法和旧法的关系。二者都是全国人大常委会讨论通过的法律，按照我国《立法法》的规定，出自同一机构、不同时期的两部法律假如出现了法律冲突，就应该采用新法取代旧法的方式解决这个冲突。综上所述，对于《劳动法》和《劳动合同法》都有规定的，适用《劳动合同法》的规定；《劳动合同法》没有规定而《劳动法》有规定的，则适用《劳动法》的相关规定。对于患病情形是否包含在录用条件中，由于《劳动合同法》中的新条款已经取代了《劳动法》中的相关条款，因此笔者认为本案第二个问题应按照第一种观点处理。

此外，对于录用条件的变更还有一种看法。公司通常都是确定入职后，在签订劳动合同时明确录用条件，而不是入职前，即在入职时确定的是招聘条件，入职后确定的是录用条件，甚至在试用期过程中更新录用条件都可以被允许，只要双方予以确认即可。试用期本就是考察员工的过程，录用条件应该理解为符合录用条件即可转正，而不是入职就视为已符合录用条件，否则试用期就没有存在的必要了。只要双方一致约定，哪怕是试用期内更新之前约定的录用条件，除非劳动者证明系单位欺诈胁迫，否则当然有效。试用期本身就是履行劳动合同的动态过程，有所变化很正常，对于应当由双方约定的事项包括录用条件在内，双方达成约定且不违法即可。

（北京市顺义区劳动人事争议仲裁院　刘伯阳）

32. 员工医疗期满被解除劳动合同，经济补偿的基数如何确定

争议焦点

1. 员工罹患特殊疾病，其医疗期为多久；

2. 劳动者在劳动合同解除或终止前处于非正常劳动状态，如何确定经济补偿的计算基数；

3. 劳动合同的签订主体多次发生变更，劳动者的工龄如何计算；

4. 劳动者的工资标准超过社会平均工资 3 倍，计算赔偿金是否受到 12 年的限制。

基本案情

申请人：李某

被申请人：上海某科技有限公司

李某于 2002 年 4 月 1 日入职广州某科技有限公司北京分公司，担任总经理助理一职。2004 年 3 月，公司名称变更为上海某科技有限公司北京分公司，李某的工作岗位、地点均未发生变化。2013 年 10 月，李某与上海某科技有限公司签订无固定期限劳动合同，月工资标准为 28 000 元。

2016 年 5 月，李某因身体不适到医院就诊，被确诊为间皮瘤，当天入院治疗。随后，李某向上海某科技有限公司邮寄病假条，均记载为“全休一个月”，上海某科技有限公司则按照北京市最低工资 80%的标准向李某支付病假工资。

2018 年 9 月，上海某科技有限公司人力资源部与李某约谈，告知其医疗期已满，由于李某身体健康等原因已不能从事原工作，征求李某的意见能否将其调整

到办公室秘书的岗位，薪资仍按生病前的标准执行。李某则表示自己的身体尚未康复，还需要持续到医院进行化疗，无法返岗工作。

2018 年 10 月，上海某科技有限公司向李某寄送一份解除劳动合同通知书，结合其工作年限核算并支付经济补偿。李某对公司计算经济补偿的基数不予认可，认为应当按照其生病前 12 个月的工资标准为计算基数。为此，双方产生争议，李某申请劳动仲裁，主张公司应向其支付经济补偿差额。

审理结果

劳动人事争议仲裁委员会依法审理后认为，李某在医疗期满后不能从事原工作，也不能从事公司为其另行安排的工作，上海某科技有限公司解除劳动合同属于合法解除，经济补偿的计算应按照解除劳动合同前 12 个月的平均工资且不低于北京市最低工资的标准计算，遂依法裁决上海某科技有限公司向李某支付经济补偿的差额部分。

评析意见

本案在现实生活中比较常见，对于劳动者在劳动合同解除或终止前处于持续病假或待岗等非正常劳动状态，不能获取正常工资情况下，如何确定劳动者经济补偿计算基数的认识不一。主要存在以下几种观点。

第一种观点认为，将病假工资或待岗生活费等非正常工作期间的工资扣除，以离职前劳动者正常工作的 12 个月工资为标准进行计算。其理由是，劳动者病假工资或待岗生活费等不能反映其正常提供劳动情况下应得工资收入，若将病假工资或待岗生活费计入经济补偿基数的计算，可能导致工龄较长、对单位贡献较大的劳动者，仅因在劳动合同解除前 12 个月领取过病假工资或待岗生活费，领取的经济补偿可能低于工龄较短、在未来人力资源市场上更具竞争力的其他劳动者。此种情况下，极大地削弱了经济补偿作为劳动者劳动贡献积累的补偿以及失业后再就业补偿的作用，对劳动者有失公平。若按其正常提供劳动情况下的工资标准计算其经济补偿，亦更符合经济补偿劳动者贡献积累、失业补偿的性质。

第二种观点认为，将病假工资或待岗生活费等非正常工作期间的工资收入计入，但最后的平均数不得低于当地的最低工资。其理由是，《劳动合同法》第四十七条规定的计算基数仅表述为“月工资是指劳动合同解除或者终止前十二个月的平均工资”，并未排除病假工资或待岗生活费等非正常工作期间的工资收入。另外，从《劳动合同法实施条例》第二十七条“低于当地最低工资标准的，按照当地最低工资标准计算”的规定可知，对于经济补偿计算基数低于最低工资标准的，应“按照当地最低工资标准计算”。

第三种观点认为，直接将病假工资或待岗生活费等非正常工作期间的工资收入进行核算平均工资，作为计算经济补偿的计算基数即可。其理由是，《劳动合同法》第四十七条规定的计算基数仅表述为“月工资是指劳动者在劳动合同解除或者终止前十二个月的平均工资”。既然劳动者在解除或终止劳动合同前未实际提供劳动，结合法律规定直接按照离职前12个月的病假工资或待岗生活费计算经济补偿的基数符合法律规定。劳动者长期休病假或待岗是客观原因造成的，这种做法无论对用人单位还是劳动者而言，都不存在显失公平的问题。

第四种观点认为，如果劳动者在病假期间的工资或待岗期间的生活费等非正常工作期间收入偏低，不能正常反映劳动者的实际收入，应当按照企业的月平均工资的标准核算经济补偿。其依据是《违反和解除劳动合同的经济补偿办法》（劳部发〔1994〕481号）第十一条规定，“本办法中经济补偿金的工资计算标准是指企业正常生产情况下劳动者解除合同前十二个月的月平均工资……劳动者的月平均工资低于企业月平均工资的，按企业月平均工资的标准支付”。但此种观点随该文件的废止而被摒弃。

笔者同意第二种观点。其一，劳动者在医疗期内不能正常出勤提供劳动的情形系自身健康原因导致，此应有别于因工负伤或患职业病的情况；其二，该情形也有别于企业因生产经营困难主动安排员工待岗而导致劳动者不能正常出勤的情况。所以，在上述案件中，劳动者是因自身的健康状况导致其在很长一段时间内不能正常提供劳动，持续处于医疗期内，公司则依据法律的规定及制度的约定向其支付病假工资，其责任不能归咎于用人单位。

如果按照劳动者的诉求，在计算经济补偿时将其病假工资从中剔除，只以劳动者正常工作时间工资作为经济补偿的计算基数，无疑将过分削弱法律对用人单位合法利益的保护，从而加重用人单位的用工风险及经济负担。所以，在裁判时不仅要保护劳动者的权益，同时亦应当兼顾用人单位的合法利益，不应过分苛责。所以，依据《劳动合同法》及《劳动合同法实施条例》的规定，在劳动者经济补偿的计算基数低于最低工资标准时，按照当地最低工资标准计算经济补偿符合法律规定，也兼顾了双方的利益平衡。

在上述案例中，上海某科技有限公司向李某支付经济补偿时的计算方法是按照李某医疗期期间的病假工资标准进行核算的，即北京市最低工资的 80%，显然该支付标准违反了《劳动合同法实施条例》第二十七条“劳动者在劳动合同解除或者终止前 12 个月的平均工资低于当地最低工资标准的，按照当地最低工资标准计算”的规定。因此，劳动人事争议仲裁委员会依法裁决上海某科技有限公司向李某支付经济补偿的差额部分，其结果认定是正确的。

（北京市炜衡律师事务所　姚均昌）

33. 劳动合同约定企业调岗权情况下的司法审查

争议焦点

1. 用人单位与劳动者在劳动合同中约定用人单位可以单方变更工作地点调整工作岗位的，人民法院是否应对工作地点的变更以及岗位的调整进行合理性审查，如何审查，相应的证明责任如何分配；

2. 因调岗行为不当造成的劳动关系解除，是否可以认定违法解除。

基本案情

上诉人（原审原告）：某餐饮公司

被上诉人（原审被告）：刘某

刘某于2007年7月19日入职某餐饮公司，在长安店担任库管员。2016年11月9日后，刘某在某餐饮公司未正常出勤。刘某称其未出勤的原因是某餐饮公司强行停划其考勤记录，将其管理的仓库换锁，不再提供工作条件。刘某就其主张提交了微信记录截屏、其与店面经理冯大伟协商要求出具书面调岗通知的谈话录音、某餐饮公司作出的《限期到岗通知书》、顺丰速运单及查询记录。

某餐饮公司称，公司因生产经营情况发生变化，刘某所在的店面要关闭，故通知刘某调岗到中交店面，此后刘某未再出勤。随后某餐饮公司向刘某发出限期到岗通知书，告知刘某未履行任何请假程序，自行离开工作岗位，严重违反公司规章制度，并要求其限期到岗，否则按旷工处理。双方就劳动关系解除及相关工资发放产生争议。刘某至仲裁委员会申请仲裁。仲裁裁决作出后，某餐饮公司不服，诉至法院。

审理结果

北京市朝阳区人民法院于2018年9月27日作出判决：确认某餐饮公司与刘某自2007年7月19日至2016年11月8日期间存在劳动关系，并判令某餐饮公司支付刘某未休年休假工资、违法解除劳动关系赔偿金、休息日加班工资、工资。

宣判后，某餐饮公司提出上诉，认为双方签订的劳动合同及刘某签订的库管员基本要求规范对调整工作岗位有约定，某餐饮公司依据约定进行调岗是合法的。因此，某餐饮公司没有违法解除劳动关系。故请求撤销一审判决，依法改判支持某餐饮公司一审诉讼请求。北京市第三中级人民法院经审理于2018年12月27日判决：驳回上诉，维持原判。

评析意见

调岗，亦被称为调职，即“在相当长的一段时间内变更劳动者的职务内容与工作场所”。由于通常情况下都是薪随岗变，故调岗往往伴随着调薪。企业调岗权系指企业基于其生产经营所需，对劳动者的工作地点、工作内容等方面作出调整的权利。

实践中，用人单位进行的调岗行为包括两种方式。其一系因法定原因调岗。法定调岗的事由包括员工在孕期、医疗期、脱密期等需要调整工作岗位的情形。同时，根据《劳动合同法》第四十条第（二）项规定，劳动者在不能胜任工作时，用人单位可以有两种选择，一是对劳动者进行培训，二是对劳动者进行调岗。其二系依据劳动合同约定或双方协商一致调岗。本案例即是在该方式下认定企业具体调岗行为合法性的问题。因企业调岗权属于劳动合同变更范畴，由于工作内容与工作地点是劳动的核心要素，通常会对劳动者的利益产生较大影响，亦常常成为劳动合同解除的导火索。

为了便于调整劳动者的工作地点，增加用人单位管理用工的灵活性，用人单位经常会在劳动合同中作如下约定：用人单位有权根据生产经营需要，对劳动者的工作地点和工作岗位进行调整和变更，劳动者应当服从，否则用人单位有权按单位规章制度予以处理。那么，该类条款法律效力如何认定？如劳动者拒绝调岗，用人单位以此为由辞退劳动者，是否属于违法辞退？各地法院存在不同的处理意见。

一种观点认为，企业有权依据自身经营管理需要对劳动者进行调岗。用人单位根据劳动合同约定调整工作地点或者工作岗位，属于双方约定范围内的一种自主用工方式，从性质上亦属于劳动合同的概括授权，应予以尊重和保护。

另一种观点认为，劳动合同双方虽然法律地位平等，但是经济实力不同，用人单位在劳动合同中约定企业有单方调岗权，有利用自身的优势地位签订不平等合同之嫌，亦不符合劳动合同法倾向保护劳动者权益之立法目的。

笔者认为，基于企业自身经营情况的原因进行调岗直接关系到企业用工自主权与劳动者的职业稳定权的两相权衡。两项权利的行使存在一定的对抗和冲突，若仅强调企业的用工自主权，易导致该项权利的恣意行使，势必会对劳动者的职业稳定权造成损害；若一味强调劳动者的职业稳定权，则可能损害企业的发展权益，亦不符合市场实际与现代企业的经营理念。从这个意义上说，两者又存在着一定程度的依存。

因此，对于用人单位与劳动者在劳动合同中明确约定用人单位可以单方变更工作地点的，人民法院仍应对工作地点的变更进行合理性审查，用人单位应当对其调岗行为的合法性和合理性承担举证责任。原则上，劳动者在用人单位的工作岗位不得随意变更，要保持一贯性、预期性。法院具体审查时，应当从调岗的权利基础、调岗理由是否正当、调岗程序是否合法以及调岗内容是否合理①等方面进行判断，同时还需要考虑调岗对劳动者的生活影响，以及用人单位是否采取了合理的弥补措施等因素。具体可以分为几种情况。

1. 用人单位能够举证证明其调整劳动者工作岗位是基于生产经营的需要，调岗前后的工作岗位应存在一定的关联，其工作性质及所需要的工作技术无明显差别，调岗程序符合法律规定，且该调岗行为不具有侮辱性和惩罚性，未对劳动者的生活产生明显不便或用人单位采取了合理弥补措施的（如提供交通补助、班车等），应当认定用人单位的调岗行为合理合法。

2. 根据劳动合同约定调整工作地点或者工作岗位时，用人单位如未能举证

① 这里的“合理”是指内容的合理，衡量调岗内容合理与否的指标主要包括调岗前后的工作岗位是否有关联、工资薪酬是否降低、工作地点是否明显不便、工作时间是否明显延长等。

证明其调岗确系出于生产经营需要，其作出的调岗通知没有明确新工作地点的工作岗位与内容，没有为员工新工作地点的工作提供交通条件或者增加其交通补助，且员工提出异议的，则用人单位的该调岗行为不受法律保护。

3. 用人单位将其全部业务覆盖范围约定为劳动者工作地点或约定工作地点是“全国”“北京”等宽泛地点的，属于工作地点约定不明，劳动者在签订劳动合同后，已经在实际履行地点工作的，视为双方确定具体的工作地点。工作地点的变动应在双方当事人协商一致的前提下进行。用人单位不得以工作地点约定为“全国”“北京”为由，随意变更劳动者的工作地点。

本案例中，其一，用人单位虽主张其系为经营管理需要进行调岗，但并未提供有效证据予以证明；其二，调岗仅为口头告知，亦缺乏必要协商程序，在劳动者拒绝之后，用人单位既强行停划考勤和接管工作；其三，从调岗内容看，调岗地点在位置上导致劳动者上班距离有明显增加而未有弥补措施。综合以上事实情况，应认定用人单位调岗行为不当，基于此引发的劳动关系解除应属违法解除。

（北京市第三中级人民法院民三庭　尚晓茜　张禾）

34. 浅析劳动者的劳动合同单方解除权

争议焦点

劳动者如何行使劳动合同单方解除权。

基本案情

申请人：小张

被申请人：某医疗美容公司

小张于 2015 年大学毕业后入职某医疗美容公司，担任医师助理，月工资 5 000 元，另有提成。双方签订有期限为 2015 年 6 月 30 日至 2018 年 6 月 30 日的劳动合同。2018 年 5 月 20 日，小张考取了某医学学校并收到录取通知，但是此前并未告知其所在单位需要全脱产去学习。在小张收到录取通知当天，其向某医疗美容公司提出解除劳动合同的要求，某医疗美容公司表示当时不能同意，需要小张完成手头工作，并在单位找到新员工接替其工作后再办理离职手续。小张表示双方劳动合同也即将到期，且其需要立刻入学，因此在提出解除劳动合同的次日就未再出勤。

2018 年 6 月 1 日，小张向劳动人事争议仲裁委员会提出仲裁申请，要求某医疗美容公司支付其 2018 年 5 月工资，并为其办理社会保险转移手续及出具解除劳动合同证明。某医疗美容公司不同意小张的全部仲裁请求，主张小张提出的辞职并未获得其公司的同意，公司不同意于 2018 年 5 月 20 日解除劳动合同，要求小张完成手头工作并进行工作交接。同时，某医疗美容公司提交了预约治疗患者名单及损失明细，证明因小张未提前 30 日书面通知单位解除劳动合同，其自行离职给公司造成损失。因此，小张 2018 年 5 月工资将用于抵消公司损失，也不同意出具解除劳动合同证明。

审理结果

劳动人事争议仲裁委员会裁决驳回小张的全部申请请求。

评析意见

解除权是指合同当事人可以解除合同的权利，它的行使能发生合同解除的法律后果。解除权具有以下性质：(1) 解除权属于形成权，合同的解除权仅凭解除权人单方解除合同的意思表示即可，不需要对方当事人的同意；(2) 解除权属于不可分性权利。

劳动者和用人单位在平等自愿的条件下，共同协商签订的劳动合同是双方建立劳动关系的凭证。而如果劳动者或用人单位想要解除劳动合同，也需要双方协商同意，否则视为单方解除劳动合同。劳动法在保护劳动者合法权益的同时，也对劳动者在用人单位工作进行了一定约束。对于劳动者的单方解除权，有以下几种类型。

（一）单方预告解除权

《劳动法》第三十一条规定："劳动者解除劳动合同，应当提前三十日以书面形式通知用人单位。"《劳动合同法》第三十七条规定："劳动者提前三十日以书面形式通知用人单位，可以解除劳动合同。劳动者在试用期内提前三日通知用人单位，可以解除劳动合同。"从上述法律规定可以理解为，在用人单位没有法定过错的情形下，劳动者与用人单位解除劳动合同应当提前三十日以书面形式通知用人单位，自通知之日起经过三十日，劳动合同即为解除，而不需用人单位同意，其中的三十日之规定，即为单方解除权行使的预告期，劳动者应遵守该预告期。笔者认为，该法律规定是对劳动者的合理约束，因为如果用人单位的劳动者都随意自行离职，可能会导致用人单位一时无法招聘到合适的接替人员，给用人单位造成损失，且劳动者离职需要与用人单位做工作交接，归还用人单位发放的相关物品，因此，劳动者不履行提前告知即与用人单位解除劳动合同，与劳动合同法保护双方当事人的权利和义务的立法宗旨相违背。另外，劳动者行使该解除权应遵循规定的预告期与书面形式规定，即提前三十日以书面形式提出。

（二）单方即时解除权

1. 须告知的单方即时解除权。《劳动合同法》第三十八条第一款规定的六种情形，均可以产生此种解除权。该解除权行使的要件为用人单位存在管理不规范行为，例如拖欠工资、不按国家规定缴纳社会保险费、不提供劳动条件等；另外，劳动者也需要告知用人单位，可以采取书面告知或口头告知的方式。但劳动者需要保留告知程序的相关证据。

2. 无须告知的单方即时解除权。《劳动合同法》第三十八第二款规定，用人单位以暴力、威胁或者非法限制人身自由的手段强迫劳动者劳动的，或者用人单位违章指挥、强令冒险作业危害劳动者人身安全的，劳动者可以立即解除劳动合同，不需事先告知用人单位。可见无须告知的单方即时解除权行使要件为：用人单位存在上述情形，劳动者可以立即解除劳动合同，无须履行任何通知程序。

在用人单位没有法定过错的情形下，劳动者应当提前三十日书面通知用人单位解除劳动合同。依据《劳动合同法》第五十条规定，劳动者依法辞职后，用人单位应当在解除劳动合同时出具解除劳动合同证明，并在十五日内为劳动者办理档案和社会保险关系转移手续。本案中，经仲裁委员会审查，某医疗美容公司并不存在《劳动合同法》第三十八条所列情形，小张系因自己想继续进修并获取更好的职位而提出辞职，但小张并未履行提前三十日告知解除劳动合同的程序；某医疗美容公司也并未同意小张提出的辞职申请，要求小张继续工作，但小张自行不再出勤，不提供劳动，不做工作交接；在2018年6月1日小张提出仲裁申请时并未满三十日，双方不属于依法解除了劳动合同。故小张要求某医疗美容公司出具解除劳动合同证明并办理社会保险关系转移手续的请求，仲裁委员会不予支持。

在现实工作中，许多劳动者履约意识和法律意识淡薄，就业择业态度随便，造成一些稀有或者技术类岗位员工流动性大，而员工的随意离职将给企业造成损失，因此，《劳动合同法》第三十一条对劳动者单方解除权进行了规范，要求劳动者应提前三十日以书面形式提出解除。本案中小张辞职未按照劳动合同法规定提前通知某医疗美容公司，导致该公司无法完成预约订单，造成损失。依据《违反〈劳动法〉有关劳动合同规定的赔偿办法》第四条之规定，劳动者违反规定或劳动合同的约定解除劳动合同，对用人单位造成损失的，劳动者应赔偿用人单位下列损失：（1）用人单位招收录用其所支付的费用；（2）用人单位为其支付的培训费用，双方另有约定的按约定办理；（3）对生产、经营和工作造成的直接经济损失；（4）劳动合同约定的其他赔偿费用。某医疗美容公司提交的证据可以显示出，因小张自行离职，给用人单位造成了损失，故某医疗美容公司将小张5月份工资冲抵损失的做法，并无不妥，小张要求支付工资的请求，仲裁委员会不予支持。

综上，在用人单位无过错时，劳动者在行使单方解除权时也要遵守法律规定的预告期及书面通知形式规定，否则，劳动者自动离职或者不辞而别属于违法解除劳动合同；劳动者应履行通知义务而未履行，给用人单位造成损失的，应承担赔偿责任。

劳动者如何行使单方解除权，在具体操作中应注意以下几个问题。

1. 在劳动合同明确约定了劳动期限时，劳动者能否单方解除合同。根据上述法律规定，这个问题的答案是肯定的。

2. 行使单方劳动合同解除权时，应书面通知用人单位。关于这点劳动者应特别注意，应保留好用人单位签收的证明或其他证据，以免以后发生争议。在工作中，劳动者也需要适当地保存个人相关的工作证据，如工作工牌、工作成果、工资证明等。

3. 劳动者应当提前三十日提出解除劳动合同的书面通知。换句话说，劳动者在书面通知用人单位后还应继续工作至少三十日，以给用人单位安排交接工作的合理时间。同时，这样也使劳动者解除劳动合同合法化。否则，将会构成违法解除劳动合同，而将可能承担赔偿责任。

4. 重视违约金条款。如果劳动合同中约定了提前解除合同应承担违约金，且约定了具体数额，劳动者单方解除合同时，则应承担违约责任。因为，法律赋予劳动者无条件单方解除合同的权利，如果劳动者与用人单位一致约定了劳动者单方解除合同应承担一定责任，那么劳动者就应当承担这种责任。

（北京市顺义区劳动人事争议仲裁院　马雯）

35. 员工拒绝用人单位单方面调整工作地点属于严重违纪吗

争议焦点

1. 用人单位是否可以单方面调整劳动者的工作地点；
2. 劳动者未去新工作地点报到，仍在原工作地点打卡上班，是否属于旷工。

基本案情

申请人：李某

被申请人：某策划公司

李某于2014年2月26日入职某策划公司，担任督导岗位，月工资为底薪3 000元加绩效工资。双方签有劳动合同，劳动合同约定某策划公司有权根据业务发展需要、职务调整等原因，另行安排李某的工作区域或工作地点，且李某在本合同签订前，需熟读员工手册内容，并且员工手册如有更新，李某自愿完全遵守。某策划公司于2019年3月28日口头通知李某将调整其工作区域，由北京市朝阳区调整为海淀区。李某主张调至海淀区后上班路程单程需要3.5小时，其向某策划公司反映了去海淀工作的实际困难。某策划公司于2019年5月6日向李某发出调整工作区域通知书的邮件，并邮寄了纸质通知书，其上载明“李某：你好！已收到你提交的情况说明书，你因新工作区域离住址远拒绝调整，针对你说的路程问题，公司后期将会进一步调整，但公司现业务发展需要，请接收公司安排，调往至海淀所担任督导，调岗后工作薪资待遇不变。请你于2019年5月10日上午9点前至海淀所办事处报到，逾期未报到公司将会按事假处理，超过3天按旷工处理，望配合且不得拒绝调整，谢谢”。

李某未在指定时间去海淀所报到，仍在原工作地点打卡上班。某策划公司于2019年5月14日向李某发出解除劳动合同通知邮件，以李某无可接受的理由而拒绝公司调整工作区域，且旷工满3天，严重违反了公司员工手册为由将其辞退。员工手册的制定符合民主程序，员工手册载明“员工没有可接受的理由，不得拒绝公司对其职位、工作地点的调动，否则以终止合同论……员工一年内累计旷工达3天（含）以上的，公司将予以解除合同并不承担任何补偿金……”

李某于2019年5月29日提起仲裁申请，要求某策划公司支付违法解除劳动合同赔偿金58 344元。

审理结果

仲裁委员会裁定驳回李某的仲裁请求。

评析意见

（一）用人单位可否单方面调整劳动者的工作地点

针对此争议焦点，实践中存在两种观点。一种观点认为工作地点系劳动合同中的重要内容，不仅是劳动者的工作场所，亦是劳动者家庭生活和社会交往之依托。劳动者的工作地点应有一定的稳定性和可预期性，用人单位对工作地点进行调整，或多或少会对劳动者的劳动条件产生不利影响，使劳动者上下班路程增加、时间增加、交通成本增加，故用人单位应与劳动者协商一致方可调整工作地点。另一种观点认为，用人单位作为劳动关系中管理者一方，有权根据公司的经营状况、劳动者的工作情况等对劳动者进行调岗或调整工作地点。

参照《北京市高级人民法院、北京市劳动人事争议仲裁委员会关于审理劳动争议案件法律适用问题的解答》的相关意见，笔者认为，在判断用人单位单方面调整工作地点的合理性时，应考虑以下因素。

1. 用人单位能否单方调整劳动者工作地点与双方是否有相关约定无直接关系。本案中，李某与某策划公司在劳动合同中约定了某策划公司有权对李某的工作地点进行调整，但这并不是关键的判断因素，是否约定不必然导致调整行为是否合理，还要看是否具备合理性要素。根据《劳动合同法》第二十六条第一款第二项规定，用人单位免除自己的法定责任、排除劳动者权利的，劳动合同无效或者部分无效。劳动合同中对用人单位可以无条件无理由地调整工作地点等约定在文义上缺乏特定性，属于对工作地点约定极为宽泛的概括性条款，系用人单位所拟定的格式化条款，排除了劳动者与用人单位对工作地点进行协商的权利，应属无效，不能作为用人单位行使任意调岗权的依据。用人单位作为用工主体，虽然拥有用工自主权，但是该权利并非用人单位绝对的单方权利，其行使应限制在合理的范围之内，以平衡企业经营自主权与劳动者合法权益。故在双方对于调岗之约定过于宽泛之情况下，应对用人单位调岗之合理性进行考察。

2. 用人单位调整工作地点的距离是否合理。虽然法律并未直接规定合理的调整距离范围，但是在判断调整工作地点合理性时，距离作为认定对劳动者影响方面具有相当重要的作用。部分地区的一些法律文件对此作出了较为明确的规定，如《深圳市中级人民法院关于审理劳动争议案件的裁判指引》第八十条规定，“用人单位在深圳市行政区域内搬迁，劳动者要求用人单位支付经济补偿的，不予支持。用人单位由深圳市行政区域内向深圳市行政区域外搬迁，劳动者要求支付经济补偿的，应予支持”。本案中，某策划公司将李某的工作区域从北京市朝阳区调整为海淀区，虽然是跨区调整，但均在北京城六区内，李某上下班亦可以乘坐本市公共交通工具，具有合理性。

3. 用人单位调整工作地点是否采取了合理的弥补措施。用人单位作出调整决定后，或多或少会对劳动者造成不便，采取合理的弥补措施会极大减少给劳动者带来的不利影响，常见的方式有提供班车、员工宿舍、交通补贴等。本案中，某策划公司虽未实际采取相应弥补措施，但在李某向公司反映了路程较远的问题后，以通知书的形式对其进行了答复，承诺后期会进一步调整，并无明显不合理之处。

4. 用人单位通知劳动者调整决定的时间和方式是否合理。用人单位是否提前一段时间告知劳动者调整决定，充分给予劳动者发表意见、提出建议及做准备的时间亦是考虑因素之一。纵观本案调整之过程，某策划公司提前一个多月以口头形式告知李某调整决定，后又以邮件及快递的形式向其送达了调整工作地点通知书，具有合理性。

综上所述，某策划公司单方面将李某的工作区域由朝阳区调整为海淀区未对李某产生重大影响或严重侵犯其权益，某策划公司在维持其工作内容及工资待遇不变的情况下，调整工作地点并无不妥。

（二）李某的行为是否属于旷工

针对该争议焦点，一种观点认为劳动者虽然未去新工作地点报到，但在原工作地点正常打卡上下班，为公司提供劳动，不能认定为旷工；另一种观点认为劳动者应该服从用人单位的合理工作安排，到新工作地点上班，即使仍在原工作地点提供劳动，也可认定为旷工。

笔者认为，在判断劳动者未去新工作地点报到，仍在原工作地点打卡上班的行为是否构成旷工时，应根据以下情况分别讨论。

1. 用人单位调整工作地点不具有合理性。假如调整行为本身欠缺合理性，其纪律处分也就失去了先行的依据。在用人单位调整系不合法的情形下，劳动者不去单位上班或者不到新的工作地点上班属于合理对抗，都不应认定为旷工。

2. 用人单位调整工作地点具有合理性。劳动者与用人单位建立劳动关系后，双方在职责上即具有了从属关系，用人单位作为劳动力的使用者，要安排劳动者在组织内和生产资料结合，保证劳动者的各项劳动权利的实现；而劳动者则应服从用人单位的合理工作安排，通过运用自身的劳动技能，完成用人单位交予的各项生产任务，并遵守劳动纪律和单位内部的规章制度。在用人单位合理调整劳动者工作地点时，劳动者应当遵守劳动纪律和用人单位规章制度，服从用人单位安排，去新工作地点上班。劳动既是劳动者的权利也是劳动者的义务，拒绝劳动安排是违纪行为。在调整工作地点具有合理性的前提下，只要劳动者不去新工作地点上班，无论劳动者是否仍在原工作地点上班，都应认定为旷工。

因此，综合本案的实际情况，李某拒绝某策划公司的合理调整工作地点安排，未在指定时间去新工作地点报到，属于旷工；旷工满 3 天，符合某策划公司员工手册规定的严重违纪行为，某策划公司据此与李某解除劳动合同，并无不妥。

用人单位虽然依法享有经营自主权，与劳动者之间存在着管理与被管理的关系，但在对劳动者进行工作调整时需要并具有正当理由，尽可能通过其他途径消除或减少对劳动者产生的不利影响，否则，将会承担不利后果。而劳动者作为被管理的一方，应当自觉遵守用人单位的各项规章制度，服从用人单位的合理工作安排，否则亦会承担败诉风险。

（北京市丰台区劳动争议仲裁院　陈京博）

36. “三期”女职工严重违反规章制度，用人单位单方解除劳动合同

争议焦点

“三期”女职工违反公司规章制度，公司是否可以单方解除劳动合同。

基本案情

申请人：车某

被申请人：某软件公司

车某于2018年4月3日入职某软件公司，任产品运营专员一职，双方签订书面劳动合同，合同期限为3年，约定每月工资为人民币10 000元。2019年5月31日，车某收到某软件公司送达的违纪通知书和解除劳动关系通知书，某软件公司以车某在工作期间多次帮助同事代打卡，严重违反公司规章制度为由解除了与车某的劳动合同。车某不予认可，以自己在怀孕期间，且不存在严重违纪行为，主张某软件公司解除其劳动合同的行为属于违法解除，故向劳动人事争议仲裁委员会申请仲裁，要求某软件公司向其支付违法解除劳动合同赔偿金30 000元。

某软件公司主张其提出解除与车某的劳动关系是因为车某代同事打卡，其行为严重违反了公司的规定制度，构成对公司员工手册规定的严重违纪。针对上述主张，某软件公司提交了劳动合同书、员工手册（节录）、监控视频（视频光盘）、员工王某打卡记录、严守考勤记录邮件、沟通记录（录音光盘）等材料。其中劳动合同书包含附件二“公司制度确认函”，用以证明车某收到并了解员工手册的内容。“公司制度确认函”的内容是：“仅此确认本人已知悉与了解公司

颁布的公司制度的公示地址，并确认已收到公司制度的完整副本。本人已详细完整地阅读和理解了公司制度的全部内容，并保证随时了解公司制度条款的更新，本人同意将该公司制度作为劳动合同的一部分，并同意遵守其中的全部条款和规定。”

审理结果

劳动人事争议仲裁委员会认为，某软件公司虽提交了监控视频（视频光盘）、员工王某打卡记录、严守考勤记录邮件、沟通记录（录音光盘）用以证明车某在职期间存在代同事打卡的严重违纪行为，但上述证据不足以证明车某存在代同事打卡的行为，故对车某要求支付违法解除劳动合同赔偿金的请求予以支持，某软件公司应支付车某违法解除劳动合同赔偿金 30 000 元。

评析意见

本案的争议焦点在于，对于“三期”内的女职工，用人单位是否能够以严重违反规章制度为由单方解除劳动合同；职工严重违反规章制度如何界定。

劳动合同的解除分为协商解除、法定解除和约定解除三种。劳动合同既可以由单方依法解除，也可以双方协商解除。如果用人单位单方解除劳动合同，应当有法律依据或者依法制定的规章制度作为基础，否则应承担违法解除劳动合同的不利后果，这是劳动合同法的一项基本原则。这一基本原则对于“三期”女职工这一特殊群体能否同样适用，多数劳动者对此观点不一，用人单位在处理这类问题时也存在很多不妥之处。

为了保护女职工的合法权益，《女职工劳动保护特别规定》第五条规定，“用人单位不得因女职工怀孕、生育、哺乳降低其工资、予以辞退、与其解除劳动或者聘用合同”。同样，《中华人民共和国妇女权益保障法》第二十七条亦规定，“任何单位不得因结婚、怀孕、产假、哺乳等情形，降低女职工的工资，辞退女职工，单方解除劳动（聘用）合同或者服务协议，但是，女职工要求终止劳动（聘用）合同或者服务协议的除外”。从以上法律法规的规定来看，很多人容易理解成任何与在“三期”内的女职工解除劳动合同的行为都是违法的，认为只要是“三期”女职工，就天然地受到了法律的庇护，用人单位不能单方解除其劳动合同。但事实上，法律在保护“三期”女职工权益的时候也作了除外规定，《劳动法》第二十九条规定，女职工在孕期、产期、哺乳期内的，用人单位不得依据本法第二十六条、第二十七条的规定解除劳动合同。我们不难发现，该条仅规定不得依据《劳动法》第二十六条、第二十七条的规定解除劳动合同，但并未排除《劳动法》第二十五条关于劳动者“严重违反劳动纪律或者用人单位规章制度”时，用人单位可以单方解除合同的规定，显然，该条规定中的“劳动者”并没有将“三期”内的女职工排除在外。因此，当“三期”内的女职工严重违反劳动纪律或者用人单位的规章制度时，用人单位是可以依法与其解除劳动合同的。除此之外，《劳动合同法》第三十九条也将劳动者“严重违反用人单位规章制度”规定为用人单位可以单方解除劳动合同的情形。

用人单位可以与严重违反劳动纪律或者用人单位规章制度的“三期”内的女职工依法解除劳动合同。但在实践中，用人单位该如何行使依法解除合同的权利，才能在既能维护自身权益的同时，又能给予“三期”女职工最大的保护。

《最高人民法院关于审理劳动争议案件适用法律若干问题的解释》第十三条规定：“因用人单位作出的开除、除名、辞退、解除劳动合同、减少劳动报酬、计算劳动者工作年限等决定而发生的劳动争议，用人单位负举证责任。”这种举证责任包括对解除程序合法和解除行为实体合法进行举证。

《劳动合同法》出台前，《最高人民法院关于审理劳动争议案件适用法律若干问题的解释》第十九条规定：“用人单位根据《劳动法》第四条之规定，通过民主程序制定的规章制度，不违反国家法律、行政法规及政策规定，并已向劳动者公示的，可以作为人民法院审理劳动争议案件的依据。”该规定确立了规章制度具有法律效力所应当具备的三个条件：一是制定要通过民主程序，二是内容须具合法性，三是要向劳动者公示。

《劳动合同法》第四条规定：“用人单位在制定、修改或者决定有关劳动报酬、工作时间、休息休假、劳动安全卫生、保险福利、职工培训、劳动纪律以及劳动定额管理等直接涉及劳动者切身利益的规章制度或者重大事项时，应当经职工代表大会或者全体职工讨论，提出方案和意见，与工会或者职工代表平等协商确定。在规章制度和重大事项决定实施过程中，工会或者职工认为不适当的，有权向用人单位提出，通过协商予以修改完善。用人单位应当将直接涉及劳动者切身利益的规章制度和重大事项决定公示，或者告知劳动者。”

因此，只有用人单位制定规章制度的程序合法，用人单位的规章制度才能作为与劳动者解除劳动合同的依据。

对于劳动者有无严重违反用人单位规章制度的行为，其举证责任完全在用人单位。裁决部门只能依据证据认定事实，对于“三期”女职工因严重违反用人单位规章制度予以解除劳动合同，用人单位更应当要有充足的证据予以直接证明或者各相关证据之间要能够形成完整的证据链达到证明目的，否则很难认定用人单位解除劳动合同的合法性。

综上笔者认为，针对具体个案时，还应具体情况具体分析。在女职工已经怀孕的情况下，对于未发生严重后果的违纪行为，尽管规章制度确定属于严重违纪行为，考虑到与孕期女职工解除劳动合同，直接影响到女职工享受生育待遇，所以对于“三期”女职工在严重违反公司规章制度的情况下，可尝试分别情况给予适当缓冲处理而不是直接解除劳动合同。如用人单位坚持解除与“三期”女职工的劳动合同，则应提供充足的证据证明女职工存在严重违纪行为，否则应承担不利后果。作为“三期”女职工，在工作期间仍应当遵守用人单位的各项规章制度，虽然法律法规对“三期”女职工有明确的保护条款，但并不意味着用人单位在任何情况下都不能解除与“三期”女职工的劳动合同。

（北京堃铭律师事务所　张建华）

37. 劳务派遣用工中劳动者的退回与解除劳动合同争议

争议焦点

1. 某制冷设备厂可否以客观情况发生重大变化为由将关某退回某劳务服务中心；

2. 某劳务服务中心可否以某制冷设备厂所主张的客观情况发生重大变化为由，与关某解除劳动关系；

3. 如若某制冷设备厂或某劳务服务中心与关某丧失信任基础，可否直接裁决双方解除劳动关系。

基本案情

申请人：关某

被申请人一：某劳务服务中心

被申请人二：某制冷设备厂

2017 年 3 月，关某与某制冷设备厂签订临时用工合同，约定关某任职车间副主任，主管制冷零部件生产工作。2017 年 8 月，某劳务服务中心与某制冷设备厂签订了劳务派遣协议。2017 年 9 月，关某又与某劳务服务中心签订无固定期限劳动合同，约定某劳务服务中心派遣关某至某制冷设备厂工作，任职岗位未变化。

2019 年 5 月底，某制冷设备厂告知关某因受国家政策调整的影响，生产情况发生重大变化（企业外迁），不得已需要裁员。因此，要求与关某于 2019 年 6 月底终止用工关系，并要求关某及时办理退工手续，关某对此不同意。2009 年 6 月 30 日，某制冷设备厂单方告知某劳务服务中心将关某退回，并向某劳务服务中心及关某出具了退工说明等手续。某劳务服务中心当日通知关某，以同样理由与关某解除劳动合同。关某收到解除劳动合同通知书，但对该解除劳动合同行为不认可，并提出仲裁申请，要求某劳务服务中心与其继续履行劳动合同，并要求某劳务服务中心及某制冷设备厂支付其自解除劳动合同次日起的工资及赔偿金共计150 000元，两家企业应承担连带赔偿责任。

审理结果

1. 关某与某劳务服务中心继续履行劳动合同；

2. 某劳务服务中心按照北京市最低工资标准支付关某自解除劳动合同之日起的工资；

3. 驳回关某其他仲裁请求。

评析意见

对于因客观情况发生变化最终导致劳动合同解除争议的合法性问题，我们应明确有三个前提。其一，用工单位确因政策调整而必须外迁；其二，达到原劳动合同无法履行的必要条件；其三，双方在原合同无法履行的前提下，履行了协商变更合同内容以及协商变更达不成一致后再作出解除劳动合同处理程序。现实中，从用工单位和劳动者本身管理从属性、获取情报能力、掌握资源水平等情况分析，双方并不处于对等地位，上述三点无论从实体方面还是程序履行方面的举证责任，明显应归于用人（工）单位方。在用工单位未能充分举证证明存在上述三个前提下，作出解除劳动者劳动合同行为应属于违法。

回归本案，我们先行假设某制冷设备厂的确因政策原因无法继续在京生产，必须外迁，现有在京岗位已无法为劳动者进行调整变更，双方就变更劳动合同内容（即劳动者随厂外迁至外地工作）达不成一致，则某制冷设备厂可否以客观情况发生重大变化为由将被派遣的关某退回某劳务服务中心。

从法律规定上看，根据《劳动合同法》第六十五条规定："被派遣劳动者可以依照本法第三十六条、第三十八条的规定与劳务派遣单位解除劳动合同。被派遣劳动者有本法第三十九条和第四十条第一项、第二项规定情形的，用工单位可以将劳动者退回劳务派遣单位，劳务派遣单位依照本法有关规定，可以与劳动者解除劳动合同。”其中，第三十九条规定主要是劳动者存在主观过失，达到被解除的标准。[即（1）在试用期间被证明不符合录用条件的；（2）严重违反用人单位的规章制度的；（3）严重失职，营私舞弊，给用人单位造成重大损害的；（4）劳动者同时与其他用人单位建立劳动关系，对完成本单位的工作任务造成严重影响，或者经用人单位提出，拒不改正的；（5）因本法第二十六条第一款第一项规定的情形致使劳动合同无效的；（6）被依法追究刑事责任的。]第四十条第一项、第二项规定则可以理解为劳动者无主观过失，但存在能力不达标准的情形。[即（1）劳动者患病或者非因工负伤，在规定的医疗期满后不能从事原工作，也不能从事由用人单位另行安排的工作的；（2）劳动者不能胜任工作，经过培训或者调整工作岗位，仍不能胜任工作的。]

针对上述法律条款的理解存在两种观点。第一种为用工单位不能超越法律规定以第三十九条和第四十条第一项、第二项之外的任何理由将劳动者退回派遣单位。第二种为用工单位退回被派遣劳动者并不受第三十九条和第四十条第一项、第二项规定的约束。原因为从劳动合同法立法意义上看，是以维护劳动关系稳定为先决条件。劳务派遣用工中，劳动者的劳动关系建立相对主体是劳务派遣公司，劳务派遣公司应当履行用人单位的法定义务，而用工单位仅是使用劳动者提供的“劳动”，可以简要理解为民事主体关系。则在劳动法范畴内，用工单位使用劳动者的限制，应比劳动法意义上的劳动关系主体低。另外，劳务派遣从形式上即为一种法律允许的用工形式，其目的是法定正统劳动关系的有效补充，其退工、使用等灵活性上也应显著高于劳动法意义上建立或解除劳动关系。由此，如单纯按照字面理解，省略解除行为去理解法条，则可能偏离立法意义。故本案采用了后一种观点，即劳动者有《劳动合同法》第三十九条或第四十条第一、二项规定情形的，用工单位必然可以将劳动者退回劳务派遣单位，劳务派遣单位也必然可以依照劳动合同法规定与劳动者解除劳动合同；但除此之外，用工单位有合理原因将劳动者退回劳务派遣单位的，劳务派遣单位不得与劳动者解除劳动合同。因此，某制冷设备厂可以在充分证明客观情况发生重大变化造成原合同不能继续履行为由将关某退回某劳务服务中心。

针对争议焦点2，某劳务服务中心可否以某制冷设备厂所主张的客观情况发生重大变化为由，与关某解除劳动关系。如前所述，在劳动者没有出现《劳动合同法》第三十九条和第四十条第一项、第二项规定的情形，劳务派遣单位均不得解除与被退回劳动者的劳动关系。关某作为与某劳务服务中心建立劳动关系的劳动者，依法受到劳动法律法规的保护，而劳务派遣用工体系中，劳动者提供劳动的相对方是用工单位，劳动者与劳务派遣单位存在关系和用工分离情形，在用工单位发生客观情况发生重大变化退回劳动者后，进而认定劳务派遣单位也存在客观情况发生重大变化不能继续履行劳动合同，于理牵强，于法无据。因此，某劳务服务中心作为用人单位，在接收关某后，应本着公平原则，为关某另行安排合适的工作，而不得同样以客观情况发生重大变化致使原劳动合同无法履行为由，解除与关某的劳动关系。同时，根据《劳动合同法》第五十八条的规定，“被派遣劳动者在无工作期间，劳务派遣单位应当按照所在地人民政府规定的最低工资标准，向其按月支付报酬”。某劳动服务中心作为派遣单位毕竟不是生产单位，不对劳动者进行实际劳动管理及直接获得劳动者的劳动产值。因此，在该单位没有为关某另行安排工作前提下，应当按照法律规定以北京市最低工资标准，向关某按月支付工资。关某以原劳动实得工资要求某劳务服务中心支付工资，依据不足，不应得到支持。

针对争议焦点3，本案调解中，某劳务服务中心与关某尚有协商余地，仅是在安排用工单位上双方存在差异，并未丧失信任基础，故仲裁委员会作出了关某与某劳务中心继续履行劳动合同的裁决。但如果关某与某劳务服务中心双方不配合，丧失信任基础，则本案应另作斟酌。劳动法虽提倡维护和谐稳定的劳动关系，但如建立劳动关系双方从根本上丧失了信任，均存在被害心理，则劳动关系继续履行导致的结果只能是增加双方诉累，严重影响劳动者就业质量和单位管理秩序。在此情形下，为减少诉累，作为仲裁裁决机关应当告知劳动者可以另行请求违法解除赔偿的救济途径，而不适宜作继续履行劳动合同的裁决。

（北京市顺义区劳动人事争议仲裁院　杨靖）

38. 违法解除劳动关系的认定

争议焦点

1. 劳动者入职用人单位时间的认定；
2. 用人单位是否应支付双倍劳动报酬及加班费；
3. 用人单位是否违法解除劳动合同。

基本案情

原告（申请人）：李某

被告（被申请人）：天津某医院

原告李某系被告天津某医院员工，担任中药房调剂员，双方未签订劳动合同。

对于原告入职时间，双方表述不一致。原告认为其入职时间为2017年8月8日，并提交入职登记表打印件一份，2017年8月8日处方笺一张，其中调配药师打印为“李某”。被告对上述证据不予认可，称原告入职时间为2018年1月1日，并提供2017年8月8日处方笺，其中调配药师打印为“沈春梅”。

2018年6月29日，被告作出处罚决定载明，“某医院中草药房因工作人员管理不善，未能把以下药品及时存放入冰柜，致使药品生虫，不能正常销售……对责任人作出如下处罚：中草药房主要管理人李某承担70%责任，药品赔偿款39 060元；复核人员蒋某承担30%责任，药品赔偿款16 740元。”落款处有案外人蒋某签字。

庭审中双方均认可2018年7月2日后原告不再至被告处工作，并在当日被告口头告知由于原告旷工4日被解除劳动关系。庭审中，被告称由于原告旷工导致药物生虫损坏。

2018年9月4日，原告以被告为被申请人至天津市河东区劳动人事争议仲裁委员会申请仲裁，要求被告支付解除劳动合同赔偿金、休息日加班费、未签订劳动合同双倍工资，补缴社会保险费。仲裁委员会于2018年10月26日作出仲裁裁决：(1) 被申请人于本裁决书送达之日起15日内支付申请人2018年1月3日至2018年7月1日期间休息日加班费差额2 427.59元；(2) 驳回申请人其他仲裁请求。

原告向天津市河东区人民法院提出诉讼请求：(1) 判决被告向原告支付解除劳动合同赔偿金7 490元；(2) 判决被告向原告支付2017年8月8日至2018年7月1日休息日共计43天加班费14 807.82元；(3) 判决被告向原告支付2017年9月9日至2018年7月1日未签订劳动合同二倍工资差额37 450元；(4) 本案诉讼费由被告承担。事实和理由：原告于2017年8月8日进入被告处工作，担任中药调剂员，双方约定基本工资为2 600元加提成，约定工作时间为每天8：00至17：00，每月公休4天。原告在职期间工作超过法定标准，但被告从未支付过加班费。原告工作期间多次要求与被告签订劳动合同，均未得到同意，被告亦未给原告办理过社会保险。2018年6月28日原告因儿媳生产，情况紧急，向被告口头请假。但2018年7月2日原告回去继续上班时，却被告知与原告解除劳动关系，此后原告多次找被告理论，被告始终未给予答复。原告于2018年9月申请仲裁，但对仲裁裁决不服，故提起诉讼。

被告不同意原告全部诉请。(1) 针对第一项诉请，不同意支付。原告于2018年6月在被告处工作中出现严重失职，致使被告产生巨额损失，且原告拒绝承担责任。原告在未经审批情况下擅自离职，连续旷工4天，给被告造成不良影响，严重违反被告的相关纪律。被告与原告解除劳动关系，符合法律规定，不应承担经济赔偿。(2) 针对第二项诉请，不同意支付。根据我国相关法律规定，原告加班的主张应该由其本人举证，证明其加班事实，否则不应支付，不承担该赔偿。(3) 第三项诉请不同意支付。原告入职期间，被告发现其社会保险费在其他单位缴纳，被告无法为其办理社会保险，被告多次联系原告签订劳动合同和办理社会保险，原告以享受政府补贴为由，拒绝签订合同。

审理结果

天津市河东区人民法院依照《劳动合同法》第四十八条、第八十二条、第八十七条规定，判决如下：

(1) 本判决生效之日起十日内，被告天津某医院给付原告李某未签订劳动合同双倍工资 30 885.66 元；

(2) 本判决生效之日起十日内，被告天津某医院给付原告李某休息日加班费 10 280.45 元；

(3) 本判决生效之日起十日内，被告天津某医院给付原告李某违法解除劳动合同赔偿金 7 034 元；

(4) 驳回原告李某的其他诉讼请求；

(5) 驳回原告李某在仲裁期间的其他仲裁请求。

评析意见

(一) 关于原告何时入职被告处工作

原告为此提供了入职登记表，称系其填写完毕后拍照留存；审理中，被告对此不予认可，称其入职不需要填写入职登记表，应直接签订劳动合同。原告另提供患者为“储××”的药物处方笺，被告对于该处方笺真实性不予认可，同时提交一份“储××”的药物处方笺底联。庭审中法院就相关问题向有关证人进行了核实，证人称其入职时系填写了入职登记表并签订劳动合同，其工资发放存在现金发放和打卡发放两种情况；同时药物处方笺的流程为医师开具后患者持两联至药房取药，一联患者取回，底联由药房保存至月底交给会计核账保存。法院对此分析认为，原、被告所提供的处方笺患者姓名、就医时间、包括所有药物名称分量、药品金额完全一致，区别在于处方编号及调配药师姓名不一致。而原告如伪造处方笺与原版完全一致，需要得到 2017 年 8 月 8 日处方笺的任意一联。但根据证人所陈述的处方笺保管流程，原告如未在 2017 年入职被告处是不可能做到的。且被告在第一次庭审中自述无入职登记表，无现金发放工资情况的陈述亦与其所提供证人证言不符。同时根据被告自行提供的入职须知显示，每天上班实行指纹打卡并附带本人签字，该考勤记录形式与原、被告庭审陈述相符，而被告所提供的考勤记录与该规定明显不符，故被告应当承担举证不能的责任。现证人证言及被告亦自行陈述其单位存在某些员工现金发放工资情况，那么被告所提供的其制作的纳税表并非其单位的会计凭证，无法证实其单位真实工资发放情况，故法院对于被告的抗辩理由不予采信，认定原告的入职时间应为 2017 年 8 月 8 日。

（二）关于被告是否应当支付未签订劳动合同双倍工资

被告称其将劳动合同给付原告后，其未签字送回，原告对此不予认可。且该情形与原、被告录音中所称未上社会保险、未签劳动合同前后矛盾，被告所提供其员工自行书写的情况说明不足以证实其主张，对此法院不予采信。且原告未签劳动合同，亦未将劳动合同交回被告处，被告明知劳动合同未签订，可以解除劳动关系而不解除，仍选择继续用工，故被告应当支付原告未签订劳动合同双倍工资。由于该原告对于其 2017 年 9 月至 2017 年 12 月的工资数额未向法院提供充分证据予以证实，故法院按照双方录音证据中陈述的应发工资 2 600 元计算。经计算，被告应支付 2017 年 9 月 8 日至 2018 年 7 月 2 日期间未签订劳动合同双倍工资 30 885.66 元。

（三）关于被告是否应当支付原告加班费

根据证人在仲裁期间的证人证言，原告每周上班 6 天。被告辩称其已支付了加班费，但原告不认可被告提供的工资表中所列工资构成。根据双方的录音证据显示，原告领取工资会在被告处的工资表签字确认，但被告未向法院提供原告签字的工资表，被告抗辩院长及行政主管对于工资发放不知情的主张不符合常理，法院不予采信。根据庭审中原告所提供录音证据，原告基本工资为 2 400 元，全勤奖 200 元，其他为绩效工资。故被告应当支付原告加班费为 10 280.45 元。

（四）关于被告是否为违法解除劳动关系

原告称 2018 年 6 月 27 日其因儿媳生产而请假，被告则以原告旷工为由解除其劳动关系。被告认为除原告旷工外，因原告失职导致被告处药物生虫产生损失，故口头解除与原告的劳动关系。现原告所述的药物生虫问题证据均为单位己方所出具的证据，不足以证实其主张，对此法院无法采信。对于旷工问题，被告所提供规章制度没有原告签字，亦无其他证据证实该规章制度经过民主程序并公示于劳动者知晓。故被告以该理由与原告解除劳动关系不符合法律规定，应属于违法解除劳动关系。按照原、被告提供的工资基数，经计算被告应当支付原告违法解除劳动合同赔偿金 7 034 元。

综上总结如下。第一，劳动者入职时间的认定，要综合考量各项凭证或记录、证人证言等证据材料，根据用人单位的业务流程，必要时采取反向推理的方式，综合判断，形成证据链。第二，即使是由于劳动者个人原因未签订书面劳动合同，用人单位有权选择是否与劳动者建立劳动关系，如继续用工，则须支付双倍工资。第三，如双方对加班费没有明确约定，则超出法定期间的工作时间均应支付加班费。第四，用人单位的规章制度应经过民主程序并公示或告知劳动者，否则不能以违反规章制度为由解除劳动合同。

（天津市河东区人民法院　李佳男）

39. 劳动争议处理方式的合理性

争议焦点

用工单位以劳动者旷工为由解除劳动关系，是否构成非法解除劳动关系。

基本案情

上诉人（原审原告）：某牧业公司

被上诉人（原审被告）：谷某某

2009年8月，谷某某与某牧业公司签订劳动合同，工种为挤奶工，合同期限为1年。合同到期后，又签订期限为5年的劳动合同。2015年8月28日，双方再次签订为期2年的劳动合同。合同约定，合同期限自2015年8月28日起至2017年8月28日止。在关于劳动合同的变更、终止、延续、解除事项中双方约定，擅离职守、连续旷工3天以上、全月累计5天以上或者全年旷工达10天者，请事假超过1个月、在假期期满3天内未续假或续假未获批准者，用人单位可以解除劳动合同。在某牧业公司交由谷某某签字的员工奖惩制度中，单位可以解除合同的事项中有同样的约定。

谷某某因双肘关节疼痛，2016年5月25日经张北县医院诊断为双肘关节骨质增生，2016年5月25日休病假，休假期限至2016年11月25日。休假到期后，谷某某回某牧业公司继续上班，工种仍为挤奶工。在工作5天后，仍觉得双肘关节疼痛，无法正常工作，于是向车间主任提出调岗的请求，车间主任答复让其去找办公室解决。谷某某找到办公室，办公室的工作人员答复为可以去开叉车，也可以选择办公室打字，再就是挤奶工。12月1日谷某某没有上班，到县医院检查后带着诊断书要求继续休假。12月2日某牧业公司向谷某某送达了返岗通知书。返岗通知书记载：自2016年5月25日，你因病暂停工作，至2016

年11月25日你申请的假期已经到期。请你自收到本通知之日起3天内返回公司工作，在上述时间内，你不返回公司工作，公司将视你为旷工。依据劳动合同法及公司劳动合同补充协议中关于擅离职守旷工3天以上、全年累计5天以上或全年旷工达10天者的规定，旷工达到规定者，公司将与你解除劳动合同，并请你3天内即2016年12月7日之前来公司办理离职手续。2016年12月12日某牧业公司向谷某某出具劳动关系解除通知书，通知书载明：由于你未按单位要求在2016年12月7日前返岗，于2016年12月12日公司将与你解除劳动关系。

2017年2月22日谷某某向劳动争议仲裁委员会申请仲裁，要求某牧业公司支付经济补偿及医疗补助金。2017年5月24日仲裁委员会裁决某牧业公司向谷某某支付经济赔偿16 135元，不支持医疗补助金的仲裁请求。某牧业公司不服，向法院提起诉讼。

本案在诉讼过程中，2017年3月17日谷某某向一审法院提出鉴定申请，申请对职工因病与非因工负伤丧失劳动能力进行鉴定，以证明其不适合继续从事挤奶工工作岗位。

审理结果

一审法院认为，本案被告谷某某在原告处工作，因患双肘关节骨质增生疾病向原告请病假6个月，病假到期后，谷某某表示不能继续从事原挤奶处的工作岗位，用人单位应当向劳动鉴定委员会申请对劳动者是否能从事原工作进行鉴定，如不能从事原工作，用人单位可以对劳动者不能完成的某一工作岗位进行职业技能培训，或者调拨到能够胜任的工作岗位。原告既没有对被告进行职业技能培训，也没有安排被告从事能胜任的工作岗位，而是规避劳动合同法规定的应尽责任，以谷某某违反公司规章制度为由解除劳动关系，原告违法行为在先，被告违反公司规章制度在后，公司解除与被告的劳动合同关系程序不合法，应承担相应的法律责任。因双方的劳动合同期限截至2017年8月28日，劳动合同已终止履行，某牧业公司应当按照《劳动合同法》第四十六的规定向谷某某支付经济补偿16 135元（2 305元/月×7个月）。

某牧业公司不服一审判决，提起上诉，上诉理由为：谷某某未经单位准许，在休病假期满后，不到岗，旷工3天，某牧业公司依据单位的规章制度解除劳动合同，系合法解除，不应支付解除劳动合同的经济补偿。

二审法院判决：驳回上诉，维持原判。

评析意见

本案处理的要点在于对劳动合同法规定的单位单方解除权的赋予和限制的理解。法律对用人单位的单方解除权，在法条中作了严格的限制，规定了解除劳动合同的前提条件，例如要提前通知，或者支付代通知金；员工病假期间、女职工“三期”期间，不得以经济裁员或者支付代通金的方式与员工解除劳动合同。但在实践中，用人单位往往依据《劳动合同法》第三十九条的规定，以劳动者违反公司规章制度为由，解除与员工的劳动关系。

用人单位经营的方式不同，对劳动者的要求也不一样，劳动者遵守用人单位的规章制度是劳动者起码的要求，是用人单位正常生产经营的基本权利，应该得到维护。基于此，不服从管理，违反用人单位劳动纪律的应该得到必要的惩处，解除劳动合同是用人单位应有的权利。但这种权利的行使也应当受到一定的约束，一方面程序一定要合法，法律规定要通过工会，要给予劳动者必要的申诉的机会；另一方面要有违反规章制度的实质要件，即劳动者违反单位的规章制度没有法定的免责理由。

本案中，谷某某因身体原因请病假，并提供了医院的诊断证明；某牧业公司知晓其患病的情况，并准许其休病假。在病假结束后，某牧业公司要求谷某某到公司上班，谷某某按照公司的要求及时返岗，但由于身体的原因，认为自己不宜继续从事原工作，此时，某牧业公司应当按照法律的规定对其进行鉴定，以确定其是否适宜继续从事原工作。某牧业公司没有对谷某某进行劳动能力鉴定，而是强制其继续从事原工作，构成了对劳动者合法权益的侵犯，在此情况下，谷某某选择到医院继续进行诊治，停止继续工作，应该认定为存在合理的免责理由。某牧业公司以谷某某旷工 3 天的理由，解除劳动关系系非法解除。本案也不符合以“劳动者患病或者非因工负伤在规定的医疗期满后不能从事原工作，也不能从事由用人单位另行安排的工作的”可以解除劳动合同的情形，某牧业公司应当支付赔偿金。

值得注意的是，某牧业公司与谷某某在劳动争议发生后，某牧业公司在没有进行职业技能培训的情况下，要求谷某某去从事开叉车、打字工作，其提供的工作岗位明显与谷某某劳动能力不符，继续让谷某某从事原工作，其理由正当性不能得到支持。故某牧业公司解除劳动合同的合法性，不能得到支持；劳动者因身体原因，不能再从事原工作岗位，要求调整工作岗位的要求，符合法律的规定，应当得到法律的保护。

（河北省张家口市中级人民法院　赵景献）

40. 用人单位主张劳动者支付猎头费的处理方法

争议焦点

当通过猎头公司招募进来的劳动者选择主动离职时，用人单位能否向劳动者主张猎头费等招录费用。

基本案情

上诉人（原审原告）：北京某科技公司

被上诉人（原审被告）：宁某

宁某于2016年6月2日入职北京某科技公司，双方订立了固定期限劳动合同。2017年7月10日宁某因个人原因以电子邮件形式向北京某科技公司提交了离职申请，此后未再出勤。

北京某科技公司主张，公司收到宁某的离职申请后，于2017年7月11日起多次通过电子邮件的方式告知宁某应办理工作交接，但宁某既未再出勤，也未办理离职工作交接。此外，宁某还串通其他十余人同时离职，入职到竞争对手的公司，对公司销售工作造成不良影响；并且公司重新招录员工，重新培训、试用，开展研发，产生了费用。同时，宁某等十余人的离职中断了公司正常的研发、经营工作，导致研发的产品停滞，无法按期交付，给公司造成巨大经济损失。宁某应当对上述损失承担赔偿责任。另外，公司为招聘宁某，曾支出过40 000元的猎头费。为证明其主张，北京某科技公司提交电子邮件打印件、付款通知书、支出凭单、增值税发票予以证明。宁某称其已经办理了离职交接，交接给部门经理马某；北京某科技公司提交的增值税发票中并未见其个人信息，其并不知晓存在招聘费用，即使北京某科技公司确实发生了与招聘相关的费用，也是其公司自愿支出，并非法律规定其公司必须支出，也并非其本人要求北京某科技公司所支出，此类费用为北京某科技公司的经营成本，与其无关。

北京市海淀区劳动人事争议仲裁委员会仲裁裁决：驳回北京某科技公司的仲裁请求。北京某科技公司不服仲裁裁决，于法定期限内提起诉讼。

审理结果

北京市海淀区人民法院于2018年7月11日作出判决：驳回北京某科技公司的诉讼请求。判决后，北京某科技公司向北京市第一中级人民法院提起上诉。

北京市第一中级人民法院经审理认为，北京某科技公司主张宁某应赔偿的损失包括其公司招收录用宁某所支付的费用和因违法解除劳动关系造成的经济损失，招录费具体指其公司向人力资源公司支付的猎头费40 000元。现北京某科技公司提交的证据不足以证明该40 000元为其公司招录宁某所产生的费用，且北京某科技公司与宁某亦未在劳动合同中对猎头费的承担予以约定，故对北京某科技公司的该主张不予支持。北京某科技公司主张宁某赔偿因其违法解除劳动关系造成的损失，应举证证明损失的客观存在以及损失系因宁某未提前30日通知解除劳动关系所致。现北京某科技公司未能提交证据予以证明，应承担举证不能的法律后果。对北京某科技公司要求宁某赔偿违法解除劳动关系对其公司造成的经济损失的上诉请求，法院不予支持。

2018年9月18日北京市第一中级人民法院作出判决：驳回上诉，维持原判。

评析意见

用人单位主张劳动者赔偿违法离职给用人单位造成的损失的案件中，损失一般指因劳动者未提前30日（试用期内为3日）通知用人单位，而给用人单位造成的直接的经济损失。在现代经济多元化发展的背景下，用人单位不再单纯依靠人事部门招聘员工，为了更好更快地寻找到符合需求的人才，往往要借助猎头公司的力量，支出一笔不菲的猎头费，在互联网行业、科技行业、设计行业等新兴行业尤为盛行，而此类行业跳槽率居高不下，也就意味着涉及猎头费的劳动争议案件有极大增加的可能性。当通过猎头公司招募进来的劳动者选择主动离职时，用人单位往往将猎头费计算进用人成本或劳动者离职导致的损失，向劳动者主张，由劳动者承担或承担一定比例的猎头费。本案用人单位主张的损失便包括了猎头费，虽然根据全案的事实情况，法院未支持用人单位的主张，但关于猎头费问题具有拓展研究的意义。

（一）猎头费的性质

1. 含义

“猎头”（headhunting）一词是欧美国家的舶来品，行业历史不过50年左右。猎头公司是“高级管理人员代理招募机构”的俗称，是为用人单位搜寻高层管理人才和关键技术岗位人才的招募服务的组织，由用人单位支付搜寻和推荐候选人所需的相应佣金，即“猎头费”，收费类型多为服务费、咨询费，数额按招募岗位年薪的一定比例计算。优点是能够提供专业性、针对性的服务，保密性高，节约时间，已成为现代人力资源服务的重要组成部分。

2. 相关案例

通过在中国裁判文书网上搜索，笔者发现包含“猎头费”关键词的劳动争议案件寥寥可数，多集中于居间合同纠纷、服务合同纠纷和委托合同纠纷，案情多为猎头公司主张对方当事人按双方约定支付服务费及违约金。用人单位与猎头公司签订猎头服务合同，对拟招聘的岗位名称、薪资、付款时间、付款条件、付款方式等作出约定，由猎头公司寻找合适目标员工，进行推荐。猎头服务合同中通常只对岗位的条件进行描述和要求，不针对具体的某个个人。

3. 结论

通过对案例的搜寻和对猎头行业业务流程的考察发现，猎头与中介不同，中介是连接需求双方的桥梁，处于中间立场；而猎头的服务对象是客户公司，关注的是客户公司的想法，满足的是客户公司的岗位需求。从猎头服务合同的格式和内容也可以看出，该合同效力仅产生于客户公司和猎头公司双方，并非客户公司、猎头公司与劳动者三者之间产生的法律关系。猎头费的收费模式大致分为按过程收费、按结果收费和打包收费，但无论是哪种收费模式，付款方均为客户公司，因此，猎头费为客户公司基于与猎头公司签订的服务合同向猎头公司的劳动支付的对价。而现实中，通过猎头公司寻找的目标岗位，多为技术岗或管理岗，符合岗位需求的劳动者可以为用人单位创造较高的价值，而客户公司也往往会与猎头公司约定保证期限，在该保证期限内推荐的劳动者无法为公司提供劳动的，猎头公司重新为客户公司搜寻下一个合适的人选，在一定程度上减少客户公司承担的风险。因此，将猎头费视为用人单位自主选择的运营方式产生的成本较为适宜。

（二）本案猎头费未得到支持的理由

1. 北京某科技公司未能证明招用宁某支出了40 000元猎头费

本案中，北京某科技公司主张其公司通过猎头公司招用宁某，支出了猎头费40 000元，并提交了付款通知书，显示出具方为某人力资源公司，付款详情为咨询费，并载有宁某，金额共计40 000元；提交的支出凭单中手写载明猎头费（宁某），增值税发票显示付款方为北京某科技公司，收款方为某人力资源，名称为咨询服务。但上述证据仅载有宁某名字，无其他信息，无法证明是北京某科技公司招用宁某支出的费用。

2. 北京某科技公司与宁某的劳动合同中未对猎头费进行约定

（1）合同相对性原理。如上所述，猎头公司与客户公司之间的合同效力不及于第三人；猎头费是客户公司基于与猎头公司签订的服务合同向猎头公司的劳动支付的对价。根据合同相对性原理，在用人单位与劳动者没有特殊约定的情况下，用人单位为其单位的利益而支出的猎头费，不应转嫁在劳动者身上。

（2）缺乏“期待可能性”。本案中，北京某科技公司与宁某签订的劳动合同中，对猎头费没有进行约定，该公司也未提供证据证明与宁某以其他方式有过该约定。在此情况下，从法律上讲宁某对此并没有产生预期，即宁某不知自己的离职会产生赔付40 000元猎头费的法律后果。

（三）若双方在劳动合同约定了猎头费，是否能得到支持

首先，需判断用人单位提交的证据是否能证明该劳动者是通过该猎头公司的推荐入职公司，以及用人单位实际支付猎头公司的猎头费数额。

其次，若用人单位与劳动者在劳动合同中约定了劳动者违反法律规定或劳动合同约定离职，需赔付用人单位支出的全部或者一定比例的猎头费，则需查明劳动合同中将该项约定为什么性质。通过司法实践来看，用人单位多将该项约定在违约金项下。但《劳动合同法》施行后，法律禁止在法定情形之外与劳动者约定违约金，也不得在法律规定之外限制劳动者解除劳动合同的权利。用人单位与劳动者约定由劳动者承担违约金的情形只有两种。一种是用人单位为劳动者提供专项培训费用，对其进行专业技术培训的，可以与该劳动者订立协议，约定服务期，劳动者违反服务期约定的，应当按照约定向用人单位支付违约金。另一种是对负有保密义务的劳动者，用人单位可以在劳动合同或者保密协议中与劳动者约定竞业限制条款，劳动者违反竞业限制约定的，应当按照约定向用人单位支付违约金。除以上两种情况外，约定违约金条款都为无效条款。

最后，若双方在劳动合同中单独约定该项，如何处理？虽然司法实践中暂未出现该情形的案例，但在日后该类案件的处理上，法院应在尊重双方平等自愿、协商一致的基础上，以利益衡量和个案分析为原则，结合猎头费的性质，综合考虑全案事实，行使自由裁量权。

（北京市第一中级人民法院　高天琪）

41. 判断劳动关系是否解除，应当以用人单位和劳动者的共同认知作为评判标准

争议焦点

1. 用人单位调整劳动者岗位是否合法；
2. 双方当事人之间的劳动关系是否已经解除；
3. 用人单位是否应支付违法解除劳动合同赔偿金。

基本案情

上诉人（原审原告）：高某
被上诉人（原审被告）：天津某汽车照明公司

高某于2008年4月7日入职天津某汽车照明公司，入职时在涂装车间喷涂岗位工作，后调至物流部录入员岗。张某与天津某汽车照明公司签有书面劳动合同，最后一份劳动合同为自2012年4月7日开始的无固定期限劳动合同。劳动合同中约定高某在涂装岗位上工作，工资不低于天津市最低工资标准。

双方当事人共同提供的落款时间为2018年10月15日的关于员工待岗返岗通知载明："由于部门岗位整合，于2018年9月11日通知您转总装车间继续从事操作工工作，您未接受此工作安排，并在综合管理部接受培训。公司为继续履行合同，请您接到此通知后到喷涂车间报到。"双方当庭确认涂装是车间的名称，喷涂是涂装车间的一个岗位。

2018年10月19日，天津某汽车照明公司向高某送达旷工通知书，载明："公司在2018年10月15日向你递交了继续履行合同的返岗通知，你并没有按照

通知要求前来喷涂车间到岗上班，也未办理任何相关请假手续，公司视为旷工处理。根据《劳动合同法》第三十九条的规定和企业员工手册中‘旷工超过 3 天，视为严重违反公司规章制度，公司将与其解除劳动合同，并无须支付经济补偿金’的规定，请在接到此通知后于 3 天内，你本人亲自前来公司办理离职交接手续，逾期不来，后果自负。”

天津某汽车照明公司主张高某实际提供劳动至 2018 年 9 月 11 日，高某则主张其实际提供劳动至 2018 年 12 月 13 日。高某主张，2018 年 8 月 15 日左右接到通知到综合部学习，至 2018 年 10 月 19 日期间其均在综合部学习；2018 年 10 月 15 日天津某汽车照明公司通知其到涂装车间工作，其不同意，故没有到岗工作，但坚持出勤。天津某汽车照明公司提供的员工手册显示，无故旷工 3 天将被处以解雇。员工手册经民主程序制定，高某知晓。天津某汽车照明公司与高某解除劳动关系事项已告知工会。天津某汽车照明公司提供的工资明细显示，高某月基本工资 2 050 元，岗位工资 750 元至 800 元，厂龄工资 180 元至 200 元。

2018 年 10 月 29 日高某提出仲裁申请。

2018 年 11 月 29 日天津某汽车照明公司向高某邮寄员工返岗通知书。

2018 年 12 月 3 日，仲裁委员会作出仲裁裁决，认定双方当事人劳动关系尚未解除，并裁决驳回申请人的请求事项。裁决后高某继续在天津某汽车照明公司工作。

2018 年 12 月 13 日，天津某汽车照明公司向高某邮寄解除劳动关系通知书，当日高某再次申请仲裁，后撤回仲裁申请，并提起本案诉讼，请求：(1) 天津某汽车照明公司支付高某 2018 年 9 月工资 2 000 元、2018 年 10 月 1 日至 10 月 19 日工资 1 000 元。(2) 天津某汽车照明公司支付高某违法解除劳动合同赔偿金 79 200 元。(3) 本案诉讼费用由天津某汽车照明公司承担。

审理结果

一审法院认为，高某第一项诉讼请求，未经仲裁前置程序，不予审理。双方签订的劳动合同中约定高某在涂装岗位上工作，工资不低于天津市最低工资标准，2018 年 10 月 15 日天津某汽车照明公司对高某作出的工作岗位调整不违反劳动合同的约定，且并未降低高某的待遇水平，属于用人单位经营自主权的范畴。

高某自2018年10月15日接到岗位调整通知后并未到岗工作，构成旷工，天津某汽车照明公司依据经民主程序制定、高某知晓的员工手册与高某解除劳动关系，且已告知工会，属合法解除。故高某第二项诉讼请求，没有事实及法律依据，不予支持。综上所述，依照《劳动合同法》第三十九条及参照相关劳动政策之规定，一审法院判决如下：驳回高某的诉讼请求。案件受理费10元，适用简易程序实际收取5元，由高某负担。

二审法院经审理认为，一审判决认定事实清楚，适用法律有瑕疵，但裁判结果正确，故对高某的上诉请求不予支持，判决驳回上诉，维持原判。二审案件受理费10元，由高某负担。

评析意见

本案争议焦点之一，天津某汽车照明公司给高某调动工作是否适当。正如一审法院分析认为之内容，高某与用人单位签订的劳动合同约定工作岗位是“涂装”，虽然劳动者后调入该单位物流部，担任录入员之职，但天津某汽车照明公司给出部门岗位整合的理由，为劳动者重新安排了劳动合同约定的工作岗位，前后岗位待遇并无不同，该次工作调整应认定属于用人单位经营自主权的范畴，不违反劳动合同约定或法律相关规定。

本案争议焦点之二，天津某汽车照明公司向高某送达旷工通知书是否构成单方解除劳动关系，双方当事人之间的劳动合同关系是否因此解除。从案情中旷工通知书的内容上看，高某不遵从用人单位工作调动安排，未按照单位指定时间到新的工作岗位报到，亦未履行任何请假手续，应认定为旷工。按照该单位内部规章制度的规定，用人单位此时具有单方解除与劳动者劳动关系的权利。但从文字上分析，上述旷工通知书显示鉴于高某严重违反公司规章制度，单位“将”与其解除劳动合同……“逾期不来，后果自负”，对于是否解除劳动关系的意思表示并不十分明确。加之其后，高某继续在单位工作，天津某汽车照明公司非但没有拒绝，而且还发生了2018年11月29日单位向高某邮寄员工返岗通知书，2018年12月13日邮寄解除劳动关系通知书等事实，故此应当认定无论2018年10月19日天津某汽车照明公司是否表达了单方解除劳动关系的意思表示，双方当事人之间的劳动关系都没有因此而解除。

本案争议焦点之三，用人单位应否向劳动者支付违法解除劳动合同赔偿金。2018 年 10 月 19 日双方劳动关系并未解除，高某诉请的事实基础不存在。2018 年 12 月 13 日单位向高某送达解除劳动关系通知书，双方劳动关系的状态未经劳动争议仲裁前置程序裁决，故本案中不予评判，高某主张的违法解除劳动合同赔偿金也不能基于此事实得到支持。

如何判断劳动合同关系是否解除？《劳动合同法》规定的劳动合同的解除，可以分为单方解除和双方解除。用人单位和劳动者协商一致可以解除劳动关系，用人单位或劳动者也可以基于某种法定情形，单方提出解约。实践中双方能够就此达成一致意见协商解除的，从数量上要远远低于后者。如本案争议焦点二，案件当事人不仅就应否解除劳动关系不能达成一致意见，诉讼中对于劳动关系是否已经解除也存在分歧。那么如何判断劳动合同关系的存续状态，是审判实践中经常会遇到的热点和难点问题之一。

劳动合同是用人单位和劳动者之间设立、变更、终止劳动关系权利义务的协议，归根结底，劳动合同属于合同的范畴。我国合同法规定了依法成立的合同解除和终止的各种情形，合同解除分为法定解除和约定解除，但无论何种解除前提，均需享有解除权的一方当事人通知对方。当解除条件成就，合同自通知到达对方时起解除，对方有异议的，可以请求人民法院或者仲裁机构确认解除行为的效力。合同法这一理念平移到劳动关系领域就是，当一方当事人通知对方解除，并不必然引起双方约定权利义务终止的法律后果，接到通知一方持有异议的，同样可以寻求法律救济。譬如本案中，如用人单位通知劳动者解除劳动关系的意思表示足够明确，劳动者可以采取的一种对抗方式是认可劳动合同解除的法律后果，向对方主张解除劳动合同经济补偿或违法解除赔偿金；另一种方式，如果劳动者认为单位存在违法解除情形，同时劳动者不认可解除的，可以依法主张单位该次解除劳动关系无效。正如《劳动合同法》第四十八条所规定，用人单位违法解除或者终止劳动合同，劳动者要求继续履行的，用人单位应当继续履行；劳动者不要求继续履行，或者原劳动合同已经不能继续履行的，用人单位应当按照法律规定向劳动者支付赔偿金。

综上，分析案例中的证据，不能得出天津某汽车照明公司在 2018 年 10 月 19 日明确提出与劳动者解除劳动关系，即便该事实成立，也不能仅凭单位作出该意思表示而推定双方劳动关系自此解除。判断劳动关系是否解除，应当以用人单位和劳动者的共同认知作为评判标准，本案中用人单位不需为一次不影响劳动关系存续状态的行为买单。

（天津市第一中级人民法院民一庭　刘宝莉）

42. 协议约定如再行主张权利则退回补偿金后，劳动者还能悔约再行主张权利吗

争议焦点

1. 本案协议书的约定是否适用《最高人民法院关于审理劳动争议案件适用法律若干问题的解释（三）》第十条之规定；

2. 本案协议书中设置的劳动者违约责任条款是否赋予了劳动者解除协议书的权利？

基本案情

申请人（原告、上诉人）：李某
被申请人一（被告一、被上诉人一）：市容单位
被申请人二（被告二、被上诉人二）：某人力资源公司

2012 年 8 月 1 日，李某与某人力资源公司签订劳动合同，并被派遣至市容单位从事司机工作。2016 年 10 月 13 日，李某以辞职的方式与某人力资源公司办理了离职手续。2016 年 11 月 18 日，在当地派出所的调解下，以市容单位为甲方、李某为乙方，甲乙双方签订协议书载明，乙方于 2012 年到甲方从事驾驶员工作，于 2016 年 10 月与甲方解除劳务合同，但因乙方家庭困难，经过充分协商，双方达成如下协议条款，以资共同遵守：(1) 甲方与乙方一致同意，自 2016 年 10 月 13 日起解除双方之间劳动关系；(2) 甲方于本协议签订之日起 15 日内一次性向乙方支付相当于 4 个月工资的经济救助金，即人民币 14 800 元（其中包括乙方于 2016 年 9 月 26 日至 10 月 12 日在甲方单位工作的工资款项），乙方收到该款

后应向甲方出具收条；(3) 甲方与乙方一致确认，本协议签订并履行后，双方之间不存在任何其他纠纷，乙方不得以任何理由和方式再向甲方主张任何其他权利，否则应全额退还甲方支付的经济救助金，甲方亦不再给予任何补偿；(4) 对于此协议内容，甲乙双方都负有保密的义务；(5) 本协议书自双方签字盖章之日起生效。同日，市容单位向李某支付了协议约定的经济救助金14 800元，李某出具收条。

2017年9月6日，李某提起劳动争议仲裁，要求市容单位支付其2012年4月至2016年10月的延时加班费、休息日加班费、法定节假日加班费。仲裁委员会于2017年11月2日作出仲裁：根据《最高人民法院关于审理劳动争议案件适用法律若干问题的解释（三）》［以下简称《司法解释（三）》］第十条之规定，双方签订的协议书是双方当事人真实意思表示，不违反法律、行政法规的强制性规定，且不存在欺诈、胁迫或乘人之危的情形，认定为有效协议。故申请人要求被申请人支付加班工资的请求事项，本委不予支持。

李某不服仲裁裁决，起诉到法院。一审法院经审理认为，协议书约定为协议双方对权利义务的自由处分，不违反法律规定。原告亦未提供该所签协议书存在欺诈、胁迫或者乘人之危情形。原告主张因原告家庭困难，被告所支付的款项为经济补助金，与原告所主张的加班费没有任何关联性，显然违背了协议书缔约目的。本案原告已于2016年10月13日在被告处离职，此时，被告已不具备作为企业为困难职工排忧解难的职能，应视为双方对终止劳动关系的协议行为，且原告亦未有提供其他证据佐证其主张，故对原告的全部诉讼请求不予支持。双方所达成的协议书意思表示真实，应为有效。综上所述，依据《司法解释（三）》第十条之规定，判决驳回原告李某的全部诉讼请求。

一审判决作出后，李某上诉到二审法院，二审法官在庭审中对协议书的性质、经济救助金的名称以及14 800元是否包含加班费进行了调查询问。市容单位主张，双方签订的协议书是解决双方关于劳动报酬等在内的所有劳动争议的一揽子协议；协议使用经济救助金而没有使用经济补偿金的名称，是为事业单位下账，请拨款项之便；双方约定“本协议签订并履行后，双方之间不存在任何其他纠纷”，包含可能的加班费纠纷。庭审后，二审法官电话告知律师，协议书“(3) 甲方与乙方一致确认，本协议签订并履行后，双方之间不存在任何其他纠纷，乙方不得以任何理由和方式再向甲方主张任何其他权利，否则应全额退还甲方支付的经济救助金，甲方亦不再给予任何补偿”中“否则”之后的约定存在问题，否则之后的条款相当于重新赋予了乙方主张权利的权利。2018 年 9 月 19 日，二审法院以原判决认定基本事实不清，发回重审。

审理结果

二审法院发回重审后，原一审法院重新组成合议庭，通过普通程序进行审理，庭审过程中未再对协议书进行事实调查和询问，而是直接审理加班费争议。最终本案以调解方式结案，市容单位又向李某支付了 3 万元。

评析意见

本案有很多的争议点，本文就其中的两个焦点问题进行探讨。

第一，本案中协议书的签订主体是用工单位和劳务派遣员工，并且是以经济救助金而非经济补偿金的名义签订，是否适用《最高人民法院关于审理劳动争议案件适用法律若干问题的解释（三）》第十条之规定？

该问题也是李某的代理律师一直主张和强调的仲裁委员会和一审法院“法律适用错误”的原因。李某的代理律师认为：首先，《司法解释（三）》第十条规定的协议是用人单位与劳动者之间签订的，本案中的协议书是用工单位与劳务派遣员工之间签订的，因此不能适用《司法解释（三）》第十条；其次，前述《司法解释（三）》第十条规定的是“就解除或者终止劳动合同办理相关手续、支付工资报酬、加班费、经济补偿或者赔偿金等达成的协议”，而本案中协议书是就经济救助金达成的协议，不包含在上述所列争议范围之中。因此，该协议书缺乏法律依据，不应认定为有效。

仲裁机构和法院在裁决和判决分析中没有涉及这个问题。笔者同意该代理律师主张的仲裁委员会和一审法院适用法律（广义）错误的观点，但是不完全同意其理由，亦不同意其得出的结论。《司法解释（三）》第十条规定的协议主体的确是用人单位与劳动者。根据《劳动法》和《劳动合同法》的规定，与劳动者建立劳动关系的另一方为用人单位，劳务派遣单位为本法规定的用人单位，对劳动者履行用人单位的责任，以派遣形式接收劳动者的一方为用工单位。本案协议书的签订主体是用工单位与劳动者，从主体上，本案协议书不应当适用《司法解释（三）》第十条规定。但是，不适用《司法解释（三）》第十条规定，不意味着其没有法律依据。协议书签订时，李某已经辞职，其与人力资源公司、市容单位不再是劳动关系和劳务派遣关系，李某与市容单位属于平等的民事主体，因此，协议书应当适用《合同法》。至于协议书中约定的是经济救助金还是经济补偿金，抑或是其他名目，只要不存在合同无效、可撤销、效力待定的情形，就应当认定有效。

第二，本案协议书中设置的劳动者违约责任条款是否赋予了劳动者解除本协议书的权利？

二审发回重审时对一审法院的指导意见中，以及与市容单位沟通时，二审法官指出协议书（3）"……乙方不得以任何理由和方式再向甲方主张任何其他权利，否则应全额退还甲方支付的经济救助金，甲方亦不再给予任何补偿"中，"否则应全额退还甲方支付的经济救助金"给员工开通了一个出口，依据该条款员工可以再向单位主张权利。对于这个问题，我们可以将其分解为三个小问题。

1. 协议书（3）的约定是否具有法律效力？如果员工违反该条款，市容单位可否要求李某退回经济救助金？"以任何方式主张权利"的排除包括诉权的排除。诉权是指公民所享有的请求国家维护自己合法权益的权利，包括程序意义上的诉权和实体意义上的诉权。前者通常指起诉权（申请仲裁的权利）和应诉（仲裁）权，后者通常指胜诉权和实现强制执行的权利。无论哪种意义上的诉权，无法定事由均不得以排除。是故，协议书（3）的约定排除李某以起诉或者申请仲裁的方式主张权利的部分属于无效。如果李某起诉或者申请仲裁主张权利，市容单位要求退回经济救助金的将不能得到支持。但是，如果李某通过口头、书面的其他方式主张权利的，市容单位可以据此约定要求李某退回经济救助金。

2. "否则应全额退还甲方支付的经济救助金"能否理解为"如果乙方退还甲方支付的经济救助金，可以任何理由和方式再向甲方主张任何其他权利"？该问题很简单，用法律逻辑的语言翻译前半句为"如果乙方以任何理由和方式再向甲方主张任何其他权利，那么乙方应全额退还甲方支付的经济救助金"。这句话的逆否命题是"如果乙方没有全额退还甲方支付的经济救助金，那么乙方不得以任何理由和方式再向甲方主张任何其他权利"。从法律逻辑的角度推不出"如果退还甲方支付的经济救助金，乙方可以向甲方主张权利"。所以笔者认为，从法律逻辑的角度，二审法官的观点也无法自圆其说。

3. “否则应全额退还甲方支付的经济救助金”是违约责任条款还是解约条款？如果我们不那么严格按照法律逻辑来推演，按照一般人的理解，“否则应全额退还甲方支付的经济救助金”可以理解为“如果退还甲方支付的经济救助金，乙方可以向甲方主张权利”。这里的主张权利，笔者认为是属于程序意义上的主张，而非实体意义上的。因为司法权是法定的，不经仲裁或法院审判，谁也无权最终判定权利归属和责任承担。即李某可以申请仲裁或者向法院起诉，也可以退回经济救助金以其他方式向市容单位主张权利。但是笔者认为，协议书不因部分条款的部分无效而无效，也并不能因李某退回经济救助金而解除。其对市容单位和李某仍然有约束力。仲裁机构或法院在审理李某提起的劳动争议时仍然应当对协议书是否符合《合同法》的规定进行审理并作出裁决或判决。

（天津金诺律师事务所　徐丽媛）

43. 劳动合同确认无效后的处理

争议焦点

对于劳动合同确认无效前的劳动法范畴内的其他权益，劳动者主张的，人民法院是否应予支持。

基本案情

上诉人（原审原告）：郭某某

被上诉人（原审被告）：某出版社

郭某某原系湖北省某市区司法局工作人员，其公务员的身份一直保留至 2013 年 12 月 20 日，在 2004 年郭某某入职某出版社时其仍系公务员身份。

郭某某于 2004 年 7 月毕业于某大学，后入职某出版社。双方签有多份书面劳动合同。2009 年 1 月 1 日，某出版社读者服务部与郭某某签订劳动合同，双方均认可某出版社读者服务部相关权利义务由某出版社承继。

2013 年 8 月 27 日，某出版社拟与郭某某签订无固定期限劳动合同，并向其送达关于续签劳动合同的通知，郭某某在“本人是否愿意续签劳动合同”一栏中填写“迄今未有人找我协商，无法判断”。该劳动合同附件中注明郭某某如签订合同其每月应发工资为 5 788 元，但因郭某某未予以同意，故双方最终没有签订。某出版社以月工资 4174 元的标准发放郭某某工资至 2014 年 7 月，自 2014 年 8 月起停止发放。2015 年 1 月 6 日，某出版社在社领导和工会主席均在场的情况下当面向郭某某发出解除劳动关系通知书。郭某某因故向北京市西城区劳动人事争议仲裁委员会提出仲裁申请，仲裁委员会裁决双方继续履行劳动合同，某出版社支付郭某某 2014 年 8 月至 2016 年 3 月期间的工资 39 995. 98 元，某出版社支付郭某某 2014 年度应休未休带薪年休假工资报酬 5 757. 24 元。

郭某某不服仲裁裁定，提起诉讼。某出版社认可其未安排郭某某在 2014 年度休带薪年假，但主张郭某某 2014 年度应休年假 10 天，郭某某主张其应休年休假 15 天。郭某某主张季度奖、福利津贴但未向法院充分举证。

审理结果

北京市西城区人民法院经审理后认为，在建立劳动关系时，郭某某没有依据诚实信用原则向某出版社履行说明义务，告知其仍系公务员身份，使得某出版社作出了建立劳动关系的错误意思表示，郭某某之行为构成欺诈。双方之间的劳动合同因郭某某的欺诈行为而无效，某出版社据此解除劳动合同并无不当。

北京市西城区人民法院判决：(1) 确认某出版社与郭某某之间的劳动关系于 2015 年 1 月 6 日解除；(2) 判决生效之日起七日内，某出版社支付郭某某 2014 年 8 月至 2015 年 1 月 6 日期间的工资 21 637. 63 元；(3) 判决生效之日起七日内，某出版社支付郭某某 2014 年度应休未休带薪年休假工资 5 757. 24 元；(4) 驳回某出版社的其他诉讼请求；(5) 驳回郭某某的其他诉讼请求。

北京市第二中级人民法院判决：驳回上诉，维持原判。

评析意见

该案涉及法院认为劳动合同因存在《劳动合同法》第二十六条第一款规定的情形而被确认无效的后续处理问题。纵观《劳动合同法》，其中对于无效劳动合同履行过程中发生的劳动报酬与无过错方的单方解除权予以明确规定，而对于劳动合同被确认无效前的期间，在正常劳动关系前提下劳动者可享有的诸如未休年休假工资、加班费、病假工资、年终奖等应否予以支持，《劳动合同法》及相关司法解释对此均无回应。而司法实践中，劳动合同无效后劳动者主张除劳动报酬之外的其他权益的情形频频出现，因此，妥善处理此类问题，既有利于统一法律适用标准，也有利于增强司法结论的确定性，对于保护劳动者权益、指导用人单位的用工行为具有重要意义。

本案中，郭某劳动合同被确认无效后，其主张的未休年休假工资、年终奖及季度奖等，是否应予支持，成为本案的难点问题。就如何裁判，司法实践中现有两种截然相反的意见。一种是不予支持。而就不予支持的理由，实践中亦有两种不同观点。其一，依据民事合同无效理论，合同一旦被确认无效的，自始无效，当然无效，其间的权利义务应自动归于消灭。而对于劳动者已经付出的劳动，因劳动合同法中已作出明确规定，故可支持其劳动报酬，而对于劳动报酬之外的其他主张，因无明确法律依据作为支撑，故不应支持。其二，认为劳动合同被确认无效，劳动者与用人单位之前因提供劳动而产生的现实关系应被认定为劳务关系，故仅支持其劳务报酬。[①] 另一种意见则认为应予支持。笔者赞同后者，认为该观点更有利于保护劳动者权益、规范用人单位的用工行为。

（一）劳动合同无效与民事合同无效的理论依据不同

依据合同效力的相关理论，合同无效是“自始、当然、确定、永久”地无效，合同的无效意味着溯及既往地消灭合同关系。虽有学者提出了例外情形，如王泽鉴教授指出了在继续性合同场合的例外情况，即自始无效的例外在于继续性契约，如劳动契约、合伙契约。主张无效者，惟得向将来发生效力。[②] 继续性契约，尤其是雇佣及合伙，在业已进入履行阶段的情况下，应限制无效或撤销的溯及效力，使过去的法律关系不因无效或撤销而受影响。[③] 王泽鉴教授固然深刻洞察劳动关系有其本身独特之处，但笔者认为依其理论仅能解决如下两个问题：（1）劳动合同被确认无效后，将来不再发生效力；（2）劳动合同无效并不当然导致过去的法律关系无效。而实际生活中，不管因哪一方过错导致劳动合同的无效，劳动者已与用人单位发生具体而现实的关系。由此，新的问题随之而来，该已在现实中发生的具体关系应如何处理？“将来无效”是否真的有助于保护善意劳动者的权益？[④]

面对上述问题，考察传统民事契约法的效力理论，已不能为之提供有效的理论支撑。如欲妥善解决，即使无必要将传统民事契约理论的构架推倒重来，另起炉灶，但亦应结合劳动关系本身的特征及我国实际，在某种程度上突破合同效力理论的束缚方有解决问题的空间。《劳动合同法》第二十六条与《劳动法》第十八条关于无效合同的不同表述，正是突破的一种尝试。

---

① 见北京市海淀区人民法院（2019）京0108民初12091号民事判决书。

② 王泽鉴. 民法总则［M］. 北京：中国政法大学出版社，2001：482-483.

③ 王泽鉴. 债法原理［M］. 北京：中国政法大学出版社，2001：133.

④ 笔者注：我国属于劳动力过剩的国家，当前劳动者在劳资力量对比中处于弱势地位，如果因用人单位的过错导致劳动合同的无效，视为“将来无效”，善意劳动者的收入来源、就业机会无疑会受到影响，甚至会诱使用人单位故意为之，使劳动合同被确认无效后以逃避相应责任。

再结合《劳动合同法》第二十六条第二款、第三十八条第一款第五项、第三十九条第五项的规定，应可明确：人民法院对于劳动合同的效力采取“被动确认”模式；即便劳动合同经确认无效，如无过错一方未提出解除的，其现实关系并不当然结束（终止或解除）。上述结论无疑与民事契约之“自始无效”“将来无效”等理论有所区别，但却有其优势，劳动关系具有人身性和持续性等特征，赋予无过错方单方解除权，由善意当事人结合实际自由选择有利于己的处理方式，其与民事契约领域中的可撤销制度实有同工之妙。而撤销权系形成权，受限于除斥期间，一旦未及时行使就宣告消灭，劳动关系所具有的延续性与除斥期间的有限性无疑是矛盾的，从这个角度来看，无过错方的解除权更能在现实关系的动态发展中，对善意当事人的权益予以保护。

（二）劳动合同无效与事实劳动关系

且由前述可知，劳动合同法中的劳动合同无效制度与民事合同无效有着全然不同的理论路径，其处理机制上自然也有所区分，不能照搬民事契约理论中的“恢复原状”“返还财产”等方式。要解决“劳动合同无效，劳动者主张除劳动报酬之外权益”的问题，首先面对的就是如何定性劳动合同被确认无效前的现实关系。

目前学界的主流观点是参照国外的司法实践经验。如王全兴教授撰文指出，德国司法中确定事实劳动关系的存在及《瑞士债法典》关于假定有效的劳务合同的规定①；沈建峰教授在其文章中指出，“事实劳动关系实际上是指在劳动合同无效、而劳动者已经提供依附性劳动时当事人之间因法律规定而生的劳动关系……根据以上事实劳动关系的界定，梳理我国现行法，首先，可以明确的是在劳动合同根据《劳动合同法》第二十六条第一款的规定而无效时，可以产生的事实劳动关系”②。但事实劳动关系非劳动法中的立法概念，且根据《劳动部关于贯彻执行〈中华人民共和国劳动法〉若干问题的意见》第 82 条规定的内容来看，事实劳动关系反倒更倾向为因缺乏订立劳动合同的形式要件而成立的劳动关系，故而直接将劳动合同被确认无效前的现实关系认定为事实劳动关系仍缺乏有力的法律依据。对于本案，如果直接将劳动合同确认无效前的现实关系认定为事实劳动关

① 王全兴，黄昆．劳动合同效力制度的突破和疑点解析［J］．法学论坛，2008（2）．

② 沈建峰．论事实劳动关系的解除［J］．中国劳动，2015（12）．

系，依据事实劳动关系来予以处理，可能还会产生“视为签订无固定期限劳动合同”类似问题。

（三）劳动合同与具体而现实的权利义务关系相分离

首先，《劳动合同法》第七条规定：“用人单位自用工之日起即与劳动者建立劳动关系。”第十条第三款规定：“用人单位与劳动者在用工前订立劳动合同的，劳动关系自用工之日起建立。”由此可知，劳动关系的建立与劳动合同订立时间并不一致，二者存在一定程度的分离。签订书面劳动合同，系出于更好地保护劳动者权益的目的，且有助于明晰双方的权利义务。

其次，《劳动合同法》第二十六条第二款规定了劳动合同无效的确认问题，第三十八条、第三十九条中则明确了无过错方的单方解除权。据此新的问题随之而来，双方之间的劳动合同确因存在《劳动合同法》第二十六条第一款的情形而被确认无效，但无过错一方并未主动行使单方解除权，双方的权利义务在确认无效后至最终解除之前，如何定性？由此问题不难得出结论，劳动合同法的立法明显将“劳动合同”的效力与基于劳动合同而开始的现实关系予以分离，否则赋予无过错方单方解除权的规定便无任何意义。

综上所述，笔者认为，上述期间的权利义务关系与劳动合同确认无效前的现实关系本质上并无差别（如无特殊介入因素）。作为触发劳动关系开始的劳动合同被确认无效，现实中具体的权利义务关系并不必然随着劳动合同的无效而归于无效或发生变化。换言之，劳动者与用人单位之间基于劳动合同被视为有效（劳动合同被确认为无效前）期间所产生的权利及义务，在劳动合同被确认无效后至解除之前，如无特殊情况（如法律明确规定①），双方的权利义务可得以延续。

除此外，无论导致劳动合同无效的过错在于哪一方，劳动者均在用人单位的管理下付出了依附性的劳动，且用人单位从劳动者的劳动中获得了剩余价值。而这一点，并不随着劳动合同的效力而发生任何变化，用人单位基于其获益应认真履行其作为用工主体应承担的义务。

本案中，郭某某因在订立劳动合同时隐瞒自己系公务员身份的信息，致某出版社违背真实意思与其订立劳动合同，符合《劳动合同法》第二十六条第一款第

---

① 《劳动合同法》第二十八条规定：“劳动合同被确认无效，劳动者已付出劳动的，用人单位应当向劳动者支付劳动报酬。劳动报酬的数额，参照本单位相同或者相近岗位劳动者的劳动报酬确定。”

一项规定的情形，郭某某与某出版社订立的劳动合同被法院确认为无效。而对于郭某某劳动合同被确认无效前的主张，如工资、未休年休假工资、年终奖、季度奖等，法院除支持郭某某的劳动报酬主张外，对于其年休假工资的请求亦予以支持。而其他未予支持的请求，法院也非简单地以劳动合同被确认无效作为理由而驳回，其处理思路恰恰就是就双方现实关系中的权利义务，并不因劳动合同被确认为无效而发生变化。考察法院的“本院认为”部分可知，对于郭某某的各项请求，法院均系参照健康有效劳动关系情形下的认定标准，依据证据和事实进行具体的认定。

（北京市第一中级人民法院　张江南）

44. 试用期内用人单位以“不符合录用条件”解除劳动合同时录用条件的认定及证明

争议焦点

1. 工作态度积极与团队关系合作良好等柔性条件应否认定为本案录用条件；
2. 对于不符合柔性录用条件的举证，是否有必要提供客观充分证据。

基本案情

申请人：左某

被申请人：外资企业M公司

左某于2018年5月21日与M公司签订劳动合同，劳动合同期限为3年，试用期为6个月，至2018年11月21日结束，岗位为操作工。2018年6月29日，M公司认定左某不符合其所在岗位职责要求，不符合录用条件，经与左某沟通协商无果后，单方解除左某劳动合同，并以多种方式通知左某本人。左某不服，向当地劳动争议仲裁委员会申请仲裁，要求支付违法解除赔偿金。

仲裁期间，M公司陈述：左某入职一个月后，左某的培训老师及其所在班组人员反馈，左某工作态度消极、抱怨较多，存在沟通困难、与同事合作不顺畅等问题。部门主管与其沟通后，左某无法认识到存在的问题并仍持续抱怨。就其班组反应情况，2018年6月26日M公司人力资源部门向与其有工作接触的12人，包括本班组及其他班组有业务接触的人员发放了调查问卷，就左某学习态度、工作态度、与班组内同事合作、与班组间同事合作、与主管工作关系及工作规范等方面向相关员工调查，得到12份调查反馈表。根据调查表显示，相关人员反馈左某工作态度消极，与其他相关同事关系评价较为不好；同时，有部分人员在调查表中反馈左某在工作中有多种违反公司操作规范的情形。左某所在部门作出试用期内员工工作评价，判定左某五项考核内容不合格，M公司据此认定左某不符合录用条件。在此情况下，经与左某沟通协商无果后，征得工会同意，M公司于2018年6月29日解除左某劳动合同，

就上述情况，M公司提供了劳动合同、职务说明、GMP和SOP操作规范及培训记录、相关员工填写的员工工作表现评估调查表、主管出具的试用期内员工工作评价、证人证言、工会会议纪要等证据。

左某对劳动合同、职务说明、操作规范及培训记录、工会会议纪要真实性无异议，对其他证据的真实性不认可，并且抗辩称员工工作表现评估、员工工作评价均系他人主观臆断，证人证言并非直接证据，且证人与M公司存在利益关系，M公司未提供客观证据证明其存在试用期不符合录用条件的情形。

审理结果

仲裁委员会认为，被申请人以申请人多次违反GMP和SOP操作规范，沟通能力差等不符合录用条件为由与申请人解除劳动合同，但对此仅提交了其他员工对申请人的工作评价以及证人证言为证，申请人对上述证据均不认可，被申请人亦未提交其他证据佐证申请人客观上存在违反操作规范等不符合录用条件的事实。在此情形下，被申请人仅依据其他人员的评价，以申请人在试用期不符合录用条件为由解除劳动合同，有失妥当。对被申请人系合法解除的主张不予采信，裁决被申请人依法支付申请人违法解除劳动合同赔偿金。

本案为仲裁终局裁决案件，双方均未起诉或申请撤销。

评析意见

本案仲裁裁决用人单位败诉，主要理由是用人单位未提供客观证据证明左某不符合录用条件。笔者认为，针对此仲裁此裁决结果，对录用条件是什么及录用条件证明标准等问题需要深入探讨。

（一）工作态度积极与团队关系合作良好等柔性条件应认定为录用条件

关于录用条件，《劳动合同法》中仅有一条提及，即第三十九条“劳动者有下列情形之一的，用人单位可以解除劳动合同：（一）在试用期间被证明不符合

录用条件的……”至于录用条件可以包含哪些条件，录用条件合理性标准是什么以及不符合录用条件证明标准是什么等问题，均交给了劳动关系双方自由约定及仲裁司法机构裁量，可以说给实务留出了巨大的自治空间。

在实务中，用人单位在拟定录用条件时，大体涵盖两类条件：一类是学历、工作经历、业绩指标和违纪违规行为等有明确标准、可以通过客观事实等进行评估、证明或测量的情形，我们称为刚性条件；另一类包括具有团队合作精神、敬业精神，具有良好的沟通能力，符合公司文化等不具有明确标准的条件，我们称为柔性条件。笔者认为，柔性条件不违反法律的规定，而且在企业人力资源管理中至关重要，如果双方有约定，应作为录用条件予以认定。《天津法院劳动争议案件审理指南》（津高法〔2017〕246号）第24条规定，“用人单位以劳动者在试用期内被证明不符合录用条件为由解除劳动合同，并同时符合以下条件的，应予支持：（1）用工之前已经向劳动者告知录用条件；（2）录用条件应当符合劳动合同目的，与工作岗位、工作能力相联系，不存在设定明显不能完成的、超过一般劳动者平均水平的条件，不存在歧视性条件，不违反法律法规的规定……”笔者认为，上述规定对录用条件的理解和设定是合理的，应当予以参考适用，而根据该文件，柔性条件也理应包含在录用条件内。

就本案而言，仲裁裁决对本案录用条件是什么并没有给予明确认定。笔者认为，根据双方签订的劳动合同关于“在试用期内，如乙方具备条件之一，甲方可认为其不符合录用条件，解除本合同。（1）技能考核不合格，不符合所在岗位要求；（2）不能按照所在岗位的职责完成劳动或工作任务……”的规定，在认定录用条件时，要具体依据岗位要求和岗位职责确定。而根据左某签字的职务说明，要求劳动者“要热情、开放、真诚地参与团队合作”，“以积极的态度对待工作，热情地对待团队，与同事保持良好的关系”。所以，笔者认为，本案中劳动者“以积极的态度对待工作，热情地对待团队，与同事保持良好的关系”等柔性条件，应当认定为左某与公司确认的录用条件。

仲裁裁决关于“被申请人以申请人多次违反GMP和SOP操作规范，沟通能力差等不符合录用条件为由与申请人解除劳动合同”的表述，似乎认定了沟通能力差作为了公司解除劳动合同的录用条件之一。但是，在本案审理过程中以及在仲裁裁决中，仲裁员更多是考虑将“左某违反公司GMP和SOP操作规范”作为审理的重点，以是否就此点提供充分的客观证据作为裁决依据。然而，从M公司答辩内容及M公司解除左某劳动关系的原因来看，公司是以左某态度消极、不能与同事良好沟通并建立良好合作关系为由解除劳动合同，至于违反相关操作规范是员工工作表现评估调查表反映出来的一些问题，而不是M公司解除劳动合同的主要原因。而仲裁员在审理过程中，着重审查该部分而对员工的沟通与团队关系问题没有审查，实际上避重就轻偏离了本案的争议焦点。

（二）关于录用条件的证明标准

根据《劳动合同法》第三十九条规定，在试用期间被证明不符合录用条件的，用人单位即可与劳动者解除劳动合同。《劳动合同法》的这一规定也是延续了《劳动法》第二十五条的相同表述。这里“被证明”需要达到的标准是什么？

关于不符合录用条件的证明要达到什么样的标准，司法实践中，主要有以下三种做法。

第一种，需要提供客观且充分的证据证明员工有事实或行为不能达到录用条件，否则用人单位败诉，显然本案采取的是此种证明标准。

第二种，用人单位需要对不符合录用条件的事实提供证据予以证明，但是证明标准低于试用期届满后。

第三种，根据劳动者不符合录用条件的事由确定证明标准。对于有明确客观依据如学历不符、违规违纪等，用人单位提供证据证明，证明标准低于试用期届满后；对于其他没有明确评估标准或数据需要用人单位评估的如柔性条件等，用人单位需提供评估或考核证明，说明理由。

对于本案的证明标准问题，仲裁员回避以柔性标准的认定和证明裁判本案，将“客观”“充分”的证明标准适用于本案，将用人单位对相关员工的调查表和用人单位的试用期评估报告均视为主观证明，导致用人单位未能提供客观证据，这是本案用人单位败诉的主要原因。笔者认为，本案仲裁员对本案证明标准的掌握并不符合立法本意，也缺乏合理性和可操作性。

其一，关于试用期在劳动合同法中的重要意义和作用。《劳动合同法》整体上采取的是长期稳定劳动关系的立法思路。自劳动关系建立后，用人单位除第一次劳动合同到期终止和法定解除条件外，用人单位须保持长期甚至终身的合同关系。为了保证劳资双方的适应性、促进效率，法律机制上必须给双方在试用期期间充分的双向选择的机会，也就是相对自由的解除劳动合同的权利。因此，《劳动合同法》规定在试用期内劳动者提前3日通知可以解除劳动合同，期限上远低于试用期满后辞职的30日。在用人单位解除劳动关系环节，《劳动合同法》设置了“证明”和“不符合录用条件”两个条件，笔者认为，根据《劳动合同法》本意以及为保证劳动关系的稳定和谐，这里的“证明”也不应当给用人单位严苛的标准。

《北京市高级人民法院、北京市劳动人事争议仲裁委员会关于审理劳动争议案件法律适用问题的解答》第11条规定，“就劳动者是否符合录用条件的认定，在试用期的认定标准可适当低于试用期届满后的认定标准”。上述规定充分考虑了试用期解除的特殊性，降低了试用期不符合录用条件的证明标准，存在极大合理性。

其二，关于柔性条件的证明问题。在实务案例中关于柔性条件的证明是个难题。首先，柔性条件本身就没有客观标准，比如说团队合作精神，哪些行为被评定为具有团队合作精神，哪些行为被评定为不具有团队精神，这在不同用人单位、不同工作环境下会有很大差异性。其次，这些条件大多是处于一种人们的思维或评价，或者发生在人与人之间比较微妙的关系中，难以取得客观证据。比如，本案中左某被反映工作态度消极，与他人沟通时很多抱怨，这些都是员工间私密行为反应，取证难度很大，这种对于态度和关系的理解大多来源于评价者或者其他人员的个人感受。然而，柔性条件相符性对于现代企业来讲又是至关重要的，即使业绩再好，工作成果再强，如果缺乏相应柔性条件，可能也不适合公司团队作战或长期的人才需求。因此，基于上述情况笔者认为，对于因为柔性条件不符合录用条件的，证明表征更应放低，只要公司作出评价并且能够对不符合录用条件的原因进行说明即可。最后，还需要说明的一个问题是，为了避免用人单位确实存在证明条件低而损害劳动者权益的情形，要在司法实践中给予仲裁员或法官以一定裁量权，对用人单位认定劳动者不符合录用条件是否具有合理性进行综合判断，即综合多方面因素，确定用人单位的认定符合工作目的、不存在歧视性或针对性等。

综上，笔者倾向于在司法实践中采用第三种思路处理不符合录用条件证明的问题。

（金诺律师事务所　赵金霞）

45. 劳动合同解除是否合法的认定

争议焦点

某科技公司再次单方解除劳动合同是否合法。

基本案情

原告：刘某

被告：某科技公司

刘某于2014年1月6日入职某科技公司，双方签订无固定期限劳动合同。某科技公司于2016年3月29日向刘某送达了提前解除劳动合同通知书，决定与刘某解除劳动合同。2016年6月13日，刘某向北京市海淀区劳动人事争议仲裁委员会提起仲裁申请，要求撤销某科技公司解除决定，并要求某科技公司支付其2016年5月1日至6月13日期间工资及2015年年终奖金等。仲裁委员会于2016年8月8日作出裁决：(1) 撤销某科技公司向刘某作出的提前解除劳动合同通知书，继续履行劳动合同；(2) 某科技公司向刘某支付2016年3月工资差额9 300元；(3) 某科技公司向刘某支付2016年4月工资差额3 797.50元；(4) 某科技公司向刘某支付2016年5月1日至6月13日期间工资28 275.86元；(5) 某科技公司向刘某支付2014年6月14日至12月31日期间未休年假工资14 712.64元；(6) 驳回刘某其他仲裁请求。该裁决于2016年8月15日送达双方。刘某不服该裁决向法院起诉。

某科技公司主张，2016年8月18日及8月19日公司员工何某两次向刘某进行电话沟通，在2016年8月19日的电话中何某通知刘某回公司上班。刘某于2016年8月19日前往日本，直至2016年8月31日回国。2016年8月18日、8月26日，某科技公司分别两次通过EMS邮政快递向刘某邮寄了备注显示为“上班通知”的邮件，两份邮件均被退回，退回原因为“人已他往”。2016年9月9日，某科技公司在新京报上刊登了公告，主要内容为某科技公司收到仲裁裁决后通过电话、寄信方式向刘某通知返岗，但刘某并未到岗，已旷工10天，现通知刘某至公司办理相关手续，否则将承担一切法律责任。就上述主张某科技公司向法院提交录音证据、快递投递查询单及报纸。刘某对通话录音的真实性予以认可，但表示8月18日来电者告知要发送上班通知书，但并未实际发送，且对来电者的身份无法核实，认为来电者的口述内容无法代表公司意志。

刘某表示，何某于2016年8月18日电话中通知其向办公室交回自己的计算机，并未通知其上班，其认为此电话表明某科技公司对裁决结果不服；次日何某通知其回公司上班时，其已在机场，准备去日本，且当时仲裁裁决并未发生法律效力、某科技公司另有起诉的可能，因此其认为当时某科技公司并非真正有与其继续履行合同的意愿，故其按照既定行程飞往日本。回国后其又第一时间向某科技公司领导询问公司对前次争议的想法，并于2016年9月18日至公司当面与多位领导沟通；当天公司领导明确表示愿意其回公司上班，具体如何实施让其回家等待通知。但某科技公司却于2016年9月22日法院开庭审理时向委托诉讼代理人表示再次与其解除劳动合同关系的意愿，其代理人无权代表其接受解除决定的授权，不能视为其当时已经收到解除决定；公司又于2017年5月18日送达解除决定，其认为该时间方为解除决定有效的送达时间。刘某认为某科技公司在其出国期间故意发出返岗通知，系故意知道其无法接受返岗通知的结果，表面上答应继续履行劳动合同，实则并无继续履行的意愿，双方劳动关系状态直至二审判决作出后才有定论，在此之间某科技公司不具有解除权，故刘某认为该解除属于某科技公司又一次违法解除双方劳动关系。

另查，某科技公司对刘某作出解除劳动关系的制度依据为2014年5月22日经职工代表大会表决通过的《某科技公司考勤及休假管理办法（暂行）》，刘某表示不知晓该办法。但刘某在前次劳动争议案件仲裁审理过程中表示知晓某科技公司相关制度内容。

刘某以要求撤销解除劳动合同通知书、继续履行劳动合同、某科技公司支付其2016年6月14日至2017年7月31日期间工资为由向北京市海淀区劳动人事争议仲裁委员会提起仲裁申请。仲裁委员会裁决：（1）某科技公司向刘某支付2016年6月14日至2016年8月18日期间工资48 637.93元；（2）驳回刘某的其他仲裁请求。刘某不服该裁决，向法院起诉。

审理结果

一审法院认为，某科技公司在 2016 年 8 月收到仲裁委员会裁决书后，电话通知刘某认可仲裁裁决撤销解除劳动合同决定，继续履行劳动合同；刘某虽在本次案件审理过程中表示不知悉打电话人员身份，无法知悉来电者是否代表公司意志，但从录音中可以体现出来电者明确告知公司收到仲裁裁决，并同意履行合同，要求刘某返岗。刘某虽不认可仲裁案件中对于其主张奖金及年假工资的裁决事项，并向法院起诉，但刘某接到公司通知认可仲裁裁决，并要求其返岗的意思表示后，也理应采取必要的措施，防止损失的扩大，此时应尽到劳动者的义务，向公司提供劳动，刘某却仍旧未能到岗而是前往日本，直至 2016 年 8 月 31 日才回国，其行为应属旷工。某科技公司依据经过职工代表大会讨论通过的规章制度作出与刘某解除劳动合同的通知并送达本人，其解除行为事实充分、程序合法。鉴于此，法院对刘某要求撤销解除劳动合同通知书、继续履行劳动合同的请求不予支持。依照《劳动合同法》第三十九条之规定，判决：（1）某科技公司于本判决生效之日起十日内向刘某支付 2016 年 6 月 14 日至 2016 年 8 月 18 日期间工资 48 637.93 元；（2）驳回刘某其他诉讼请求。

刘某上诉请求撤销一审判决第二项，改判：（1）撤销某科技公司 2017 年 5 月 18 日送达的关于劳动合同解除及《解除劳动合同通知书》送达有关事宜的函，双方继续履行劳动合同；（2）某科技公司向刘某支付自 2016 年 6 月 14 日至实际支付工资之日止的工资。二审期间，刘某提交行程单，用以证明其在 2016 年 8 月 13 日就预订机票在 2016 年 8 月 19 日带孩子去日本就医，并不是临时安排的行程。某科技公司质证意见对行程单的真实性没有异议，对证明目的不予认可。

二审法院判决：驳回上诉，维持原判。

评析意见

（一）用人单位与劳动者解除劳动合同，双方发生争议，在仲裁及诉讼期间，用人单位能否再次与劳动者解除劳动合同

一般来说，用人单位与劳动者解除劳动合同，无论用人单位是合法解除还是违法解除，当用人单位解除劳动合同的意思表示到达劳动者时，用人单位不能再次与劳动者解除劳动合同，这是从用人单位解除劳动合同的时间点来说的，此时用人单位不能变更其解除理由。但《劳动合同法》第四十八条规定，用人单位违反本法规定解除或者终止劳动合同，劳动者要求继续履行劳动合同的，用人单位应当继续履行；劳动者不要求继续履行劳动合同或者劳动合同已经不能继续履行的，用人单位应当依照本法第八十七条规定支付赔偿金。据此，用人单位违法解除或者终止劳动合同时，劳动者享有选择权，如果劳动者选择继续履行劳动合同，则可能由于新的事实出现，导致用人单位再次与劳动者解除劳动合同。问题在于，用人单位与劳动者解除劳动合同，双方发生争议，在仲裁及诉讼期间，用人单位能否再次与劳动者解除劳动合同。

有一种观点认为，在仲裁及诉讼期间，由于没有生效的仲裁裁决或者法院判决，用人单位与劳动者之间是否应当继续履行劳动合同还不确定，此时用人单位无权再次与劳动者解除劳动合同。本案中，上诉人刘某一方即持此种观点。笔者认为，该观点有失偏颇，用人单位与劳动者之间是否应当继续履行劳动合同当然需要生效的仲裁裁决或者法院判决确认，但由于仲裁程序及诉讼程序本身固有的周期，不排除用人单位在此之前已同意或接受继续履行，此时对用人单位的该种权益应予以保障。首先，根据《劳动合同法》第四十八条规定，尊重劳动者意愿，优先保障继续履行，使劳动关系“恢复原状”，如果用人单位对继续履行持同意或接受态度，应予肯定。其次，参照《北京市高级人民法院、北京市劳动争议仲裁委员会关于劳动争议案件法律适用问题研讨会会议纪要》第24条规定，“用人单位作出的与劳动者解除劳动合同的处理决定被劳动仲裁委或人民法院依法撤销后，如劳动者主张用人单位给付上述处理决定作出后至仲裁或诉讼期间的工资，应按以下原则把握：(1) 用人单位作出的处理决定仅因程序方面存在瑕疵而被依法撤销的，用人单位应按最低工资标准向劳动者支付上述期间的工资；(2) 用人单位作出的处理决定因在实体方面存在问题而被依法撤销的，用人单位应按劳动者正常劳动时的工资标准向劳动者支付上述期间的工资”，应允许用人单位从减少损失角度接受继续履行。最后，在用人单位及劳动者都同意继续履行劳动合同的情况下，仲裁裁决或者法院判决未生效系由于双方对争议的其他事项有不同意见而导致，不能认为用人单位与劳动者之间是否应当继续履行劳动合同还不确定。综上，用人单位与劳动者解除劳动合同，双方发生争议，在仲裁及诉讼期间，用人单位与劳动者均同意继续履行的，即使仲裁裁决或者法院判决未生效，由于新的事实出现，用人单位可以再次与劳动者解除劳动合同。

（二）返岗通知的形式要求及效力

在审判实务中，无论是用人单位同意继续履行还是生效判决确定继续履行，都存在返岗通知的形式要求及效力问题。由于法律对此并无明确规定，实践中的做法并不一致。有的观点认为，返岗通知应当以书面通知的形式送达劳动者；有的观点则认为对返岗通知，法律并未规定必须采用书面形式，故口头形式也应允许。

笔者认为，根据规定，用人单位作出的处理决定因在实体方面存在问题而被依法撤销的，用人单位应按劳动者正常劳动时的工资标准向劳动者支付上述期间的工资。由于有利益关系的存在，笔者发现，实践中用人单位通知劳动者越来越困难，有的是联系不上劳动者，有的是劳动者拒收快递。为了尽快恢复劳动关系，在法律没有明确规定的情况下，不应对返岗通知的形式予以限制，即用人单位可以采用书面通知的形式，也可以采用电话、短信、微信等形式，但应当确保劳动者知悉。

本案中，某科技公司在仲裁裁决作出后，未向法院起诉，同意继续履行，并于 2016 年 8 月 19 日通过电话明确告知刘某某科技公司收到仲裁裁决，同意继续履行劳动合同，要求刘某回公司上班，并告知刘某不按时上班，将按照某科技公司考勤及休假管理办法处理。而刘某在接到通知后，并未告知某科技公司其行程安排或是向某科技公司请假，而是前往日本直至 2016 年 8 月 31 日回国，该行为已属旷工。故某科技公司有权再次与刘某解除劳动合同。

（北京市高级人民法院　张稚侠

北京市第一中级人民法院　何锐）

46. 离职证明的法律性质及其对劳资双方的约束力

争议焦点

劳动关系解除/终止确认书的法律性质及其约束力。

基本案情

上诉人（原审原告）：北京某体育公司

被上诉人（原审被告）：王某某

2018年4月28日，北京市石景山区劳动人事争议仲裁委员会对王某某与北京市体育公司劳动争议案作出裁决，裁定自本裁决书生效之日起七日内，北京某体育公司支付王某某2018年2月1日至2018年2月28日基本工资954.55元，未签订劳动合同二倍工资差额33 561.29元，驳回王某某其他仲裁申请。仲裁裁决作出后，王某某认可仲裁裁决。北京某体育公司不服仲裁裁决，向法院提起诉讼。

北京某体育公司认可双方自2017年5月27日至2018年2月28日期间存在劳动关系，认可在劳动关系存续期间双方未订立书面劳动合同，认可未发放王某某2018年2月及3月工资。就未订立书面劳动合同一项，北京某体育公司主张其曾多次找王某某订立劳动合同，王某某均拒绝订立，因此未订立书面劳动合同的责任在王某某。王某某对北京某体育公司的该说法不予认可。就王某某的月工资标准，双方主张不一。王某某主张工资每月分两笔发放，分别标注为工资和报销款。对此，王某某提交了中国光大银行交易明细，该明细显示，王某某自2017年8月4日收到6月份工资起，每月收到两笔转账，一笔注明为工资，一笔注明为报销款；工资和报销款一直发放至2018年1月，从2017年10月起每月发放的报销款金额均为1 500元。北京某体育公司对王某某的主张不予认可，主张报销款是公司对员工因工作发生的相关费用的报销款，不应被视为工资。就此，其提交了工资薪酬明细表，该明细表中没有领取者的签字。

北京某体育公司主张，王某某离职时与公司签订了劳动关系解除/终止确认书，注明双方工资已结清，无其他经济纠纷或劳动争议，因此公司不应再另行支付王某某工资及未签劳动合同的二倍工资差额。北京某体育公司向一审法院提交了劳动关系解除/终止确认书，内容为："王某某原为北京某体育公司球队事务，因个人原因提出辞职，双方于2018年3月5日解除劳动关系。王某某工资已结清，无其他经济纠纷或劳动争议。"王某某在该确认书上签名。

审理结果

一审法院认为，对于工资标准，北京某体育公司每月通过银行转账方式支付王某某工资及报销款，报销款周期固定且数额基本固定，北京某体育公司未提交证据证明报销款系同王某某岗位匹配的因工作需求发生的实际费用的报销补偿，故认定王某某的工资标准为每月工资加报销款的实发金额。北京某体育公司提交的工资薪酬明细表没有劳动者签字，且与查明的事实不符，故不予采信。

北京某体育公司认可2018年2月、3月未发放王某某工资，但双方劳动关系存续至2018年3月5日，故北京某体育公司应发放王某某2月、3月工资。故北京某体育公司主张无须支付2018年2月1日至2月28日基本工资954.55元的主张，缺乏事实和法律依据，不予支持。

北京某体育公司未与王某某签订劳动合同，故自王某某入职后一个月即2017年6月27日起至2018年2月28日（3月5日）北京某体育公司应支付其未签订劳动合同双倍工资差额，北京某体育公司主张无须支付未签订劳动合同二倍工资差额的主张，缺乏事实和法律依据，不予支持。

双方虽签订劳动关系解除/终止确认书，但北京某体育公司认可2018年2月、3月未发放王某某工资，和解协议未实际履行完毕，且北京某体育公司违反了法律和行政法规的强制性规定。故北京某体育公司主张因双方已签订劳动关系解除/终止确认书，不应再另行支付工资及未签劳动合同二倍工资差额的主张，缺乏事实和法律依据，不予支持。

一审法院判决：(1) 北京某体育公司于判决生效后七日内支付王某某2018年2月1日至2月28日基本工资954.55元；(2) 北京某体育公司于判决生效后七日内支付王某某未签订劳动合同双倍工资差额33 561.29元；(3) 驳回北京某体育公司的全部诉讼请求。

二审法院认为，对于王某某的工资标准，一审判决通过对比王某某提交的银行交易明细和北京某体育公司提交的没有王某某签字的工资薪酬明细表的证明效力认定王某某的月工资标准，该认定符合民事诉讼法规定的举证规则，本院予以确认。

劳动者提供劳动，用人单位应支付工资，北京某体育公司认可2018年2月份未发放王某某工资，又没有证据证明其2月份未提供劳动，故北京某体育公司应支付相应的工资。

北京某体育公司未与王某某订立书面劳动合同，其虽主张原因在于王某某拒绝订立书面合同，但并未提供证据证明该主张，故其应支付相应的未订立书面劳动合同二倍工资的差额。

关于劳动关系解除/终止确认书，其法律效力只是北京某体育公司制作的证明劳动关系解除的书面格式化材料，它既非双方间处分债权债务的协议，亦不应被理解为王某某放弃权利的单方承诺。王某某虽然在该确认书上签字，但该签字只能起到确认双方劳动关系解除的证明效力，而不能由此推定王某某作出了放弃向公司主张债权的意思表示。根据查明的事实，北京某体育公司既未与王某某结清工资，亦未向其支付未订立书面劳动合同期间的二倍工资，因此，上述劳动关系解除/终止确认书中载明的"乙方工资已结清，无其他经济纠纷或劳动争议"与事实不符，对王某某显失公平。

二审法院判决：驳回上诉，维持原判。

评析意见

本案在认定劳动者的工资标准以及未订立书面劳动合同的原因等几个事实问题上，一审、二审法院遵循民事诉讼法及其司法解释规定的举证证明责任，正确适用劳动合同法的相关法条，在此不再赘述。

北京某体育公司就其无须支付相关款项所提的抗辩理由——王某某离职时与公司签订了劳动关系解除/终止确认书，注明双方工资已结清，无其他经济纠纷或劳动争议，因此公司不应再支付王某某工资及未签劳动合同的二倍工资差额——牵涉到实务中常见的劳动关系解除/终止确认书的法律性质及其约束力问题，因此值得探讨。

需明确的是，本案所涉劳动关系解除/终止确认书的法律性质到底为何？一审法院似乎认为其属于“用人单位与劳动者解除或终止劳动合同时，自愿签订的和解协议”。就该观点，笔者认为可以商榷。因为从本案查明的事实来看，没有证据显示双方在劳动合同解除之前发生过纠纷，进而诉诸和解；双方当事人也均未主张该确认书系一份和解协议。而从其内容看，其一是载明了王某某在北京某体育公司的工作内容，其二是写明了双方劳动关系解除的原因和时间，其三是声明王某某工资已结清，双方再无争议。显然，该确认书应是《劳动合同法》第五十条第一款提到的“解除或者终止劳动合同的证明”，也就是俗称的“离职证明”。

根据《劳动合同法》第八十九条的规定，用人单位未向劳动者出具解除或者终止劳动合同的书面证明的，不仅可能会被劳动行政部门责令改正，给劳动者造成损失的，还应当赔偿损失。《劳动合同法实施条例》第二十四条规定，用人单位出具的解除、终止劳动合同的证明，应当写明劳动合同的期限、解除或终止劳动合同的日期、工作岗位、在本单位的工作年限。由上述规定可见，首先，离职证明是一份证明，是用人单位依法应当向劳动者出具的书面证明，其功能是证明劳动者与原用人单位履行、解除或者终止劳动合同的情况，从而有利于劳动者与新的用人单位建立劳动关系。其次，用人单位为劳动者及时出具离职证明，是劳动合同法为促进和保障劳动者的就业而赋予用人单位的法定义务，用人单位违反该义务，可能会导致被责令改正、赔偿损失等法律责任的产生。

那么，鉴于实务中常见离职证明上落款处有劳动者签名确认，能否认为离职证明兼具处分权利的协议之性质，甚至是劳动者放弃权利的单方承诺呢？笔者认为不能作这样的认定，理由如下。

其一，正因为向劳动者出具离职证明被规定为用人单位的一项法定义务，所以离职证明原则上由用人单位单方制作，其具体内容并非经与劳动者协商一致达成，实质上是一种格式条款。因此，出于对自身利益的维护，用人单位在离职证明的内容上超出《劳动合同法实施条例》的规定，多列明诸如本案中“王某某工资已结清，无其他经济纠纷或劳动争议”这样隐含减轻或免除自身责任、替劳动者处分权利的条款，实属人之常情。而劳动者为了及时、顺利地与新用人单位建立劳动关系（现实中出于自我保护，绝大多数用人单位都要求劳动者携原用人单位出具的离职证明方能入职），在离职证明的内容上基本没有与用人单位协商、讨价还价的现实可能。因此，如果没有证据显示离职证明是劳资双方协商或者是劳动者主动承诺的产物，而裁判者仅因劳动者的签字就认定劳动者认可对其不利的、有处分权利性质的内容，将其理解成双方的合意甚至是劳动者的单方承诺，那么其负面效果就是用人单位只要让劳动者在离职证明上签字，就轻松地将本属于其法定义务的出具证明的行为，变成对其有利、可能对劳动者不利的手段了。这显然与《劳动合同法》第五十一条第一款和第八十九条的立法本意背道而驰，也等于变相引诱用人单位制作出有违诚实信用、与事实不符的离职证明。

其二，既然为劳动者出具离职证明被规定为用人单位的一项法定义务，那么出具离职证明的首要目的就只能是为了促进和保障劳动者的劳动权益，而不是为了保护原用人单位的利益。且劳动合同法也没有规定劳动者需要在离职证明上签字确认，之所以实务中常见离职证明上有劳动者签字，很大可能是应用人单位的要求所签，劳动者如果不签字，可能就无法从用人单位处领取离职证明。因此，对于劳动者签名的法律效果，原则上应解释为对其收到离职证明的一种确认，也就是签收的效果，而不能解释为劳动者就证明上载明的内容与用人单位达成了协议。否则，对劳动者而言，本来是权利，却变成了负担。例外就是有证据证明离职证明是劳动者与用人单位协商的产物，或者是劳动者主动作出的承诺的。

如上所述，基于劳动合同法的立法本意，原则上离职证明应是一份解除或者终止劳动合同的书面证明，而不是用人单位与劳动者达成的权利处分协议，更不是劳动者放弃权利的单方承诺。如果双方在之后发生的劳动争议中提举离职证明作为证据，对其上记载的相关内容，应做何认定？

笔者认为，正因为向劳动者出具离职证明是用人单位的一项法定义务，所以裁判者应当推定离职证明系由用人单位单方制作，除非用人单位提出反证推翻该推定。如果没有证据能证明离职证明是劳动者与用人单位协商的产物，或者是劳动者主动作出的承诺，则其属于一种用人单位在诉讼外的自认。如果之后发生纠纷，劳动者以其佐证对自己有利、对单位不利的主张，则用人单位可以提举反证推翻该自认；用人单位以其佐证对劳动者不利的主张时，如果劳动者否认，则用人单位仍需进一步举证来证明自己的主张。反之，如果有证据证明离职证明是劳动者与用人单位协商的产物，或者是劳动者主动作出的承诺，则离职证明兼具了权利处分协议的性质。

（北京市第一中级人民法院　吴博文）

劳动报酬与工时休假

在现代社会，劳动是人们赖以生存的手段，而劳动报酬则是劳动者提供劳动的回报，用以维持劳动者及其家庭成员的生活需要。通过劳动获取劳动报酬，是劳动者订立劳动合同、进入劳动关系最直接的目的和追求。我国现行法律通过多种途径对劳动者享有获得劳动报酬的权利予以保障，然而实际生活中，劳动者的劳动报酬获得权受到侵害的现象屡屡出现。民事层面：搜索劳动争议案件的裁判文书，其中涉及劳动报酬、工时休假的案件数量占比远高于其他类型的劳动争议案件。刑事层面：最高人民检察院发布的 2019 年度保护弱势群体办案数据显示，拒不支付劳动报酬案件数量同比上升 10.6%。在这个背景下，妥善依法依规保障劳动者的劳动报酬获得及休息休假权利，不仅是司法工作者的重要任务，也是全社会亟须面对、研究的课题。

当前，劳动者的劳动报酬获得及休息休假保障工作主要面临以下困难。

• 新手段的集中出现。总结过往案例，侵害劳动者劳动报酬的获得，传统方式主要包括：拖欠工资、主动离职不能获得年终奖金、加班事实举证困难、股东个人账户发放部分不作为基数计算经济补偿等情形。然而，近年来新情况不断向司法实践发起挑战。随着我国现代社会的快速发展、信息时代的扩张及对外交流程度加深，劳动报酬支付领域亦在不断发生变化，如与劳动者订立期权激励协议但以境外第三方公司期权作为标的、发放电子平台积分以替代部分工资等侵害劳动者劳动报酬获得权的新手段、新途径，纷至沓来。

• 法律制度不够全面。进一步梳理可以发现，我国目前关于劳动报酬获得权的相关法律制度还不够完善，如提成式报酬的效力及计算、加班工资基数的确定、待岗期间工资的支付、不定时工时制到期后有无加班费等问题，均无明确的法律规定予以规制，这导致实践中裁判标准不尽统一。

• 理论研究有待深入。劳动报酬与工时休假的研究领域繁杂细碎，涉及数个层面、多种主体，须从高处着眼、放手大局，进而再精雕细琢、条分缕析，方能有效指导实践工作。然而，当前学术界及社会上对于劳动报酬与工时休假的关注度不够，即使研究也仅就某一方面进行探索，未能从宏观入手。深入而富有成效的研究成果较少，且不能够及时转化为制度支撑，难能对司法实践工作作出前瞻性的指引。

为有效应对挑战，克服实践中遇到的困难，也为厘清分歧，统一裁判标准，本部分立足于大量第一手真实案例材料，深入分析案例背后的法律适用及所涉法理，深层次、多角度地挖掘新现象、新问题。通过对案例的条分缕析，一方面揭示当前社会上用人单位侵害劳动者劳动报酬获得权的新方法、新手段，进而提醒劳动者予以合理趋避，保障劳动报酬获得权益；另一方面，便于用人单位了解裁判思路，进而予以自我规制，避免因劳动报酬支付陷入诉讼活动而受到不利影响。同时，对于典型案例的分析，也能有效为其他类似案件提供思路、理论、裁判方法的借鉴，有助于理论研究和裁判标准的统一。

47. 股权激励是否属于工资收入

争议焦点

上市公司给予员工的限制性股票的股权激励收入是否属于工资收入。

基本案情

申请人：张某

被申请人：美国某公司在中国上海设立的独资公司

张某自2007年7月19日入职一家美国某公司在中国上海设立的独资公司(以下简称独资公司)，担任总监，2014年被提拔为高级总监，双方签订了无固定期限劳动合同。

2016年3月23日，独资公司认为张某在对外签订合同过程中存在违规行为，以严重违纪和严重违反规章制度为由向张某发出通知，决定于2016年3月25日解除与张某的劳动关系。张某于2016年4月12日申请仲裁，要求撤销该解除通知，并要求独资公司支付其自2016年3月26日起的工资损失。

张某在职期间，每月从独资公司领取固定薪酬和补贴。每年年底，独资公司还根据美国某公司的全球性股权激励计划，给张某在内的全球管理人员（仅在中国境内有将近2 000名员工）进行绩效评估，并根据评估结果分配可享有的美国某公司在美国上市的股票数额。根据美国某公司的股权激励计划，员工每年年底被分配的股票数额，分4年、每年分两次兑现，分别在每年的4月和10月。兑现后，由美国某公司自动将兑现的部分股票按当时的市场价格卖出，并按照中国政府的规定缴纳个人所得税，剩余部分存入托管账户，由员工根据行情自由决定买卖，买卖时不再缴纳个人所得税。

举例来说，2013年10月授权张某8 000股（年度奖励），分为8份，每份

1 000股，2014年4月和10月、2015年4月和10月，公司委托的证券公司自动卖出了450股左右，全额给张某交税了，张某虽然交了大额的个人所得税，但没有得到现金，得到的是剩下的550股/每份，计入其股票账户，这550股累计下来张某在2016年2月26日一次性卖出。

可以看出，2013年的8 000股（年度奖励），实际兑现了4 000股，剩下还有4 000股应当在2016年4月和10月，2017年4月和10月兑现，但是由于公司解除张某劳动合同，公司即不再支付。因为公司此激励方案是滚动式的，每年都在不断滚动兑现以前给付的年度奖励，比如说，2015年10月兑现的实际是2011年、2012年、2013年和2014年的1/8年度奖励。

美国某公司的股权激励计划同时规定，员工离职的，则剩余已分配尚未兑现部分股票将不再兑现。

审理结果

1. 关于违法解除。仲裁裁决和一审判决均认为张某非合同签订的唯一决策人，也不能认定张某存在违规行为，故判令独资公司的解除行为违法，支持张某继续履行劳动合同的请求。

2. 关于工资损失。仲裁裁决以张某提供的工资薪金类个人所得税倒推的工资标准加上个人所缴纳的社会保险费和住房公积金，裁决张某4个月的工资损失为3 057 287.64元，即每月70余万元。

一审法院经审理认为，张某的收入中有一部分个人股票期权所得，与用人单位须按月支付的劳动报酬有区别，故仅支持独资公司所认可的张某月薪15万元所对应的工资损失。

本案二审经过多轮谈判，最终调解结案。

评析意见

本案争议的焦点是上市公司给予员工的限制性股票的股权激励收入是否属于工资收入？可以从法律规定和司法实践两方面来分析。

（一）法律规定

从我国目前的法律规定来看，股权激励所得尤其是限制性股票收入是否属于工资存在一定的争议。

首先，从限制性股票的性质来看，根据《上市公司股权激励管理办法》规定，限制性股票是指激励对象按照股权激励计划规定的条件，获得的转让等部分权利受到限制的本公司股票。这里的“转让等部分权利受到限制”主要是授予后禁止一次性出售，需要分批解除禁售。

对于限制性股票的性质，劳动法律没有任何规定。从税法来看区分两部分处理。员工行权时，其从企业取得股票的实际购买价（施权价）低于购买日公平市场价（指该股票当日的收盘价，下同）的差额，是因员工在企业的表现和业绩情况而取得的与任职、受雇有关的所得，应按“工资、薪金所得”适用的规定计算缴纳个人所得税。[①] 限制性股票（员工无须支付对价）也是比照该规定处理[②]（本案属限制性股票）。而员工将行权后的股票再转让时获得的高于购买日公平市场价的差额，是因个人在证券二级市场上转让股票等有价证券而获得的所得，应按照“财产转让所得”适用的征免规定计算缴纳个人所得税。

其次，从企业成本上看，对于上市公司依据股权激励计划，员工从企业取得股票的实际购买价（行权价）和股票公允价（市场价）的差额部分，国家税务总局要求记为上市公司的工资薪金支出。[③] 据此理解，张某获得的限制性股票系美国某公司根据张某当年业绩直接给予，不需要张某支付任何行权价格，美国某公司自张某可行权之日即按工资薪金所得为其缴纳个人所得税。张某可行权之日获得股权的现金价值属于工资，工资的具体数额可从纳税金额倒推出来。

最后，从法律规定的发展趋势来看，部分地方已经将股权期限纳入工资的范畴，如《天津经济技术开发区劳动管理规定》（2016 年修订）第九条规定，“用人单位对高级管理人员和高级专业技术人员除支付货币工资外，还可以采取年薪、利润分成、股权期权等分配方式。”《上市公司股权激励管理办法》（2016 年）第三十三条规定，“上市公司董事会下设的薪酬与考核委员会负责拟订股权激励计划草案”，意即股权激励属于薪酬。

---

① 《财政部、国家税务总局关于个人股票期权所得征收个人所得税问题的通知》（财税〔2005〕35 号）。

② 《财政部、国家税务总局关于股票增值权所得和限制性股票所得征收个人所得税有关问题的通知》（财税〔2009〕5 号）。

③ 《关于我国居民企业实行股权激励计划有关企业所得税处理问题的公告》（国家税务总局公告 2012 年第 18 号）。

（二）司法实践

从司法实践来看，各地理解不一。深圳市中级人民法院在2017年审理的一件劳动争议案中明确认可限制性股票属于工资①，认为“限制性股票从性质上属于用人单位因劳动者的突出劳动贡献以及激励劳动者继续积极工作而向劳动者支付附条件的具有经济性福利的薪酬。虽然其授予时不属于劳动法强调的以法定货币形式支付，但由于其股权激励价格大幅低于股票市场价格，劳动者行权时，必然会为劳动者带来差价的收益，这部分的收益是可以以法定货币形式得以实现的”。基于上述分析，判决该案当事人获得的限制性股票属于薪酬组成部分。

北京市尚未有明确认可限制性股票属于工资的案例，但法院并不否认股权激励属于工资的主张，例如在某案件中，北京市高级人民法院认为“××自认其6万元限制性股票为工资组成部分，故双方《劳动合同到期不续约协议》的协商结果应当已经包含其主张的股票事宜，××再行要求××公司按照股票市价支付对应等价货币的请求，缺乏事实和法律依据”。②

综上，鉴于给予员工股权激励已成为新型公司尤其是高科技企业对员工的普遍做法，而上市公司对于限制性股票的发放越来越多，如不对其进行一定的定性和规制，则会影响企业的运营，也影响员工的积极性。

（北京市中伦文德律师事务所　胡洁）

① 博彦科技（深圳）有限公司与文坚劳动争议二审民事判决书［（2017）粤03民终1326号］。
② 劳动争议申诉、申请民事裁定书［（2017）京民申3996号］。

48. 劳动报酬的计算方式

争议焦点

员工的年终奖等请求是否能够得到。

基本案情

申请人：某员工

被申请人：某公司

申请人自2012年3月5日至2019年2月2日在被申请人处工作期间，被申请人未能按照劳动法以及劳动合同按时支付相应的劳动报酬、保险等福利，特此向公司提出离职申请。因被申请人未能按劳动合同规定时间发放工资（有跨月、拖延情况），未能按国家规定缴纳社会保险费等，申请人特提出仲裁申请：（1）要求被申请人支付申请人2018年月平均工资4 833.44×8年的解除劳动合同的经济补偿38 667.52元；（2）要求被申请人支付申请人2017年年终奖金6 750元；（3）要求被申请人支付申请人2017年、2018年两年的防暑降温费2 200元；（4）要求被申请人支付申请人2012年3月至2019年2月的工龄工资16 700元（每年上涨100元）。

被申请人辩称：针对申请人的经济补偿，因申请人是主动辞职，故被申请人不同意支付经济补偿；针对申请人的年终奖金，被申请人于2018年1月5日接到了控股股东天津某有限公司关于2017年度年终效益奖金不予发放的通知，据此，根据被申请人薪资管理办法的规定，被申请人于2018年1月9日下发了关于2017年度年终效益奖金不予发放的通知，根据该通知，被申请人不同意支付年终奖金；针对申请人的防暑降温费，根据法律规定劳动争议申请仲裁时效为1年，被申请人同意支付2018年度的防暑降温费672.8元；针对申请人的工龄工资，被申请人无关于工龄工资的规定，不同意支付申请人工龄工资。

庭审中，申请人提交了天津市社会保险缴费人员查询清单、解除劳动合同证明书、辞职申请书、离职工作交接表、劳动合同书、离职声明、解除劳动合同证明书等证据，用于证明其仲裁请求。因申请人的辞职申请书、离职工作交接表、离职声明未提供原件，故被申请人对该证据存在异议。另，申请人向仲裁庭提交辞职申请书打印件作为证据，但被申请人对该辞职申请书打印件的真实性不予认可，申请人也无法证明该辞职申请书的真实性。

被申请人提交了劳动合同书、申请人的辞职报告、工资表、薪资管理办法、关于2017年度年终效益奖金不予发放的通知（2018年1月9日）、规章制度（重大事项）平等协商确定会议纪要等证据。申请人称，薪资管理办法相关文件及会议纪要申请人从未见过，对其他证据均无异议。

审理结果

由于双方未能达成调解意见，裁决结果最终只支持了申请人有关2018年的防暑降温费的请求，其余请求均被驳回。

评析意见

（一）申请人所要求的解除劳动合同经济补偿是否能够被支持

劳动者向用人单位提出解除劳动合同，只有符合《劳动合同法》第三十八条规定的情形，用人单位才需支付解除劳动合同经济补偿。申请人称被申请人未能按照劳动法按时支付相应的劳动报酬、保险等福利，未能按劳动合同规定时间发放工资，未能按国家规定缴纳社会保险费等。申请人根据上述情况提出离职，向被申请人要求经济补偿，并提交辞职申请书打印件作为证据；但被申请人对该辞职申请书打印件真实性不予认可，申请人也无法证明该辞职申请书的真实性，故仲裁庭未采信该辞职申请书。被申请人作为证据提交的辞职报告中载明，2019年1月2日申请人以个人原因为由，决定于2019年2月2日辞职离岗，其解除合同理由不符合法律规定的被申请人应当发放经济补偿的情形，故对申请人关于解除劳动合同经济补偿的仲裁请求，无法得到仲裁庭的支持。

本案中关于经济补偿争议较小，案情清晰。由于申请人是自己向单位提出离职，不符合法律有关解除劳动合同经济补偿的适用条件，故申请人的请求被驳回。

（二）有关年终奖和工龄工资，公司是否应该向申请人支付

此争议焦点为本案重大分歧之处，在实际操作中，由于《劳动法》第四十七条规定，用人单位根据本单位的生产经营特点和经济效益，依法自主确定本单位的工资分配方式和工资水平。本案中申请人请求的年终奖和工龄工资属于用人单位自主分配的范围。《劳动争议调解仲裁法》第六条规定，发生劳动争议，当事人对自己提出的主张，有责任提供证据。与争议事项有关的证据属于用人单位掌握管理的，用人单位应当提供。本案中，用人单位提供了不能发放年终奖的相关证据，而申请人提交的证据不足以证明被申请人应当向申请人支付年终奖及工龄工资，故申请人诉请的年终奖及工龄工资，仲裁庭未能予以支持。

关于年终奖等奖金，离职员工能否得到？无论员工是否在职，自己为单位作出了一定贡献，那么只要员工按照劳动合同法和岗位职责完成了工作，就应该依据实际贡献大小与工作时间来折算自己的年终奖。由于目前法律对于年终奖的发放并没有明确规定，属于企业自主权益的范围，在不违反法律法规和劳动合同约定的前提下，企业有完全的自主分配权。既然年终奖属于超额性劳动报酬，因此发放年终奖并非用人单位必须承担的强制性义务，年终奖的发放要遵循“约定优先”的原则。现行法律法规并没有强制规定年终奖应如何发放，而是将奖金发放的自主权更多交给了企业。法律不能强人所难，企业作为以营利为目的的经济组织，法律并不能强制企业在经营不佳的前提下还要发放员工的年终奖。而在实际操作中，很多员工又因为为企业作出了重大贡献，离职时却一分奖金也拿不到，这点也会让人感到不公平。

现行的《最高人民法院关于民事诉讼证据的若干规定》第六条规定，在劳动争议纠纷案件中，因用人单位作出开除、除名、辞退、解除劳动合同、减少劳动报酬、计算劳动者工作年限等决定而发生劳动争议的，由用人单位负举证责任。审理过程主要还是依据企业的规章制度，企业应就年终奖的具体发放条件、发放形式、发放金额等方面承担举证责任，当然前提是双方之间存在年终奖发放的约定或有发年终奖的惯例。如果用人单位否认单位有年终奖发放的约定，员工也没有其他的证据证明其与单位之间存在年终奖的约定，或者举证其他员工都享受了年终奖，申请人的请求一般很难得到支持。此项规定是举证责任倒置，对企业来讲比较不利，但如果要从根本上解决，就必须从建立健全企业年终奖规定入手。

企业应在劳动合同中对年终奖的发放时间、标准、条件等与劳动者作出明确约定，在集体合同中对年终奖的相关问题及实施方案作出约定，在规章制度中对年终奖发放办法作明确细致的规定，并依照《劳动合同法》第四条，执行相应的民主程序，并将该制度及时向劳动者公示、送达，进而从根源上避免年终奖引发的争议问题。

（天津市滨海新区劳动人事争议仲裁院　廉君）

49. 6天工作制加班的认定

争议焦点

1. 每周工作6天如何认定加班;

2. 6天工作制加班工资如何核算。

基本案情

申请人:陈某

被申请人:某美容美发公司

陈某于2017年8月14日入职某美容美发公司,任职前台,双方签订有劳动合同,2018年1月23日劳动合同解除。陈某向劳动人事争议仲裁委员会提出请求,要求某美容美发公司支付2017年8月4日至2018年1月23日平时延长工作时间、休息日和法定节假日加班费6 000元。

某美容美发公司辩称:根据双方劳动合同的约定,陈某明确同意执行公司的工时制度和店内排班安排,公司实际支付的工资报酬中已包含全部工作时间的报酬,不需要额外支付加班费;公司属于服务行业,行业属性和陈某的岗位属性本身在工作时间上具有非标准的特性,其在应聘、面试及入职过程中明确知晓该属性和特点,从未提出过异议;陈某自2017年8月至12月实际出勤天数并未超过公司排班安排的应出勤天数,因此其要求额外支付加班费的请求无依据。

就工作时间陈某主张,其每周工作6天,前期三人早中晚三班倒,早班10点至19点,中班13点至22点,晚班15点至0点;后期两人倒班,早班10点至19点,晚班17至22点。故陈某主张每天超时加班1小时,每周休息日加班1天,法定节假日加班情况为中秋节出勤3天、国庆节出勤7天、元旦出勤3天。某美容美发公司认可陈某所述班次,但主张每个班次的9个小时中含1小时的休息和吃饭时间；其认可陈某每周工作 6 天，但主张工资中已包含加班费；就法定节假日加班情况某美容美发公司根据陈某提交的 2017 年 10 月至 2018 年 1 月打卡记录统计，陈某元旦上班，国庆节和中秋节的 8 天假期中 10 月 7 日单次打卡、10 月 2 日两次打卡间隔 6 分钟，其余 5 天正常打卡。陈某为证明劳动关系提交的员工管理制度中规定，“各店面及组训部的作息时间均为单休，即每周公休 1 天”，“设置加班的岗位：前台、收银、技师”。关于工资标准，双方均认可陈某月工资标准为 4 000 元、每月工资按计薪天数 26 天乘以实际出勤天数计算。

审理结果

某美容美发公司向陈某支付法定节假日加班工资，驳回陈某的其他仲裁请求。

评析意见

（一）关于加班的相关法律规定

1.《劳动法》第三十六条规定，国家实行劳动者每日工作时间不超过 8 小时、平均每周工作时间不超过 44 小时的工时制度。第三十八条规定，用人单位应当保证劳动者每周至少休息 1 日。

2. 北京市《关于劳动争议案件法律适用问题研讨会会议纪要》（以下简称《会议纪要》）第 21 条规定，用人单位因工作性质和生产特点不能实行标准工时制度的，应保证职工每周工作时间不超过 40 小时，每周至少休息 1 天，职工少休息的 1 天，不应视为加班。第 22 条规定，下列情形中，劳动者要求用人单位支付加班工资的，一般不予支持：（1）用人单位因安全、消防、节假日等需要，安排劳动者从事与本职工作无关的值班任务；（2）用人单位安排劳动者从事与其本职工作有关的值班任务，但值班期间可以休息的。在上述情况下，劳动者可以要求用人单位按照劳动合同、规章制度、集体合同或惯例等支付相应待遇。第 23 条规定，用人单位与劳动者虽然未书面约定实际支付的工资是否包含加班工资，但用人单位有证据证明已支付的工资包含正常工作时间工资和加班工资的，可以认定用人单位已支付的工资包含加班工资。但折算后的正常工作时间工资低于当地最低工资标准的除外。

3.《北京市企业实行综合计算工时工作制和不定时工作制的办法》第三条规定，企业应当实行职工每日工作 8 小时，每周工作 40 小时的标准工时制度。第四条规定，企业确因生产经营特点和工作的特殊性不能实行每日工作 8 小时，每周工作 40 小时的，经申报、批准可以实行综合计算工时工作制或者不定时工作制。

（二）本案的争议焦点

1. 扣除合理休息时间后，仲裁委员会认定陈某每天工作时间 8 小时，双方均认可陈某每周工作 6 天（休息日不固定），故陈某每周休息 1 天、每周工作 48 小时，每周超过标准工作时间 8 小时，可以认定陈某确实存在加班情况。对于超出的 8 小时应认定为延时加班还是休息日加班，有以下两种观点。

（1）按照标准工时制，每周工作不超过 40 小时，则每周工作 5 天已达到该时长，休息日应为 2 天，超出的 1 天属于休息日加班。

（2）根据《会议纪要》，用人单位因工作性质和生产特点不能实行标准工时制度的，应保证劳动者每天工作时间不超过 8 小时、每周工作时间不超过 40 小时，每周至少休息 1 天。职工少休息的 1 天，不应视为加班。故劳动者每周工作超出 40 小时的部分也即多工作的 1 天应属于延时加班。

2. 工资中是否包含超出的 8 小时的加班工资，有以下三种观点。

（1）在双方约定不明确的情况下，按照有利于劳动者的解释，视为双方适用标准工时制，用人单位支付的工资中不包括休息日加班工资。

（2）制度中虽未明确约定工资中包含加班工资，但其中明确了单休，即每周上 6 天班，由此可认定工资中包含休息日上班的劳动报酬是基本事实，在折算后劳动者的工资标准不低于北京市最低工资标准的情况下，应视为每月工资中已包含了加班工资。

（3）双方均认可每月按 26 天计薪，视为用人单位已于每周支付的 6 天工资中包含了一倍的加班工资，还应支付休息日或延时加班的工资差额。

笔者倾向于认定超出 40 小时部分属于延时加班，同时，工资中已包含了每周工作 6 天的劳动报酬，在折算后不低于北京市最低工资标准的情况下，应视为每月工资中已包含了加班工资，理由如下。第一，陈某明知每周工作 6 天，即每周休息日为 1 天，而法律并未强制性规定每周安排 2 天休息日，且该工作时间系行业特点决定，应为法律所允许，若予以否定，则不利于行业秩序的维持及企业的用工管理。第二，陈某提交的员工管理制度中规定其岗位执行单休制，且属于设置加班的岗位，某美容美发公司已尽到告知义务，劳动者在知晓情况下，仍选择入职并长期工作，应属用人单位安排其加班、其亦接受的情况，且每月加班时长并未违反劳动法规定的每月加班不得超过 36 小时的法定上限。第三，陈某知悉每天工作时间 8 小时，进而其知晓其单休制建立在时长超过 40 小时基础上；双方均主张核算工资时按照 26 天计薪，即陈某知悉其月工资标准建立在每周工作 6 天且超出 40 小时的基础之上。因此，不再额外支付延时或休息日加班费符合行业、岗位特点，亦不损害劳动者的权益。

（北京市海淀区劳动人事争议仲裁院　宋雅静）

50. 女职工产假期间给单位提供劳动是否应当支付加班费

争议焦点

1. 女职工没有休完产假返回单位上班是否应当支付加班费；
2. 生育津贴和上班工资是否可以兼得。

基本案情

原告：齐某
被告：某公司

2017 年 2 月 13 日，齐某（乙方）与某公司（甲方）签订劳动合同，约定齐某担任公司人事行政岗位工作，合同期限为 2017 年 2 月 13 日至 2020 年 2 月 12 日，试用期为 2017 年 2 月 13 日至 2017 年 5 月 12 日。工资每月由某公司以转账的形式支付，月工资标准为基本工资 3 000 元加绩效工资约 3 500 元，合同约定某公司有权根据齐某的工作表现调整绩效工资。2018 年 3 月 23 日，齐某生育一子，公司审批同意齐某产假休至 2018 年 7 月 28 日。2018 年 5 月 16 日，某公司要求齐某在家负责处理部分公司事务至 2018 年 7 月 3 日。公司为员工正常缴纳了生育保险费。产假期间公司按月给齐某正常发放工资，每月 7 500 元。2018 年 7 月 28 日齐某产假结束回到某公司上班后，双方因工资待遇等问题发生矛盾。齐某于 2018 年 8 月 13 日向仲裁委员会提请劳动仲裁，要求某公司支付 2018 年 5 月 16 日至 2018 年 7 月 3 日产假期间工作加班费 33 793. 10 元（按正常工资三倍标准计算）及其他有关费用。

仲裁委员会经审理认为，齐某主张休产假期间为公司工作，并要求支付加班工资，但未提供充足证据予以证明，不予支持，裁决驳回齐某该项申请请求。齐某不服诉至法院。

审理结果

法院经审理认为，2018年5月16日至2018年7月3日齐某产假期间，某公司已全额支付齐某工资，齐某要求某公司支付加班工资没有法律依据，法院不予支持。判决驳回齐某要求某公司支付产假期间加班费的请求。

评析意见

（一）产假期间上班是否属于加班

关于加班费，我国《劳动法》第四十四条规定，有下列情形之一的，用人单位应当按照下列标准支付高于劳动者正常工作时间工资的工资报酬：（1）安排劳动者延长工作时间的，支付不低于工资的150%的工资报酬；（2）休息日安排劳动者工作又不能安排补休的，支付不低于工资的200%的工资报酬；（3）法定休假日安排劳动者工作的，支付不低于工资的300%的工资报酬。根据上述规定，加班分为日标准工作时间外延长劳动时间、在休息日提供劳动和在法定节假日提供劳动三种情形。显然，产假不属于日标准工作时间外的延长时间，也不属于国务院《全国年节及纪念日放假办法》中规定的法定节假日。那么，产假是否属于劳动法规定的休息日？根据《劳动法》第三十八条规定，劳动者每周最少休息一日。《劳动和社会保障部关于职工全年月平均工作时间和工资折算问题的通知》在计算工作时间的方式中明确，休息日是指每周所有劳动者都应享受的公休日。除了公休日，我国职工依法还享有探亲假、婚丧假、产假等，这些假期职工均不用上班，上述假期单位均应当正常支付工资；但公休日单位不需要支付工资，产假与公休日性质明显不同，故产假也不属于劳动法意义上的休息日。因此，产假期间上班单位只需按正常工资计算，不属于加班，不需要按照休息日或法定节假日标准按数倍工资计算劳动报酬。本案被告已按正常上班标准支付原告工资，故原告再要求单位按三倍工资标准支付加班费没有法律依据。

（二）产假期间上班是否可以同时获得上班工资及生育津贴

享受产假和生育津贴是女职工的法定权利。享受产假的权利，意味着女职工因生育可以休假不需要上班；享受生育津贴的权利，意味着女职工没有提供劳动也可以获得生育津贴的收入。生育津贴由社保经办机构核算，将生育保险基金拨付给用人单位的职工，用人单位用于职工在生育、产假内应享受的工资及福利待遇，生育津贴与产假工资一般不可兼得。《北京市企业职工生育保险规定》第十五条规定："……生育津贴为女职工产假期间的工资，生育津贴低于本人工资标准的，差额部分由企业补足。"故用人单位向劳动者支付的产假工资，实质上是生育保险基金支付给用人单位并应由用人单位转付给劳动者的生育津贴。一般情况下，用人单位应按照劳动者的工资标准先行向劳动者支付产假工资，后持劳动者提交的相应材料向生育保险经办机构申报生育保险待遇。当用人单位向劳动者支付的产假工资高于劳动者可享受的生育津贴数额时，用人单位不需要再将领取的生育津贴支付给劳动者；当用人单位向劳动者支付的产假工资低于劳动者可享受的生育津贴数额时，用人单位应将已经支付的产假工资折抵后向劳动者支付剩余的生育津贴。

对于员工在产假期间上班是否可以同时获得生育津贴和上班工资，在司法实践中还存在着一些争议。

（2014）朝民初字第17562号民事判决书认为，女职工流产，按照法律规定可以享有相应的产假。产假的规定是为了保护女职工的身体健康，而并不是说未休产假由用人单位支付工资，否则就违背了法律保护的目的。因此，员工以未休相应的流产产假而主张支付工资，不符合法律的规定，不予支持。

浙江省劳动争议仲裁委员会《关于劳动争议案件处理若干问题的指导意见（试行）》（浙仲〔2009〕2号）第37条规定，女职工产假期间，用人单位经本人同意安排女职工工作的，按以下情形支付工资：（1）已参加生育保险的，女职工领取生育津贴外，用人单位应支付正常上班的工资；（2）未参加生育保险的，用人单位应参照生育保险待遇支付生育津贴，同时支付正常上班的工资。

广州市司法实践则原则上认为产假期间上班，一般不支持同时获得上班工资和生育津贴。《广州市劳动人事争议仲裁委员会、广州市中级人民法院民事审判庭关于劳动争议案件座谈会的意见综述》（2015）第16条规定，劳动者享受停工留薪期工资、产假津贴的前提是因工伤、生育需要暂停工作接受治疗、休息，如果职工在此期间已经开始上班，说明其伤情、身体状况已经不需要停工治疗、休息，不符合享受停工留薪期、生育津贴的条件，用人单位根据劳动者提供的劳动支付工资即可；但其工资低于停工留薪期工资、生育津贴的，用人单位应补足，即实际工作的工资与停工留薪期工资（产假津贴）不可兼得，两者采取就高不就低的原则，但劳动者有证据证明用人单位要求劳动者恢复工作的除外。（2017）粤0111民初12922号、12986号民事判决书认为，生育津贴与产假工资不可兼得。不论员工是产假期间还是产后上班期间，单位均已足额发放了工资。至于员工放弃部分产假提前上班，则是其对享有的产假权利的自由支配，不能成为其获得双重待遇的理由。

根据法律规定，任何组织和个人都不得剥夺生育女职工的产假休假权利。如果用人单位安排女职工产假期间工作，女职工有权利拒绝用人单位的要求，用人单位不得因此降低其薪酬待遇、解除或终止劳动关系，否则将承担不利的法律后果。我国法律对于女职工产假期间有特殊的保护，限制单位利用其强势地位，限制、侵犯女职工的合法权利。实践中，单位经常以调岗、降薪等手段迫使女职工接受单位的安排。员工放弃部分产假提前上班，可以理解为是其对享有的产假权利的自由支配，但大部分普通劳动者不会主动放弃照顾婴幼儿、忍受自身身体不适，放弃休假机会主动为单位无偿奉献。对于大多数劳动者而言，工作是为了增加收入，在其本可以不参加工作即获得原有工资福利待遇的情况下，提前恢复工作，理应获得一部分额外的工资补偿。

生育津贴与上班工资是两个不同的概念，前者享受的基础是生育保险关系，相关费用由社会保险基金承担；而后者获取的基础是员工提供正常劳动，由单位支付。不论从社会公平正义角度还是劳动和社会保障有关法律的规定，笔者认为，如果员工在产假期间提供了正常劳动，接受用人单位的管理，单位应当支付工资，单位不能以生育津贴替代上班工资。具体到本案中，单位已正常支付其上班工资，员工可以要求单位办理生育津贴领取手续，而不是要求单位支付加班工资。

（北京市怀柔区人民法院　曹小澎）

社会保险与福利待遇

社会保险制度作为工业化的产物，它一产生便呈现出立法强制实施的性质，成为解决工业社会劳动者养老、工伤、失业、生育、医疗等诸多问题的有效措施，并在许多工业化国家的社会保障体系中迅速占据了核心地位。社会保险是社会化大生产的必然产物，是社会文明进步的重要标志。社会保险作为社会保障的重要组成部分，具有社会性、强制性、互济性、补偿性的特点。

社会保险法律关系既不同于以往传统的公法或私法关系，也不同于商业保险法律关系。第一，与传统的公法、私法相比，社会保险关系主体具有多元化，且以社会保险给付为核心。社会保险的根本宗旨在于分散社会风险，维护社会公平和安全，只有通过社会保险给付才能实现这种目的和宗旨，而社会保险的其他关系都是围绕这一目标而展开的。第二，与商业保险法律关系相比，社会保险法律关系无论是在制度的设定目标上，还是在保险法律关系的成立上，抑或是在保险费率的确定上，均有明显的不同，社会保险以保障公民的基本生存权为宗旨，强调协助弱者或者强调维持和谐。基于此，社会保险法律关系处处体现了法律的强制。第三，社会保险法是社会公平的调节器，作为国家干预收入分配和协调经济社会发展的重要工具和手段，社会保险具有缩小贫富差距、化解社会矛盾、维护社会公平、共享发展成果等多方面功能。

我国于2010年10月28日颁布《中华人民共和国社会保险法》（以下简称《社会保险法》），并于2011年7月1日起施行。在《社会保险法》通过之前，我国社会保险体系已初步建立，但各项社会保险分别通过单项法规或政策进行规范，缺乏综合性统一法律；社会保险强制性偏弱，一些用人单位拒不参加法定社会保险，或长期拖欠保费；城乡之间，地区之间，机关、事业单位、企业之间社会保险制度缺乏衔接，社会保险资源分配存在不公；社会保险资金管理混乱，未能专款专用。《社会保险法》从法律角度系统规定了国家建立基本养老保险、基本医疗保险、工伤保险、失业保险、生育保险等社会保险制度，保障公民在年老、疾病、工伤、失业、生育等情况下依法从国家和社会获得物质帮助的权利。

虽然我国已就社会保险进行了立法，但社会保障本身较为复杂，许多问题还缺少完善细致的法律规定，法学学者在实务研究方面还相对较少。例如，在工伤保险赔偿和福利待遇等方面：工伤保险赔偿中如何确定停工留薪期护理费标准，工伤保险基金报销范围外的医疗费由谁负担，劳动者达到法定退休年龄时是否有权享受一次性工伤医疗补助金及一次性伤残就业补助金，工伤保险赔偿与第三人侵权损害赔偿竞合时双赔项目的范围如何确定，商业保险是否能够抵扣工伤赔偿，超过法定退休年龄的人员因公伤亡能否认定为工伤，养老保险待遇损失的标准如何掌握，等等，司法实践中的认识分歧较大，司法处理结果也不太统一。应当说，这些问题在很大程度上影响到劳动者合法权益的保障和实现，以及我国社会保险法律制度改革的进一步深化和市场经济的健康发展。因此，对于社会保险问题的研究和讨论具有极强的理论和实践价值。

关于福利待遇，最高人民法院印发的《民事案件案由规定》中第三级案由有“171. 福利待遇纠纷”。广义上的福利待遇一般指劳动法所规定的社会保险和福利。传统上的福利待遇也特指企业等为了保留和激励员工，采用的非现金形式的报酬。简单来说，福利待遇与津贴等最大的差别在于福利是非现金形式的报酬，而津贴等是以现金形式发放的。福利待遇通常表现为商业保险、实物、股票期权、培训、企业内部带薪休假等。福利待遇争议也是劳动争议的重要类型。

51. 船员劳动争议案件的管辖问题

争议焦点

船员劳动争议案件管辖权问题。

基本案情

申请人：王某

被申请人：北京 A 公司

王某系一名船员，2018 年 4 月，其在北京 A 公司的安排下，被派遣到上海 B 公司所属的轮船上工作，任二水职务，后升为一水。在此过程中，王某与北京 A 公司签订了船员劳务派遣书及补充协议，王某工作期间的工资由 A 公司、B 公司共同支付，两家公司没有为王某缴纳社会保险费。派遣书中约定，双方如因履行合同发生争议，自愿选择到中国海事仲裁委员会进行仲裁。

2019 年 2 月，王某在船上执行工作任务时，不幸意外受伤，导致手掌骨折。事故发生后，王某希望能申报工伤，但 A 公司否认与王某之间存在劳动关系，拒绝为王某申报工伤；B 公司认为王某是 A 公司派遣过来的，与自己无关。王某对此表示不满，认为 A 公司把自己派遣到 B 公司的轮船上工作，应当尽到用人单位的义务，为自己申请工伤认定。双方为此发生争议，王某决定通过法律途径维护合法权益，于是向北京市朝阳区劳动人事争议仲裁委员会提起劳动仲裁。

审理结果

北京市朝阳区劳动人事争议仲裁委员会不予受理，并向申请人出具不予受理通知书。

评析意见

本案是一起船员工伤事故案件，由于用人单位没有为劳动者缴纳社会保险费，劳动者在主张工伤赔偿之前，必须要先行解决劳动关系确认问题。那么劳动人事争议仲裁委员会应该受理船员的仲裁申请吗？

（一）管辖权争议

该案在管辖权方面即存有极大争议，可能会涉及三个地方，即劳动人事争议仲裁委员会、海事法院及中国海事仲裁委员会。首先，依据《劳动争议调解仲裁法》第一条，“中华人民共和国境内的用人单位与劳动者发生的下列劳动争议，适用本法：（一）因确认劳动关系发生的争议……”，劳动人事争议仲裁委员会对该案可能具有管辖权。其次，依据《最高人民法院关于海事法院受理案件范围的规定》第24条，“船员劳动合同、劳务合同（含船员劳务派遣协议）项下与船员登船、在船服务、离船遣返相关的报酬给付及人身伤亡赔偿纠纷案件”，海事法院对该案也可能具有管辖权。最后，依据双方约定，中国海事仲裁委员会，也可能具有管辖权，但前提是该案不能定性为劳动争议案件。

虽然案件管辖存在争议，但王某及代理律师还是先去北京市所属地的劳动争议仲裁委员会申请仲裁，请求确认与A公司存在劳动关系。但是，劳动人事争议仲裁委员会经过集体讨论，认为船员案件应当向归属地海事法院起诉，并应律师的要求，出具了不予受理通知书。

（二）船员劳动争议管辖权立法亟待完善

对于船员与用人单位、用工单位之间发生劳动争议后，是否像普通劳动争议案件一样应当劳动仲裁前置，目前国内并没有明确规定，留下诸多空白，让劳动人事争议仲裁委员会陷入两难境地，而给了海事法院太多的自主权。当事人为了立案，在两地来回奔波、交涉。一旦海事法院认为不属于受案范围，裁定不予受理，当事人只能寄希望于向高院上诉，撤销海事法院作出的裁定，督促受理案件。

船员劳动争议案件在目前的司法实践中，由于用人单位多为海事系统单位，在具体处理中劳动人事争议仲裁委员会、人民法院、海事法院难以形成统一的意见，在认识和理解上存在较大偏差，容易出现互相推诿，从而迫使劳动者维权无门。

要解决此问题，需要在立法层面出台专门的规定，对船员劳动争议案件的管辖问题进行明确。主要包括两方面的问题。

第一，对于船员劳动争议案件，可以明确与普通劳动争议案件一样，应当遵循劳动争议仲裁前置程序，待劳动人事争议仲裁委员会先行处理以后，才能向人民法院或海事法院起诉。

第二，船员劳动争议案件在经过劳动仲裁后，如果一方不服，是向普通人民法院起诉，还是向海事法院起诉，这也是现实中需要解决的争议问题。笔者认为，海事法院管辖劳动争议案件似无必要，可以明确船员劳动争议案件仍然向普通人民法院起诉即可。

（北京市京师律师事务所　黄学宏）

52. 劳动者领取生育津贴应以存在真实的劳动关系为前提

争议焦点

1. 劳动者要求用人单位支付生育津贴是否属于劳动争议案件受案范围；
2. 领取生育津贴是否应以存在真实的劳动关系为前提；
3. 领取生育津贴的其他要件。

基本案情

原告：杨某

被告：某咨询有限公司

2016年11月29日，杨某入职某咨询有限公司工作；同年12月8日，双方签订试用期合同，约定杨某担任客服专员，试用期2个月，试用期间月薪4 000元。2017年1月5日，双方签订员工劳动合同，约定杨某转正后月工资为基本工资3 000元、岗位工资2 000元、绩效工资0~2 000元，试用期自2016年11月29日起至2017年1月8日止。2017年6月16日，杨某以怀孕近6个月需回家调养身体，不能继续工作为由离职。2017年9月26日，杨某生育一女。

2017年11月9日，杨某向北京市通州区劳动人事争议仲裁委员会申请仲裁，要求某咨询有限公司支付生育津贴19 729元。同日，仲裁委员会出具不予受理通知书，以杨某的仲裁请求不属于劳动人事争议受案范围为由决定不予受理。杨某不服该不予受理通知书，提起诉讼。

杨某诉称，因某咨询有限公司未为其缴纳试用期间的社会保险费，导致其无法满足领取生育津贴的条件，侵犯了其合法权益，故提起诉讼。

某咨询有限公司辩称，领取生育津贴的条件为生育前连续缴纳社会保险费满9个月或生育后连续缴纳社会保险费满12个月，杨某在某咨询有限公司处工作不满9个月；同时，生育津贴不属于劳动争议的受案范围，杨某应与社保部门沟通，故不同意杨某的诉讼请求。

审理结果

法院经审理查明，某咨询有限公司为杨某正常缴纳了2017年2—6月的社会保险费，并于2018年2月为杨某补缴了2016年11月至2017年1月的社会保险费。杨某挂靠案外人北京某人力资源顾问有限公司，并以该公司名义缴纳了2017年7—9月的社会保险费，杨某自行负担挂靠期间所有社会保险费用。

北京市通州区人民法院于2018年5月18日作出判决：驳回杨某的诉讼请求。

评析意见

（一）劳动者要求用人单位支付生育津贴是否属于劳动争议案件受案范围

生育保险是国家通过立法，在女性劳动者怀孕和分娩暂时中断劳动时，由国家和社会提供医疗服务、生育津贴和产假的一种社会保障制度。我国通过立法明确，职工应当参加生育保险，由用人单位按照国家规定缴纳生育保险费，职工不缴纳生育保险费。用人单位已经缴纳生育保险费的，其职工享受生育保险待遇；职工未就业配偶按照国家规定享受生育医疗费用待遇，所需资金从生育保险基金中支付。生育保险待遇包括生育医疗费用和生育津贴。《最高人民法院关于审理劳动争议案件适用法律若干问题的解释（三)》中指出，劳动者以用人单位未为其办理社会保险手续，且社会保险经办机构不能补办导致其无法享受社会保险待遇为由，要求用人单位赔偿损失而发生争议的，人民法院应予受理。本案中，劳动者认为用人单位未按规定为其缴社会保险费，导致劳动者不能享受生育保险待遇，要求用人单位给付相关费用，属于劳动争议案件受案范围，法院应依法予以受理。

（二）领取生育津贴是否应以存在真实的劳动关系为前提

依据现有立法精神，劳动者领取生育津贴，应以与用人单位存在真实的劳动关系为前提。否则，无论是劳动者自行缴纳抑或通过其他用人单位缴纳，均与劳动关系的真实状态不符，违反社会保险法的规定，对社会保险的登记、核定、缴纳、支付等正常秩序造成影响。而劳动者与用人单位是否存在劳动关系，一般从以下三个方面进行考量：一是用人单位和劳动者符合法律、法规规定的主体资格；二是用人单位依法制定的各项劳动规章制度适用于劳动者，劳动者受用人单位的管理，从事用人单位安排的有报酬的劳动；三是劳动者提供的劳动是用人单位业务的组成部分。杨某承认挂靠北京某人力资源顾问有限公司并由其代缴2017年7—9月的社会保险费，其并未真实为该公司提供劳动，故难以认定双方之间形成了劳动关系，在此种情形下，北京某人力资源顾问有限公司不能成为缴纳生育保险的适格主体。代缴社会保险费势必将对社会保险费用征缴、社会保险基金支付等正常管理造成不良影响，危害社会保障制度的有序、良性运行。

（三）领取生育津贴的其他要件

作为前用人单位的某咨询有限公司，与杨某于2016年11月至2017年6月期间存在劳动关系，并且，某咨询有限公司亦通过补缴形式，为杨某缴纳了上述期间的社会保险费，那么，此种情形下，杨某是否可以要求生育津贴，法院需要进一步审查是否符合生育津贴领取条件。除了《社会保险法》等专门法律法规外，全国各地区结合实际情况，细化制定了生育保险政策。就北京市而言，《关于调整本市职工生育保险政策有关问题的通知》（京人社医发〔2011〕334号）第四条、第五条规定，连续缴费不足9个月，生育津贴由用人单位支付；参保职工分娩前连续缴费不足9个月的，分娩之月后连续缴费满12个月的，职工的生育津贴由生育保险基金予以补支。杨某于2017年6月自某咨询有限公司处离职，并于同年9月生育，即杨某生育前后与某咨询有限公司不存在劳动关系，某咨询有限公司无安排杨某产假、支付产假工资的法定义务。因此，法院认为杨某不具备享受产假的条件，亦不享受产假工资，其要求某咨询有限公司支付生育津贴无事实与法律依据。

（北京市通州区人民法院民一庭　滕文学）

53. 用人单位欠缴生育保险费应支付女职工生育津贴的标准

争议焦点

张某的生育津贴应按照假定合法缴纳情形下的社保经办机构核发数额发放还是按照张某生育前的月工资发放。

基本案情

申请人：张某

被申请人：甲公司

张某于2017年2月入职甲公司，月工资为2 500元。2017年9月张某分娩。甲公司2017年4月为张某缴纳了生育保险费，此后欠缴生育保险费。张某于2018年年底离职。经向社保经办机构查询，甲公司的生育保险缴费基数低于上一年本市职工月平均工资的60%。现张某要求甲公司按照上一年本市职工月平均工资60%的标准向其支付生育津贴。

审理结果

仲裁机构裁决甲公司支付生育津贴的月标准为上一年本市职工月平均工资的60%。

评析意见

根据《关于贯彻实施〈北京市企业职工生育保险规定〉有关问题的通知》（京劳社医发〔2005〕62号）第二十四条规定，“用人单位未按《规定》参加生育保险的，职工享受生育保险待遇的有关费用由用人单位支付，用人单位参保后生育保险基金不予补支。用人单位参保后未按时足额缴费的，在欠缴期间职工享受生育保险待遇的有关费用由用人单位支付；单位按有关规定补足全部欠缴的生育保险费后，生育保险基金予以补支。”但现实操作过程中，社保经办机构已无还欠一说，均为补缴，故生育保险基金不予补支，用人单位欠缴生育保险费的，生育津贴由用人单位向女职工支付。

而在此种情况下，2012 年 4 月 28 日公布施行的《女职工劳动保护特别规定》第八条第一款规定，“女职工产假期间的生育津贴，对已经参加生育保险的，按照用人单位上年度职工月平均工资的标准由生育保险基金支付；对未参加生育保险的，按照女职工产假前工资的标准由用人单位支付。”那么，在用人单位已参保但欠缴生育保险费的情形下，假设用人单位足额缴纳生育保险费后可申领的生育津贴的标准和女职工产假前工资标准存在差距时，用人单位支付女职工生育津贴的标准应如何确定，是应按照假设用人单位足额缴纳生育保险费后可申领的生育津贴的标准支付，还是按照女职工产假前工资标准支付？笔者认为分为以下两种情形。

1. 女职工产假前工资标准高于假设用人单位足额缴纳生育保险费后可申领的生育津贴的标准的

《北京市企业职工生育保险规定》第十五条规定：“生育津贴按照女职工本人生育当月的缴费基数除以 30 再乘以产假天数计算。生育津贴为女职工产假期间的工资，生育津贴低于本人工资标准的，差额部分由企业补足。”结合《女职工劳动保护特别规定》第八条的规定，若出现女职工产假前工资标准高于假设用人单位足额缴纳生育保险费后可申领生育津贴的标准的情形时，即使用人单位已按规定足额缴纳生育保险费，生育保险基金支付的生育津贴低于女职工工资标准的，差额部分也应由用人单位予以补足。同时，未参加生育保险的，生育津贴也应由用人单位按照女职工产假前工资的标准支付。故无论是用人单位已按规定足额缴纳生育保险费，还是用人单位未参加生育保险的，女职工实际享受到的生育津贴的标准均为其产假前工资的标准。延伸至用人单位已参保但欠缴生育保险费的情形时，观点较为统一，即在女职工产假前工资标准高于假设用人单位足额缴纳生育保险费后可申领的生育津贴的标准时，用人单位支付生育津贴的标准应按照女职工产假前的工资标准确定。

2. 女职工产假前工资标准低于假设用人单位足额缴纳生育保险费后可申领的生育津贴的标准的

有观点认为，用人单位欠缴生育保险费的，在女职工产假前工资标准低于假设用人单位足额缴纳生育保险费后可申领生育津贴的标准时，女职工的生育津贴也应按照女职工产假前工资标准支付。理由为：因不存在生育保险基金补支的问题，欠缴生育保险费的，生育津贴实际上并非由生育保险基金支付，而是与未参保的情形一致，由用人单位支付，所以应参照未参保的情形按女职工产假前工资标准确定支付标准，且如果按照假设用人单位足额缴纳生育保险费后可申领的生育津贴的标准确定，实际操作中计算难度较大，数额难以确定。

笔者认为，从保护劳动者权益的角度出发，应当按照较高标准确定，即按照假设用人单位足额缴纳生育保险费后可申领的生育津贴的标准确定。虽然在欠缴生育保险费和未参保时，生育津贴实际上均由用人单位支付，但《北京市企业职工生育保险规定》第二十三条规定，“企业未按照本规定参加生育保险的，职工生育保险待遇由企业按照本规定的标准支付。企业欠缴生育保险费的，欠缴期间职工生育保险待遇由企业按照本规定的标准支付。”该规定实际区分了未参保和欠缴生育保险费的情形，欠缴生育保险费并不属于未参保，而是已参保但欠费状态，应当按照已参保的情形确定生育津贴的支付标准。且如果用人单位已合法缴纳生育保险费，则劳动者所享受到的生育保险基金支付的生育津贴必然是高于其产假前工资的，而若因用人单位欠费即按较低标准即劳动者产假前工资确定生育津贴支付标准，一方面没有明确法律依据，另一方面又势必减损劳动者权益，故并不合理。至于实际操作中如何确定数额，可与社保经办机构进行沟通。《北京市企业职工生育保险规定》第七条第三款规定，“职工缴费基数按照本人上一年月平均工资计算：低于上一年本市职工月平均工资60%的，按照上一年本市职工月平均工资的60%计算；高于上一年本市职工月平均工资3倍以上的，按照上一年本市职工月平均工资的3倍计算；本人上一年月平均工资无法确定的，按照上一年本市职工月平均工资计算。”具体到本案，因张某产假前工资低于生育保险缴费基数下限即上一年本市职工月平均工资的60%，且甲公司的生育保险缴费基数亦低于该缴费基数下限，故最终仲裁裁定按照上一年本市职工月平均工资的60%确定甲公司应向张某支付的生育津贴的标准。

（北京市西城区劳动人事争议仲裁院　刘晓红）

54. 劳动者维权要谨防权利滥用

争议焦点

劳动者和用人单位签订协议约定用人单位不缴纳社会保险费的，劳动者是否可以主张经济补偿。

基本案情

原告：谢某

被告：某模具公司

2016年2月底，谢某入职某模具公司，职位为CNC编程。2016年3月1日，双方签订劳动合同，合同期限为1年，试用期为1个月。同日，双方签订“增加条款”一份，该文件载明谢某自愿放弃在模具公司的社会保险，今后不与公司发生关于社会保险的纠纷，一切后果由本人承担，该文件由双方签字确认。谢某工作至2016年10月8日，该期间模具公司未为谢某缴纳社会保险费。谢某于2016年10月9日、10月10日以EMS形式向模具公司发出解除劳动合同通知书，内容为：由于公司未依法缴纳社会保险费，故要求于2016年10月9日解除劳动合同并主张经济补偿金等。谢某工作期间，模具公司以“社保补助”的形式支付谢某1 236元。2016年10月14日，谢某向某区劳动人事争议仲裁委员会申请仲裁，请求裁决模具公司支付解除劳动合同经济补偿金18 800元。某区劳动人事争议仲裁委员会裁决驳回谢某的仲裁请求。谢某不服诉至法院。

审理结果

一审法院认为，缴纳社会保险费是企业与劳动者的法定义务，双方均没有选择不缴纳社会保险费的权利。谢某在签订劳动合同的同时签订“增加条款”，明确载明谢某自愿放弃在模具公司的社会保险，应认定为谢某的真实意思表示，谢某自身不愿缴纳社会保险费不可归责于某模具公司，某模具公司不具有主观过错，且某模具公司已经将社会保险费用支付谢某。现谢某在已经放弃社会保险的情况下，又以某模具公司未缴纳社会保险费为由解除劳动合同并主张经济补偿，不符合法律关于用人单位支付经济补偿的相关情形的规定，故不予支持。

一审法院于2017年5月30日作出判决如下：(1) 某模具公司于本判决生效后十五日内给付谢某2016年9月1日至2016年10月8日的工资5 627元；(2) 某模具公司于本判决生效后十五日内给付谢某2015年度、2016年度带薪年休假工资6 736元；(3) 某模具公司于本判决生效后十五日内给付谢某2015年1月1日至2016年10月8日延时加班费和公休日加班费13 796元；(4) 驳回谢某其他诉讼请求；(5) 驳回某模具公司其他诉讼请求。

后原告、被告提起上诉，二审法院判决维持原判一、二、三项。

二审法院认为，用人单位为职工缴纳社会保险费系法律强制性规定，属于用人单位法定义务。某模具公司认为谢某在劳动合同“增加条款”中自愿放弃社会保险，进而可以不为谢某缴纳社会保险费没有法律依据。谢某以某模具公司未依法缴纳社会保险费为由向模具公司提出解除劳动合同并要求模具公司支付解除劳动合同经济补偿符合法律规定，因此判决模具公司支付经济补偿8 665元。

评析意见

纵观一审、二审法院的审判观点，均有其合理之处。目前，劳动者的法律常识在增加，维权意识在增强，拿起法律的武器保护自身权益是我国法治进程中的进步。但同时必须要注意的是，《劳动合同法》颁布已有十余年，其间社会经济飞速发展，对于该法律中关于“未依法为劳动者缴纳社会保险费”的规定，必须要因地制宜、因时制宜，切实保护劳动者、企业双方的合法权益，又要防止权利滥用。目前我国的社会保险制度取得了显著成绩，尤其是在农村完成了农村居民养老保险体系的建立，使得农村居民有了可靠的基本的养老保障，但不可否认的是社会保障体系还不完善、不健全，存有一定的弊端。对于大部分农民工来讲，工作地点流动性强，而全国性的社保网络信息系统还没有完全建立，导致农民工在进入到新的工作地时无法实现连续性缴费，即无法享受到社会保险政策带来的相关福利。在该种现实条件下，更多的农民工选择不参加社会保险，不扣缴个人工资部分，亦不要求单位缴纳社会保险费，双方因此达成相应的协议。

在劳动者和用人单位已经达成上述协议的情况下，劳动者又以“用人单位未依法为劳动者缴纳社会保险费”为由主张解除劳动合同经济补偿，对此应当如何认定呢？笔者坚持认为，在该种情况下不应当支付经济补偿，理由如下。

首先，根据法律规定，用人单位和劳动者必须依法参加社会保险，缴纳社会保险费。社会保险费由单位和个人共同负担，个人应当缴纳的社会保险费，由所在单位从其本人工资中代扣代缴。放弃参加社会保险的协议，虽系双方自愿，但不符合法律规定，应属无效。

其次，上述协议虽系无效协议，但系劳动者自愿放弃参加社会保险，是其真实意思表示，劳动者又以“未依法缴纳社会保险”为由主张经济补偿，显然违反了诚实信用的原则。

再次，法律规定的立法背景系用人单位不为劳动者缴纳社会保险费，使得劳动者被迫离职解除劳动合同的情形。而上述案件中，劳动者对于其未参加社会保险在入职时是明知的，劳动者主观意愿造成了用人单位未依法缴纳社会保险费的现实后果，用人单位无主观过错，由用人单位承担经济补偿缺乏事实和法律依据。而且劳动者在即享受了用人单位支付的社会保险补贴（用人单位应当承担的社会保险费用），又免除了自己缴纳社会保险费的相应义务的情况下，还能够取得经济补偿亦违反了公平的原则。

最后，对于该种情况，劳动者并非没有救济及维权的渠道，劳动者可以要求用人单位为其补缴其工作期间的社会保险费。该项操作的前提是返还用人单位已经支付的社会保险补贴及向社保经办机构部分缴纳其个人应当承担的社会保险费。

综合进行上述分析之后，笔者认为，对于用人单位和劳动者已经签订协议的情况下，不宜再以该理由支持经济补偿的诉求。

（天津市津南区人民法院民一庭　侯敬）

55. 用人单位应当承担工伤保险报销范围外的医疗费及护理费

争议焦点

用人单位是否应当负担职工工伤保险报销范围外的医疗费及护理费。

基本案情

上诉人（一审被告）：某电梯公司

被上诉人（一审原告）：杨某

2003年2月10日，杨某入职某电梯公司，担任电梯调试员，后任质量安全项目经理。某电梯公司为杨某缴纳了医疗及工伤保险费，并购买了一款商业医疗保险。2007年7月13日，杨某因工受伤。某电梯公司未在30日内为杨某申请工伤认定。2008年5月7日，朝阳区社保局认定杨某构成工伤并发给杨某工伤证，认定部位及伤病为“左足外伤第一楔骨裂，诱发潜在疾病加重。全身瘫痪，呼吸衰竭，肺部感染”。2007年7月13日至2009年11月12日杨某停工留薪期间，某电梯公司按每月5 770元标准支付了杨某工资并报销了杨某的生活护理费。2009年11月27日，经朝阳区劳动能力鉴定委员会鉴定，杨某已达到工伤与职业病致残等级标准一级，护理依赖程度为完全护理依赖。2009年12月23日，朝阳区社保中心对杨某核准工伤待遇，伤残津贴及护理费给付起始日期为2009年12月，一次性伤残补助金为109 620元，并通过某电梯公司支付给了杨某。2009年12月至2013年4月，朝阳区社保中心通过某电梯公司按月支付杨某伤残津贴、生活护理费等。2013年5月开始，朝阳区社保中心直接向杨某支付伤残津贴、生活护理费、工伤辅助器具费，不再通过某电梯公司支付上述费用。杨某的各项工伤保险待遇随国家相关标准（职工平均工资增长率、居民消费价格指数等因素）变化而调整。商业保险及社会保险（医疗及工伤保险）报销了杨某2007年7月13日至2015年12月31日期间部分医疗费用以及2010年1月1日至2016年4月25日期间的护理费用187 391.48元。双方劳动关系至今未解除或终止。某电梯公司在杨某的救治过程中，通过关爱基金及慰问、捐款等形式，给予其700 607元的经济援助。双方在工伤保险报销范围外的医疗费和护理费由谁承担上产生纠纷。

1. 关于医疗费。杨某主张依据《中华人民共和国劳动保险条例》第十二条及《企业职工工伤保险试行办法》第十七条的规定，其不应承担工伤治疗过程中的任何医疗费，要求某电梯公司支付2007年7月13日至2015年12月31日期间社会保险及商业保险不予报销的医疗费用1 230 793.42元。某电梯公司认可杨某存在社会保险及商业保险未予报销的费用，但主张商业保险是员工福利，福利待遇不应产生其他法律责任；杨某已享受了工伤保险待遇，其无支付义务。

2. 关于护理费。杨某主张因其全身瘫痪，不能自理，完全护理依赖，需要至少两人每天24小时轮班看护，但社会保险仅报销了2010年1月至2016年4月25日的护理费187 391.48元，要求某电梯公司支付2010年1月1日至2016年4月25日社会保险未予报销的护理费453 408.52元。某电梯公司主张社会保险已经支付了杨某护理费，杨某要求某电梯公司支付社会保险未予报销的护理费无法律依据。

杨某曾就本案劳动争议提请劳动仲裁，仲裁委员会裁决驳回杨某的全部仲裁请求。杨某不服，诉至朝阳区人民法院。

审理结果

朝阳区人民法院于2017年9月27日作出判决，某电梯公司支付杨某：（1）2007年7月13日至2015年12月31日社会保险及商业保险未予报销的医疗费用（含辅助器具费）共计110万元；（2）2010年1月1日至2016年4月25日期间社会保险未予报销的护理费用共计42万元；（3）驳回杨某的其他诉讼请求。某电梯公司不服，向北京市第三中级人民法院提起上诉，该院于2018年3月6日作出判决，维持原判。

评析意见

本案争议焦点之一为某电梯公司作为用人单位是否应当负担杨某工伤保险基金报销范围外的医疗费。《工伤保险条例》第三十条第三款规定，治疗工伤所需费用符合工伤保险诊疗项目目录、工伤保险药品目录、工伤保险住院服务标准的，从工伤保险基金支付。至于超出上述目录和标准、不由工伤保险基金支付的医疗费，由用人单位还是工伤职工负担，当前法律法规未作出直接明确的规定，应依据工伤保险立法精神、相关法律、司法解释以及法理进行综合考量。

第一，工伤保险制度的首要目的在于及时救治、补偿工伤职工，通过社会化负担方式分散用人单位的工伤风险亦为工伤保险制度的重要目的，但分散风险并不代表免除用人单位的全部损害赔偿责任。《工伤保险条例》第一条明确了立法宗旨，即“为了保障因工作遭受事故伤害或者患职业病的职工获得医疗救治和经济补偿，促进工伤预防和职业康复，分散用人单位的工伤风险，制定本条例”。《工伤保险条例》虽未就工伤保险基金不予报销的医疗费如何负担作出明确规定，但结合该条例立法宗旨，从保护处于弱势地位的劳动者以及工伤救治客观需要考虑，该部分费用由工伤职工负担有违公平；而用人单位作为危险源的开启者、最有能力的危险源控制者和生产活动的受益者，对劳动者负有安全保障义务，该部分费用由用人单位负担更为合理。《工伤保险条例》第三十三条关于用人单位应支付劳动者停工留薪期的工资福利待遇的规定，即说明用人单位在工伤保险基金支出范围外，仍应负担劳动者的部分工伤待遇。且停工留薪期待遇属于职工因暂停工作而发生的可得利益损失，属间接损失；工伤医疗费是职工因接受医疗而遭受的既有利益损失，属直接损失。举重以明轻，间接损失尚且获赔，直接损失更应获赔。

第二，《中华人民共和国职业病防治法》第五十八条规定，职业病病人除依法享有工伤保险外，依照有关民事法律，尚有获得赔偿的权利的，有权向用人单位提出赔偿要求。《中华人民共和国安全生产法》第五十三条规定，因生产安全事故受到损害的从业人员，除依法享有工伤保险外，依照有关民事法律尚有获得赔偿的权利的，有权向本单位提出赔偿要求。据此可知，立法对劳动者享有在工伤保险外主张民事赔偿的权利持肯定态度。

第三，《最高人民法院关于审理人身损害赔偿案件适用法律若干问题的解释》（以下简称《人身损害赔偿司法解释》）第十一条第三款“属于《工伤保险条例》调整的劳动关系和工伤保险范围的，不适用本条规定”的规定，宜应理解为工伤保险范围内不适用雇主责任，但工伤保险范围外的损失如何赔偿并未明确规定。《人身损害赔偿司法解释》第十二条第一款规定，“依法应当参加工伤保险统筹的用人单位的劳动者，因工伤事故遭受人身损害，劳动者或者其近亲属向人民法院起诉请求用人单位承担民事赔偿责任的，告知其按《工伤保险条例》的规定处理”。该条款宜理解为劳动者就工伤赔偿在程序上应先主张工伤保险责任，并未否定劳动者在享受工伤保险待遇后，还享有就其他损失向用人单位主张赔偿的实体权利。

第四，法律对劳动关系中劳动者的保护力度应大于对雇佣关系中雇员的保护力度。《人身损害赔偿司法解释》第十一条第一款规定，“雇员在从事雇佣活动中遭受人身损害，雇主应当承担赔偿责任”。此处，雇主对雇员从事雇佣活动所受人身损害系承担无过错赔偿责任。《中华人民共和国侵权责任法》第三十五条规定，个人之间形成劳务关系，提供劳务一方因劳务造成他人损害的，由接受劳务一方承担侵权责任。提供劳务一方因劳务自己受到损害的，根据双方各自的过错承担相应的责任。鉴于上述规定限定为“个人之间形成劳务关系”，并未完全替代《人身损害赔偿司法解释》第十一条第一款之规定，单位与个人形成的劳务关系中，雇员从事雇佣活动遭受人身损害，仍适用《人身损害赔偿司法解释》第十一条第一款之无过错赔偿责任的规定。举重以明轻，法律对劳动关系中劳动者的保护力度不应小于对雇佣关系中雇员的保护力度。否则，既违反法律体系的内在逻辑，也有悖公平原则。

综上所述，工伤保险基金报销范围外的医疗费，应由用人单位按无过错原则负担。同理，工伤职工生活不能自理，接受护理是其基本人身权利的体现，呼吸机、咳痰机等辅助器具属维持生命所需，也与工伤事故存在相当的因果关系，故工伤保险基金报销范围外的合理的护理费、工伤辅助器具费亦应由用人单位负担。此外，按照《工伤保险条例》第十七条规定，用人单位未在职工发生事故伤害发生之日起30日内，向统筹地区社会保险行政部门提出工伤认定申请，在此期间发生符合《工伤保险条例》规定的工伤待遇等有关费用由该用人单位负担。

本案中，某电梯公司未及时为杨某申请工伤认定，导致其未能及时享受符合

《工伤保险条例》规定的工伤待遇，某电梯公司对此负有过错，应负担在此期间杨某发生的符合《工伤保险条例》规定的工伤待遇等有关费用。工伤职工杨某属一级伤残，生活完全不能自理，重伤情况实属罕见，治疗历时已达 10 年之久，商业保险及社会保险未予报销的医疗费用、护理费用等数额巨大，但系因康复护理、继续治疗实际发生，属抢救及维持生命所需。某电梯公司在杨某的救治过程中，通过关爱基金、慰问、捐款等形式，给予其一定的经济援助，体现了良好的社会责任感。故，综合考虑本案案情，结合双方提交的证据，扣除无支出票据佐证、无法核算以及社会保险已报销的费用，法院酌定某电梯公司支付杨某 2007 年 7 月 13 日至 2015 年 12 月 31 日社会保险及商业保险未予报销的医疗费用（含辅助器具费）共计 110 万元。杨某属完全护理依赖，护理人数按两人计算，未超出合理范畴，参照北京市护工从事同等级别护理的劳务报酬标准计算，按照每日人均 120~150 元的区间，依据年份递增，减去社会保险已报销的护理费，法院酌定某电梯公司支付杨某 2010 年 1 月 1 日至 2016 年 4 月 25 日期间社会保险未予报销的护理费用共计 42 万元。

（北京市朝阳区人民法院民一庭　肖唯）

56. 低于缴费基数缴纳工伤保险，劳动者可否要求单位承担工伤保险待遇差额

争议焦点

1. 用人单位未按照劳动者实际工资缴纳工伤保险，造成工伤职工享受的工伤保险待遇降低，工伤职工是否有权请求用人单位承担工伤保险待遇差额部分损失；

2. 该项争议是否属于法院受案范围；

3. 对于工伤保险待遇差额，法院可否在诉讼中直接确定数额并裁判。

基本案情

上诉人：陈某

被上诉人：北京某医院有限公司

2014年9月16日北京某医院有限公司（以下简称医院）成立。2014年10月1日，医院与陈某签订了无固定期限劳动合同，约定岗位为神经科主任。医院为陈某缴纳了2014年11月至2016年8月期间的社会保险费。2015年4月12日，陈某因工负伤，9月28日被北京市某区劳动能力鉴定委员会鉴定为伤残十级。某区社会保险基金管理中心于2015年10月13日核算陈某的一次性伤残补助金为27 146元。

2016年1月14日，陈某以医院未依据其本人实际工资收入缴纳社会保险费，致使工伤一次性伤残补助金低于法定标准为由向劳动争议仲裁委员会提出仲裁申请，要求医院支付一次性伤残补助金108 360元。2016年9月5日，仲裁委员会裁决驳回了陈某的各项仲裁请求。陈某不服，起诉至法院。陈某主张，其2014

年3月至2014年9月期间参与医院的筹备工作，2014年3月开始工资为每月8 000元，2014年年底调整至每月12 000元，2015年初调整至每月15 000元，并提交了银行明细。

2016年10月28日，一审法院判决驳回陈某的诉讼请求，理由是医院已经为陈某缴纳了工伤保险，陈某要求医院支付的一次性伤残补助金属于工伤保险基金支付范围，故对陈某相关诉讼请求，法院不予处理。陈某不服，提起上诉。二审法院认为，医院已为陈某缴纳工伤保险，鉴于一次性伤残补助金系工伤保险基金支付范围，故一审法院判决驳回陈某该项诉请并无不当。陈某上诉认为医院应向其支付一次性工伤伤残补助金，因无法律依据，不予支持。2017年1月12日，二审判决驳回上诉、维持原判。

2016年11月11日陈某再次向劳动争议仲裁委员会提出仲裁申请，要求医院支付一次性伤残补助金差额81 214元。2017年8月22日，劳动争议仲裁委员会裁决医院支付陈某一次性伤残补助金差额76 001.8元。

双方均不服仲裁裁决，诉至法院。

审理结果

一审法院认为，医院是否为陈某足额缴纳了工伤保险费需社会保险经办机构核定，如经社会保险经办机构核定，医院未为陈某足额缴纳工伤保险费，社会保险费征收机构可以责令医院补足。现陈某虽主张医院未按其实际工资标准缴纳工伤保险费，要求医院支付一次性伤残补助金差额，但在未经社会保险经办机构核定的情形下，法院无法确定医院是否应向陈某支付一次性伤残补助金差额以及其具体数额，故法院对此暂不予处理，仲裁委员会判令医院支付陈某一次性伤残补助金差额，处理不当，法院予以纠正。如经社会保险经办机构核定，明确了医院应为陈某缴纳的工伤保险费低于实际缴纳数额，则陈某可依据社会保险经办机构核定情况再行主张一次性伤残补助金差额。故判决医院不支付陈某一次性伤残补助金差额70 006.8元。

二审法院判决维持原判。

评析意见

该案历经两轮仲裁、一审和二审，两轮的结果和理由各不相同。在第一轮仲裁中，仲裁委员会驳回了陈某的请求；一审法院以医院已为陈某缴纳了工伤保险，陈某要求医院支付的一次性伤残补助金属于工伤保险基金支付范围，对陈某的诉讼请求不予处理；二审法院在肯定一审法院观点的同时，亦认为陈某请求医院向其支付一次性伤残补助金，无法律依据。在劳动者发起的第二轮仲裁和诉讼中，仲裁和诉讼机关均未发生变化，但第二轮仲裁和诉讼的裁决观点却发生了变化。第二轮仲裁中，仲裁委员会核算了一次性伤残补助金差额并直接裁决；一审和二审法院以社会保险费是否足额缴纳未经社会保险经办机构核定、无法确定医院是否应向陈某支付一次性伤残补助金差额及具体数额为由，未在本次诉讼中处理，但并未否定劳动者请求一次性伤残补助金的权利，待社会保险经办机构核定后可以再行起诉。

对于因未足额缴纳工伤保险导致劳动者和用人单位之间发生的工伤保险待遇差额争议，探讨以下三个问题。

（一）用人单位应否承担社会保险待遇差额部分

《工伤保险条例》规定，一次性伤残补助金根据工伤职工的本人工资计算，而本人工资为缴费工资，并非劳动者本人实际工资。如果本人实际工资高于缴费工资，则按照缴费工资和本人实际工资计算的一次性伤残补助金必然存在差额。当然由于社会保险缴费有上线要求，若员工工资高于统筹地区职工平均工资3倍的，则社会保险待遇只能按最高缴费基数计算。本案中，陈某被鉴定为工伤十级，其伤残补助金应为7个月的本人工资。但由于用人单位缴费基数低，其从工伤保险基金中只能获得27 146元的伤残补助金，相较于按其本人实际工资计算的数额存在很大差距，因此陈某请求单位支付差额部分。

用人单位是否需要补足差额待遇，司法实践中存在争议，有的认为社会保险经办机构已经支付社会保险待遇，不应再向单位请求支付待遇差额且该主张没有法律依据；也有的认为单位应当承担补足差额的责任。本案两轮诉讼正体现了两种不同的观点。笔者倾向于后者，即单位应当承担补足社会保险待遇差额的责任，主要理由如下。第一，《社会保险法》《社会保险费征缴暂行条例》以及《社会保险费申报缴纳管理规定》等均明确规定，用人单位应当按时足额缴纳社会保险费，足额缴纳社会保险费是用人单位的法定义务。第二，用人单位未按法律规定足额缴纳社会保险费，违反了法定义务，但若降低社会保险缴费基数是劳动者主动要求的，则不应归责于用人单位。因此，非因劳动者原因导致未足额缴纳社会保险费，用人单位已具有主观可归责性，由此导致劳动者从社会保险经办部门获得的社会保险待遇降低，且损失与降低社会保险缴费基数之间存在因果关系，完全满足侵权责任的构成要件。同时，社会保险部门按照用人单位的缴费基数核算并发放伤残补助金，已依法履行了法定职责，无须对劳动者的损失承担责任。第三，虽然《社会保险法》等法律法规规定了用人单位未按时足额缴纳社会保险费需承担限期缴纳、补足及加收滞纳金的行政责任，即便用人单位在工伤发生后补足缴费基数，工伤保险基金仍将以工伤发生时而非补足后的缴费基数计算伤残补助金，并不能因单位承担了行政责任而使劳动者待遇损失得到弥补。因此，用人单位的行政责任并不能代替民事责任。综上，非因劳动者原因导致社会保险缴费基数降低，用人单位应当对工伤保险待遇差额部分承担赔偿责任。

（二）在已经缴纳工伤保险的情况下，劳动者请求支付工伤保险待遇差额，是否属于法院受理劳动争议案件的范围

关于此类社会保险争议是否属于法院受案范围，本案两轮诉讼给出了不同的答案。笔者认为，对于已实际发生了社会保险待遇损失的社会保险争议，为保护劳动者的合法利益，应当纳入法院受案范围。第一，《劳动争议调解仲裁法》第二条明确将因社会保险引发的争议纳入该法调整范围。第二，《最高人民法院关于审理劳动争议案件适用法律若干问题的解释（三）》第一条规定，劳动者以用人单位未为其办理社会保险手续，且社会保险经办机构不能补办导致其无法享受社会保险待遇为由，要求用人单位赔偿损失而发生争议的，人民法院应予受理。最高人民法院于2011年11月23日在其官网发布《关于对“社会保险的劳动争议”问题的答复》就该司法解释进一步明确：“只有那些未被《社会保险费征缴暂行条例》和《社会保险法》明确规定由社会保险管理部门负责处理的事项，因而发生争议的，才纳入到人民法院的受案范围。”因此，根据上述司法精神，用人单位已经为劳动者办理了社会保险手续而发生的社会保险争议并不是排除在法院受案范围之外的判定标准，而是应合理划分法院和社会保险行政部门的职责分工问题。《社会保险法》《社会保险费征缴暂行条例》等法律法规赋予了社会保险行政部门对用人单位为劳动者办理社会保险的专属管理权和处罚权，用人单位、劳动者和社会保险行政部门就社会保险费征收及缴纳发生争议，若未给劳动者利益造成实际损失，理应由社会保险行政部门予以处理。司法遵守谦抑原则，不应强行介入和干预。但本案中劳动者的社会保险利益已经发生实际损失，社会保险行政部门仅对用人单位进行补缴等行政处理，并不能解决民事赔偿问题，因此属于未“明确规定由社会保险管理部门负责处理的事项”，理应由法院受理。第三，用人单位降低社会保险缴纳基数导致社会保险待遇降低，已然造成劳动者财产利益的损失，该争议既不是社会保险行政部门与征缴对象之间的征收与缴纳争议，也不是社会保险部门与待遇享受主体之间的社会保险待遇发放争议，而是用人单位与劳动者之间因降低社会保险缴费基数导致待遇受损而发生的争议，符合劳动争议的主体要求，亦符合《劳动争议调解仲裁法》因社会保险引发的争议以及《民事诉讼法》因财产关系发生的争议。

因此，虽然用人单位已经缴纳了工伤保险费，但因缴费基数低导致社会保险待遇降低的民事赔偿，应当属于法院受案范围。

（三）对于工伤保险待遇差额，法院可否在诉讼中直接确定数额并裁判

本案中，仲裁委员会在劳动者第二次申请仲裁时核算了损失数额，大部分支持了劳动者的请求；但一审法院却以医院是否为陈某足额缴纳工伤保险费未经社会保险经办机构核定，无法确定医院是否应向陈某支付一次性伤残补助金差额及具体数额为由，暂不处理并否定了仲裁委员会的做法，同时得到二审法院的支持。虽然法院并没有否定劳动者再次主张伤残补助金差额的诉讼权利，但却增加了劳动者的诉讼成本。对于本案中法院的做法，笔者有不同看法。

首先，关于社会保险费缴纳基数问题。本案中陈某发生工伤的时间为2015年4月，根据北京市人力资源社会保障局《关于调整社会保险缴费年度及申报2014年度社会保险缴费工资的通知》可知，2014年的社会保险缴费年度为2014年7月1日至2015年6月30日，缴费基数按照劳动者上年度即2013年度月平均工资计算；如新参加工作或失业后再就业的人员，缴纳工伤保险费时，以进入本企业工作第一个月的工资作为当年各月缴费工资基数。陈某在医院成立前即参与筹建工作，双方应自医院成立之日即2014年9月16日建立劳动关系。根据《社会保险费申报缴纳管理规定》第八条规定，用人单位应当自用工之日起30日内为其职工申请办理社会保险登记并申报缴纳社会保险费。因此，医院应当在建立劳动关系的30日内为陈某办理社保登记并申报缴纳社会保险费，且以陈某9月份工资作为2014年度的社会保险缴费基数。

其次，关于医院是否足额缴纳工伤保险费。法院若无法确定，由负有征缴职责的社会保险经办部门核定无可厚非。但在劳动者已经提出确切请求，且对陈某主张的工资标准已然认定的情形下，法院却以未经社会保险经办机构核定为由，驳回劳动者诉讼请求，似有不妥。虽然法院并未否定陈某在依据社会保险经办机构核定后再行主张的权利，但未在案件中一次性解决，无疑增加了劳动者不必要的诉累。对于工伤保险缴纳基数问题，司法实践中有的由法院自行核算，也有的由社会保险经办部门核算，但无论由哪个主体核算，笔者认为完全可以在一个诉讼中解决，而不必另行起诉。本案中，劳动者已就一次性伤残补助金问题提起两轮仲裁和诉讼，但仍未能得到最终的解决。

最后，《最高人民法院关于审理劳动争议案件适用法律若干问题的解释》第二十条第二款规定，对于追索劳动报酬、养老金、医疗费以及工伤保险待遇、经济补偿金、培训费及其他相关费用等案件，给付数额不当的，人民法院可以予以变更。本案中，如法院认为陈某提出的一次性伤残补助金差额数额不当，可以在经社会保险经办机构核定社会保险缴费基数之后，按照核定的社会保险缴费基数及伤残等级标准计算的一次性伤残补助金与社会保险基金管理中心已经拨付的27 146 元予以比较，确定两者的差额，在判决中直接变更陈某诉请的数额。

（北京观韬中茂律师事务所　李晓敏）

商业秘密与竞业限制

商业秘密是指不为公众所知悉，能为权利人带来经济利益，具有实用性，并经权利人采取保密措施的技术信息和经营信息。大多数用人单位首先会制定有关保护商业秘密的规章制度，明确保护范围、保密措施。用人单位与劳动者约定离职后竞业限制协议条款，在实务中也十分普遍。用人单位通过竞业限制协议，使得劳动者在离职后的一定期限内，不得到与本单位有竞争关系的其他单位从事同类产品及业务或者自己从事与原单位有竞争关系的生产经营活动。这使得用人单位所拥有的商业秘密及与知识产权相关的保密事项牢牢掌握在自己手中，而这些事项又与企业生存发展休戚相关。因为一旦负有保密义务的职工从原用人单位离职后，利用其掌握的秘密为原用人单位的竞争对手提供劳动，便会对原用人单位造成重大损害，而签订竞业限制协议有利于保持原用人单位的竞争力，降低人力成本。同时，竞业限制协议也会降低劳动者的离职率，促使用人单位有更大的动力投入资源和成本对劳动者进行培训，提高他们的工作技能。就此可言，商业秘密作为一种无形资产，是企业在激烈的市场竞争中克敌制胜的有效武器，是企业创新能力的重要标志，而竞业限制协议能够有效地保护用人单位的商业秘密。

虽然竞业限制制度对企业的商业秘密保护和经营权维护均具有重要意义，但是该协议也限制了劳动者的择业自由，使得劳动者不能从事自己擅长的工作，降低了职业成就感，其难以从不擅长的工作中获得行业的认可。同时也使得劳动者的业务技能生疏，长时间不从事之前熟悉的工作，即使竞业限制期间届满之后，不仅面临技能或技术过时落后的风险，甚至恢复原来的水平都存在重大困难。虽然劳动者在竞业限制期间能获得的一定的补偿，但是与原来的工资收入相比差额还是巨大的。所以竞业限制协议可能会对劳动者的工作权、生存权造成侵害。另外，竞业限制协议虽然要求劳动者不得从事竞争性工作，但是劳动者（通常为高级技术人员或者高级管理人员）为了避免违约的风险，往往从事跟原来不相关的工作，这也是对人才的一种浪费，不利于社会经济的发展。所以竞业限制协议不仅涉及对民事主体的私权保护，还涉及社会公共利益保护的内在价值诉求。

2013 年 2 月 1 日起实施的《最高人民法院关于审理劳动争议案件适用法律若干问题的解释（四)》中的有关条款，强调了在保护用人单位商业秘密的同时，也应保护劳动者合法权益并尽量减少对劳动者自由择业的不合理限制，为解决竞业限制纠纷提供了有力的法律保障。但是，实践中依然存在大量劳动者离职带走用人单位的商业秘密或者离职后从事竞争性工作而给用人单位带来经济损失以及名誉损害的案件，同时也存在不少企业过度地与劳动者签订竞业限制协议，不当地限制劳动者择业自由的案件。在多重矛盾下，出现了很多法律中没有规定的情形，也存在不能简单适用相关法律就能解决的问题。本部分以实践中切切实实发生的案例为引导，通过严谨的逻辑、缜密的分析解决实践中的问题，以期为司法实务提供有效的诉讼指引。

57. 劳动关系存续期间因违反竞业限制义务的违约责任

争议焦点

1. 竞业限制的主体范围如何限定；
2. 对劳动者在职期间约定竞业限制义务及违约条款是否符合法律规定。

基本案情

申请人：某科技公司
被申请人：佟某

佟某系某科技公司业务部经理，于入职时与某科技公司签订了员工保密协议，约定佟某在某科技公司任职期间，非经某科技公司事先同意，不得在与某科技公司生产、经营同类产品或提供同类服务的其他企业担任任何职务，包括股东、合伙人、董事、监事、经理、职员等；不得组建、参与组建与某科技公司有竞争关系的公司或单位。若佟某违反上述各项义务，应当向某科技公司支付本人年工资3倍的违约金。但佟某确在某科技公司任职期间以法定代表人的身份注册成立了与某科技公司在经营范围、技术及业务部分重合的案外公司。

某科技公司主张：其与佟某签订的员工保密协议真实有效，佟某应按照员工保密协议的约定履行自己的义务，并在出现违约行为时承担违约责任，向其支付违约金。

佟某主张：(1) 佟某既不是公司高级管理人员，也不是高级技术人员，不掌握任何实权和有关商业秘密，不属于竞业限制的人员范围；(2) 竞业限制义务仅存在于劳动者与用人单位解除或终止劳动合同之后，其在职期间仅需要履行忠诚义务，某科技公司要求其在职期间履行竞业限制义务没有法律依据；(3) 其虽然创办了案外公司，但该公司从未实际开展过任何经营，不存在同业竞争关系，未给某科技公司造成经济损失，即使其存在没有履行劳动者忠诚义务的行为，也无须承担违约金。

审理结果

佟某向某科技公司支付违约金。

评析意见

（一）佟某是否属于竞业限制的人员范围

《劳动合同法》第二十四条第一款规定："竞业限制的人员限于用人单位的高级管理人员、高级技术人员和其他负有保密义务的人员。"可见，并不是所有劳动者都是竞业限制的适格主体，其范围仅限于知悉用人单位非公开及具有价值性的商业秘密、掌握产品研发等核心技术信息、知晓企业经营策略及项目动态信息，以及能够接触到企业保密文件等人员。具体可根据劳动者的岗位进行综合判断。

本案中，佟某担任某科技公司业务部经理一职，其在工作中必然会知悉掌握包括但不限于业务项目名称、执行方案、合同标的、项目优势等信息，显然属于负有保密义务的工作人员，进而符合劳动合同法规定的竞业限制人员范围。故佟某不是竞业限制人员适格主体的抗辩理由不能成立。

（二）劳动者在职期间是否需要履行竞业限制义务及违反竞业限制义务是否需承担违约责任

1. 关于在职期间的竞业限制义务的问题

实践中就劳动者在职期间是否需要履行竞业限制义务存在两种观点：一种观点认为在职期间劳动者遵守的是保密义务与忠诚义务，而非竞业限制义务，且劳动合同法明确规定竞业限制经济补偿是在解除或者终止劳动合同后进行给付，故而用人单位无权与劳动者约定在职期间需履行竞业限制义务；另一种观点则认为，劳动者在职期间更容易接触和掌握到用人单位的商业秘密和核心资料，其在职期间若违反竞业限制义务给用人单位造成的损害结果势必较离职后更加严重，根据举轻以明重的原则，劳动者更应当履行竞业限制义务。

笔者同意第二种观点。理由如下：

第一，《劳动合同法》第二十三条规定："用人单位与劳动者可以在劳动合同中约定保守用人单位的商业秘密和与知识产权相关的保密事项。对负有保密义务的劳动者，用人单位可以在劳动合同或者保密协议中与劳动者约定竞业限制条款，并约定在解除或者终止劳动合同后，在竞业限制期限内按月给予劳动者经济补偿。劳动者违反竞业限制约定的，应当按照约定向用人单位支付违约金。"针对竞业限制义务的履行阶段，法律并没有作出仅限劳动合同解除或终止后的限定，即未对劳动者在职期间负有竞业限制义务作出禁止性规定。因此，竞业限制条款所约定的期限当然可以包括在职期间，即除当事人在劳动合同中明确约定排除此义务外，该义务即附着于劳动合同而自始存在，应为合同义务。

第二，从立法目的来看，竞业限制制度的设立实际上是为了在保护用人单位商业秘密与保护劳动者择业自由权之间进行的利益平衡。竞业限制客观上限制了劳动者的自由择业权，进而影响了劳动者的生存权，在"解除或者终止劳动合同后，在竞业限制期限内按月给予劳动者经济补偿"系基于劳动者在一定时期内，因履行竞业限制协议而放弃自己专业领域技能，可能导致劳动报酬减少，影响生活质量，从而向劳动者支付经济补偿以弥补劳动者的报酬损失。故竞业限制经济补偿的支付期限并不当然认定为竞业限制义务履行期限。

第三，从立法本意上考量，负有保密义务的劳动者在职期间更容易接触和掌握到用人单位的商业秘密和核心资料，其在职期间从事竞业行为势必给用人单位造成更严重的损害，情形往往存在主观恶意，故其在职期间更应当履行保守商业秘密的义务。再则，劳动者在劳动关系存续期间履行忠诚、勤勉义务与其任职期间履行竞业限制义务并不存在排斥关系，不能以履行了忠诚义务作为无须履行竞业限制义务，进而免除法律责任的依据。

具体到本案中，佟某与某科技公司签有员工保密协议，其中明确载有"佟某在某科技公司任职期间，非经某科技公司事先同意，不得在与某科技公司生产、经营同类产品或提供同类服务的其他企业担任任何职务，包括股东、合伙人、董事、监事、经理、职员等；不得组建、参与组建与某科技公司有竞争关系的公司或单位"的约定。根据当事人意思自治原则及诚实信用原则，佟某在职期间应当负有竞业限制义务。据此，佟某关于其无须履行竞业限制义务的抗辩理由不能成立。

佟某虽又称其注册成立的案外公司从未实际开展过任何经营，未给某科技公司造成经济损失，但两家公司在工商部门登记的经营范围上有重合之处，二者存在同业竞争的可能。在佟某未能就己方主张提供充分有效的证据予以证明的情况下，其应对此承担举证不能的法律后果。据此，佟某关于其在与某科技公司劳动关系存续期间创办的案外公司与某科技公司不存在同业竞争关系的抗辩理由不能成立，进而认定佟某存在违反竞业限制的行为。

2. 关于违约责任的问题

《劳动合同法》第二十三条明确规定，劳动者违反竞业限制约定的，应当按照约定向用人单位支付违约金。那么如何理解违约金呢？首先，违约金的约定有利于劳动者。一旦劳动者违反竞业限制义务，其将承担的违约责任，即损失赔偿金控制在可预见的范围之内。其次，该违约金的给付是对于劳动者违反竞业限制的法律责任，是基于劳动者违约行为对用人单位造成损害结果所实施的救济途径。最后，如果双方约定的违约金金额过高或过低时，可依据《合同法》第一百一十四条的规定，请求对违约金的数额进行调整。

本案中，根据当事人意思自治原则及诚实信用原则，佟某与某科技公司对于违约金条款的约定合法有效。据此，佟某关于无须承担违约金的抗辩理由不能成立。

（北京市海淀区劳动人事争议仲裁院　杨秋艳）

58. 用人单位在竞业限制纠纷中的举证技巧

争议焦点

1. 王某是否违反竞业限制义务；
2. 竞业限制违约金是否以用人单位实际经济损失为限。

基本案情

申请人（一审被告，二审被上诉人）：××科技股份有限公司
被申请人（一审原告，二审上诉人）：王某

王某于2008年7月14日入职××科技股份有限公司（以下简称甲公司），双方于2012年5月15日签订自2012年7月14日起生效的无固定期限劳动合同，约定王某工作岗位为机械组工程副经理。双方另签订知识产权保护和竞业限制协议，载明："在王某（乙方）的聘用期内，及其与甲公司（甲方）雇佣关系解除或终止后的两年内（竞业限制期），乙方不得直接或间接参与与甲方有任何竞争性的本职工作以外的活动（事先得到甲方许可的除外）；不得在经营与甲方同类业务的或与甲方有竞争关系的其他企业兼职、任职。在乙方离职时，甲方向乙方按月支付竞业限制经济补偿，补偿金为乙方在甲方离职前上一年度月工资总额的100%，竞业限制期限为二年，支付时间为竞业限制开始之日起30日内。如果乙方违反竞业限制约定的，除将甲方已经支付的补偿金全额返还外，还需向甲方支付违约金，违约金为乙方离职前上一年度税前年收入总额的300%；同时甲方将取消尚未支付的经济补偿金，如乙方的违约行为给甲方造成经济损失，则乙方应另行赔偿甲方所遭受的全部直接经济损失。"

王某于2014年11月17日因个人原因离职，甲公司于2014年12月25日通过快递形式向其送达"公司关于对王某启动竞业限制事宜的再次提醒通知"，载明“公司已于2014年12月10日向您的个人银行账户支付第一次竞业限制补偿金，公司支付竞业限制补偿金不表示认可您已完成竞业限制义务，公司保留您是否履行竞业限制义务进行调查及追诉的权利。再次提醒您的竞业限制范围是：汽车电机、控制器、控制软件、动力总成，节能与新能源汽车领域”。

甲公司于2014年11月至2015年9月期间，按照每月税前7 000元、税后6 755元的标准每月向王某支付竞业限制补偿金。

王某于2014年12月入职乙公司，甲公司认为其违反了竞业限制义务，并自2015年10月起停发了竞业限制补偿金。

甲公司向北京市劳动争议仲裁委员会申请了劳动仲裁，请求裁令王某返还已支付的竞业限制补偿金并支付违约金等相关款项。

仲裁委员会裁决王某返还甲公司已支付的竞业限制补偿金72 896.55元，支付甲公司违反竞业限制义务的违约金218 689.65元、劳动仲裁代理费5 000元。

王某对仲裁裁决结果不服，起诉至北京市朝阳区人民法院，后又上诉至北京市第三中级人民法院。

审理结果

一审法院判决：（1）王某于判决生效之日起七日内返还甲公司已支付的竞业限制补偿金72 896.55元；（2）王某于判决生效之日起七日内支付甲公司违反竞业限制义务的违约金218 689.65元；（3）王某无须支付甲公司劳动仲裁代理费5 000元。

二审法院判决：驳回上诉，维持原判。

评析意见

（一）王某是否违反竞业限制义务

对此双方争议较大。甲公司主张王某在竞业限制期内入职其竞争企业乙公司，而乙公司及其关联公司丙公司系从事汽车电机和控制器、节能和新能源汽车行业领域，与其存在直接竞争关系，王某违反了竞业限制义务。王某主张其在甲公司处工作内容主要包括负责研发电机结构设计，而入职乙公司后主要从事整车测试工作，帮助该公司使用好电机产品；另称甲公司系乙公司的供应商，乙公司自己没有生产研发电机及控制器，且乙公司入股了其他专门生产电机及控制器的丙公司，所以乙公司不可能自己生产相关电机产品。

甲公司就其与乙公司及其关联公司存在竞争关系提供了如下证据。

1. 乙公司与甲公司经营范围存在重合。从甲公司提供的工商注册信息可知，乙公司经营范围包括：装配新能源汽车动力模块，筹备新能源汽车整车、纯电动汽车、混合动力汽车的生产项目，销售新能源汽车动力模块系统零部件，技术开发、技术转让、技术咨询。其关联公司丙公司的经营范围是：生产驱动电机及控制器系统，研究、开发新能源汽车电驱动系统、整车控制器，销售驱动电机及控制器系统。从乙公司在工商部门注册的信息可知，乙公司与甲公司存在竞争关系。

2. 从公众媒体及上市公司公告查询信息可知，乙公司主营业务为新能源汽车动力模块系统的研发、生产、销售和服务，是国内少数掌握纯电动汽车电池、电机、电控三大核心技术的新能源汽车企业。

3. 乙公司从事电机、控制器的研发，与甲公司存在竞争关系。从甲公司提交的国家知识产权局关于乙公司发明专利信息截图可知，乙公司作为专利申请人，有一项关于电机控制器的发明专利和一项关于动力传动系统的发明专利。上述发明专利均系汽车电机、控制器和控制软件，以及节能与新能源汽车等行业产品。

4. 乙公司从事电机、控制器的生产、销售，与甲公司存在竞争关系。甲公司两次到某汽车4S店实地走访，采集了现场照片、视频和宣传手册，均显示型号为EV160的汽车使用的电机控制器为乙公司产品，可见乙公司与甲公司生产经营同类产品，存在竞争关系。

5. 从行业内公知信息可知，乙公司在新能源汽车电机、控制器领域有较高知名度，是甲公司的主要竞争对手。从汽车行业媒体查询信息可知，乙公司设有新能源汽车核心零部件研发制造基地，在行业内享有较高的知名度和竞争力。而且，根据行业媒体统计，乙公司在配套电机排名第一，甲公司排名第二。

笔者认为，本案中双方签订了竞业限制协议，在劳动关系解除时再次明确了竞业限制义务，且甲公司依约支付了竞业限制补偿金，上述事实足以认定，竞业限制协议系双方真实意思表示，王某应遵守协议约定，在离职两年内不直接或间接参与甲公司有任何竞争性的本职工作以外的活动，不在经营与甲公司同类业务的或与甲公司有竞争关系的其他企业兼职。根据已查明的事实，王某入职的乙公司及其所投资设立的丙公司经营范围与甲公司业务范围有重合，结合专利申请等相关证据足以证明乙公司与甲公司有直接竞争关系。

（二）竞业限制违约金是否以用人单位实际经济损失为限

王某主张其已经尽到了善意注意义务，并在接到律师函后及时从乙公司离职，并未给甲公司造成任何损失，不应支付高额竞业限制违约金。笔者认为，违反竞业限制义务的违约金实质上是对违反竞业限制义务一方的惩罚性措施，用人单位与劳动者签订竞业限制协议的主要目的在于保护用人单位的商业秘密。原因在于用人单位商业秘密被泄露，有可能会给用人单位造成损失，其中包括有形损失和无形损失，而后者很难以财产形式具体估算。故在认定竞业限制违约金是否过高时，并不仅以用人单位遭受实际损失为依据，而应以竞业限制的经济补偿数额、劳动者的经济状况为参照，综合考虑劳动者的违约程度，来确定相应的违约金数额。另外，劳动合同法及双方签订的竞业限制协议均未将违反竞业限制行为造成用人单位损失作为承担违约责任的要件。

在竞争激烈的行业，比如互联网行业、金融行业、高新技术行业等，为保护自身的核心竞争力，越来越多的用人单位与劳动者在劳动合同中约定竞业限制条款或是签订竞业限制协议。而在实践中，由于原用人单位收集证据能力的有限性、员工违约行为的隐蔽性，加之作为竞争对手的新的用人单位对员工的刻意袒护，原用人单位普遍面临着“举证难”的问题。对此，结合笔者代理竞业限制纠纷案件的实践经验，总结以下取证方法供参考。

1. 证明与员工入职的新单位存在竞争关系

（1）查询国家企业信用信息公示系统（http://www.gsxt.gov.cn/）。通过该网站，可以查询到新单位的经营范围，对比经营范围是实践中认定竞争关系的重要方式。同时，还可根据该网站查找新单位较为隐蔽的关联关系，如新单位的控股股东（或实际控制人）与原用人单位或原用人单位的控股股东（或实际控制人）是否经营相同或相似的业务等。

（2）查询新单位官网介绍。除企业信用信息网外，新单位的官方网站介绍可以较好展现新单位的业务内容和范围、关联公司等，且被法院采信的可能性也较大。

（3）结合新单位产品、行业特征等，通过查找新单位及原用人单位是否在同一区域经营相同或相似业务、新单位及原用人单位客户群的重合程度、向有关部门申请新单位参与项目信息公开等途径，搜集有利证据。

2. 证明员工入职了新单位

（1）“五险一金”缴纳。“五险一金”缴纳记录可以从一定程度证明存在劳动关系，但是正常来说，原用人单位很难查询到相关记录。在司法实践中，原用人单位可申请仲裁委员会/法院进行调查取证。如员工否认劳动关系却无法对“五险一金”缴纳给出合理解释，仲裁委员会/法院一般会采信原用人单位的主张。

（2）个人所得税缴纳。个人所得税代扣代缴情况，原用人单位也是无从查询的，司法实践中，法院可能会依申请或职权向地税局进行调查取证。

（3）电话录音。很多案例中，可以“快递员”“业务员”等身份致电新单位或员工本人，在电话中询问员工是否为新单位的职工等问题，并将该段对话录音或公证，作为证据提交。在司法实践中，这种做法非常常见，所取得的证据一般也是能够得到法院认可的。

（4）新单位的宣传册、广告等。实践中新单位有可能在公司的网站宣传、广告宣传手册中，刊载涉案员工的宣传资料和照片等，也是能够证明该员工入职新单位的证据之一。

（5）法院实地调查。在司法实践中，法院会依职权或依申请至新单位进行实地调查，询问关于涉案员工的情况，进而查证员工是否入职新单位。如果不能排除合理怀疑，或员工对诸多违反常理的现象不能作出解释，法院一般会采信原用人单位的主张。

（北京继来律师事务所　张荷　曹颖）

59. 竞业限制违约金赔付条件的法律认定

争议焦点

劳动者违反竞业限制协议约定义务需向用人单位支付竞业限制违约金的数额如何判定。

基本案情

申请人：乐某

被申请人：某银行

乐某于2011年7月入职某银行，在贸易金融事业部担任客户经理，年薪100万元。乐某与某银行签订的劳动合同中约定有保密与竞业限制条款，主要约定乐某无论何种原因与银行解除或终止劳动合同均须遵守竞业限制协议约定的义务，不能在诸如银行、保险、证券等金融行业从事相关工作，竞业限制期限为两年。同时，双方还约定乐某违反竞业限制义务时应赔偿银行违约金500万元。2016年3月1日，银行因乐某严重违反规章制度而与乐某解除了劳动合同。随后乐某入职当地另一家银行依旧担任客户经理。2016年9月1日，银行得知乐某将诸多在其银行存款的客户拉至乐某现工作的银行后，向仲裁机构申请仲裁，要求乐某支付违反竞业限制义务的违约金500万元，同时要求乐某履行竞业限制义务。乐某提出抗辩称，自双方解除劳动合同后，某银行未向其支付过竞业限制补偿金，故本人不应该再遵守竞业限制义务。

审理结果

仲裁庭以乐某年薪/12个月×24的标准即200万元向某银行赔付违约金。

评析意见

（一）劳动合同中所约定的竞业限制条款是否会因劳动合同的解除或终止而归于无效

在案件审理过程中，对劳动合同中所约定的竞业限制条款效力有两种不同的观点。一种观点认为，劳动合同因用人单位提出解除而归于无效，用人单位并未在与劳动者办理劳动合同解除手续时要求劳动者履行竞业限制义务，或者用人单位与劳动者在劳动合同中并未约定劳动合同解除或终止后竞业限制条款仍继续对双方当事人有效的条款，因此用人单位要求劳动者履行竞业限制义务没有依据，应驳回用人单位的请求。另一种观点则认为，依据《劳动合同法》第二十三条的规定，竞业限制义务本身就属于劳动者与用人单位在劳动合同解除或终止后所约定的劳动者应履行的义务，那么该条款的效力并不因劳动合同的终止或解除而直接归于无效，而是要根据条款的性质来判断其效力状况。

笔者认为，判断竞业限制条款的效力与劳动合同的效力属于同一问题，但与劳动合同的解除或终止属于不同问题。首先，劳动合同的解除或终止只是表明劳动者与用人单位基于劳动义务的付出与劳动报酬的获取这一基本法律关系所产生的权利义务归于解除或消灭，劳动合同的解除或终止并不意味着劳动合同的无效，劳动合同在解除或终止后，该劳动合同仍然是有效力的劳动合同，那么劳动合同中所约定的诸如竞业限制条款仍然有效，双方当事人均应遵守合同约定履行各自义务。其次，劳动合同部分条款的无效并不影响其他条款的效力，尽管劳动合同所约定的核心权利义务因合同的解除或终止而归于无效，但并不意味着竞业限制条款亦随之无效，竞业限制条款在劳动合同中具有相对独立或超然的法律地位。再次，劳动合同既然归属于合同，那就应该具备一般合同的法律属性。在民商事合同中，会根据相关因素来判断合同是否具备后合同义务；劳动合同也应该具有后合同义务的天然要求，而竞业限制条款的约定即属于后合同义务的约定。最后，在判断竞业限制条款是否有效力时，还不能忽视的一个要素是，实践中用人单位与劳动者在劳动合同解除或终止后，双方是否有其他书面约定。如果双方明确约定劳动合同解除或终止后，原劳动合同条款对双方当事人不再具有约束力，那么就应该判断双方当事人对竞业限制条款约定了不再履行。

（二）用人单位未支付竞业限制经济补偿的情况下，是否免除了劳动者遵守竞业限制的义务

有一种观点认为，按照权利义务对等原则，用人单位既然要求劳动者履行竞业限制义务，那么用人单位就需要依据《劳动合同法》第二十三条的约定，向劳动者按月支付经济补偿。如若用人单位未支付劳动者竞业限制经济补偿，那么劳动者当然可以不用遵守竞业限制义务的约定。竞业限制条款限制了劳动者的就业选择自由权，如若劳动者的专业技术能力在现实的劳动力就业市场上所供选择的就业岗位匹配度非常低，就会造成劳动者很难就业或者没有高质量就业，那么此时用人单位单方面不支付经济补偿的行为就会使得劳动者的境遇更加地雪上加霜。

另一种观点则认为，依据《最高人民法院关于审理劳动争议案件适用法律若干问题的解释（四）》（以下简称《司法解释（四）》第八条的规定，在因用人单位原因导致 3 个月未支付劳动者经济补偿的情况下，劳动者可以不履行竞业限制义务。如若用人单位仅一个月或者两个月未履行竞业限制经济补偿的支付义务，那么劳动者仍应该遵守竞业限制的约定。该种观点强调，司法解释明确给予了用人单位可以不遵守竞业限制经济补偿按月支付义务以及违反该义务约定的期限，即 3 个月。如若 3 个月后，用人单位依旧没有履行竞业限制经济补偿的支付义务，那么劳动者就拥有了不遵守竞业限制义务约定的权利。

但是，此时又产生这样一个问题，即在用人单位未支付劳动者竞业限制经济补偿超过 3 个月时，劳动者是直接获得了可以不遵守竞业限制条款约定而从事竞业限制的劳动行为，还是劳动者如若要不遵守竞业限制条款仍须首先向仲裁机构或者法院进行申请，在申请判定后方能不遵守竞业限制义务的履行？按照《司法解释（四）》第八条："当事人在劳动合同或者保密协议中约定了竞业限制和经济补偿，劳动合同解除或者终止后，因用人单位的原因导致 3 个月未支付经济补偿，劳动者请求解除竞业限制约定的，人民法院应予支持。"此处法律所规定的措辞是"劳动者请求解除"，而非劳动者可以不履行竞业限制义务。因此在用人单位 3 个月未支付经济补偿的情况下，劳动者并不具有天然的即时的竞业限制义务不履行的权利，而是有权利行使的明示方式。

此时依然还会产生新的问题，即劳动者请求不遵守竞业限制义务履行的权利行使的对象是用人单位还是仲裁机构或法院等？劳动者是直接向用人单位提出不再履行竞业限制义务或直接通知到用人单位即发生相应的效果，还是劳动者必须向仲裁机构申请仲裁或向人民法院提出诉讼？如果劳动者不具备通知到用人单位就可以自动不履行竞业限制义务的权利，会不会造成大量的仲裁或诉讼？如果需要通过仲裁或诉讼方能解除竞业限制义务的履行，那么仲裁或诉讼期间的劳动者利益又该如何保护？且仲裁或诉讼按照现行的审理时效规定会至少存在45天或3个月的审理期限，这期间劳动者的权益又该如何保障？

笔者认为，按照最高人民法院《司法解释（四）》第八条的规定，在因用人单位原因不支付劳动者竞业限制经济补偿超过3个月后，劳动者须向仲裁或法院提交已履行相应竞业限制义务，不应再遵守竞业限制条款的相关证据。第一，竞业限制义务在劳动合同法或司法解释上的规定，所保护的法益是明确的，是为了保护用人单位的权益，而非劳动者的权益。因此从法律所保护的法益上看，首先是要考虑到用人单位的利益，在此时，用人单位的利益超越了劳动者的就业权益。第二，司法解释所用的措施是“请求”，而非“要求”或其他，那就表明了劳动者并不具备即时的直接的不履行义务的权利。按照合同必将信守的原则，劳动者此时具备与用人单位协商解除竞业限制的权利，在协商不能达成一致的情况下，劳动者并不能公然违反竞业限制条款约定，而必须通过仲裁或诉讼的方式来解决纠纷，由准司法或司法机构进行相应的审查。第三，如若必须通过仲裁或诉讼方式进行，那么会不会造成诉累？从劳动合同法的规定来看，法律已经限制了竞业限制协议签订的范围，仅限于用人单位的高级管理人员、高级技术人员以及其他负有保密义务的人员，这就在很大程度上决定了发生竞业限制纠纷的劳动者群体本身就不会太多。另外，正是由于竞业限制行为会对用人单位造成较大影响，而该义务的不履行特别是在知识经济的今天，可能会给用人单位带来难以估量的损失，因此劳动者对于仲裁审理期间和诉讼审判期间应负有容忍的义务，毕竟在履行竞业限制义务期间，用人单位仍需支付竞业限制经济补偿。

（三）如何判断违约金的金额是否合理，违约金调整的幅度及调整中的考量因素有哪些

依据《劳动合同法》第二十三条的规定，劳动者违反竞业限制约定的，应当按照约定向用人单位支付违约金。但法律未对违约金的标准做进一步的规定，这就需要仲裁员、审判员结合案情综合判定双方当事人约定违约金数额的合理性，对于不合理的数额进行调整。

从合理性上，我们考量的第一个因素即劳动者的月工资标准。用人单位可以参照《司法解释（四）》第六条规定："当事人在劳动合同或者保密协议中约定了竞业限制，但未约定解除或者终止劳动合同后给予劳动者经济补偿，劳动者履行了竞业限制义务，要求用人单位按照劳动者在劳动合同解除或者终止前 12 个月平均工资的 30%按月支付经济补偿的，人民法院应予支持"，用人单位可以参照在竞业限制期限内按月给予劳动者经济补偿的标准，总计不超过两年的金额，与劳动者约定违约金数额。

我们考量的第二个因素即劳动者上年度工资收入总额。由此考虑的出发点是与用人单位签订竞业限制协议的劳动者多数存在季度奖、半年奖、年度奖及各项弹性工资项目，很可能由于经济环境、工作表现及业绩等多种因素，直接导致劳动者前述项目的工资数额减少，这将造成劳动者离职前 12 个月的平均工资标准下降，单纯以双方解除劳动合同前 12 个月的平均工资作为参考，缺乏数据的整体性及合理性，无法有效约束负有竞业限制义务的劳动者。

在案件审理过程中，我们考量的第三个因素即劳动者违反竞业限制给用人单位造成的经济损失。经济损失与双方约定的竞业限制违约金数额密切相关，特别是高级管理人员、销售总监、核心技术人员的违约行为，直接影响企业的生存和发展，单纯依照劳动者的工资标准衡量违约金数额，对于用人单位来说显失公平，也不能起到《劳动合同法》第二十三条的立法目的。但回归到经济损失，需要用人单位在庭审中尽到举证义务，如果无法提供证据证明发生损失的金额，那么对于约定过高的违约金数额就应承担举证不利的相应后果。

综上，上述案例双方当事人在劳动合同中约定了竞业限制条款，不能因双方劳动合同解除而不履行后合同义务。乐某不应未提起申请就擅自不遵守竞业限制的约定，应按照法律规定向该银行赔偿违约金，但鉴于双方约定的违约金明显过高，而该银行对于经济损失并没有量化，亦没有尽到举证义务。故仲裁庭依据乐某的月工资标准及上年度收入总额，综合考量后，将违约金 500 万元调整为 200 万元。

随着国际环境的不断变化、新兴行业的不断崛起，越来越多的企业提高了知识产权保护、核心技术和销售渠道保密的意识，提高了对高级管理人员、高级技术人员及其他负有保密义务人员竞业限制的约束力。但在实务中，诸如违反竞业限制双方约定违约金的数额，在法律上仍然存在着空白，仲裁员、审判员应充分了解案情，以证据为基础，运用自由裁量权公平、公正地裁判案件，保护用人单位和劳动者的合法权益。

（天津市劳动人事争议仲裁院　张璇）

60. 上市公司与目标公司高管人员对赌约定竞业限制的法律效力

争议焦点

1. 上市公司与目标公司的高管约定竞业限制，这种约定是否具有法律效力；

2. 高管人员离职后是否需要遵守与自己并无直接劳动关系的上市公司的竞业限制的约定，上市公司是否需要与目标公司承担支付竞业限制补偿金的连带责任。

基本案情

原告：徐某

被告一：北京某科技有限责任公司（以下简称目标公司或被告一）

被告二：北京某科技股份有限公司（以下简称上市公司或被告二）

原告徐某于2009年3月10日入职被告一，先后担任研发工程师、iOS系统开发主管、产品经理、研发总监、CTO（首席技术官）、副总经理职务。被告二为一家创业板上市公司，2015年4月24日，与被告一股东签署股权转让协议，以现金购买目标公司100%的股权，成为目标公司的实际控制人、母公司。2015年4月上市公司和目标公司高级管理人员及核心技术人员签订了对赌协议——任职期限及竞业限制协议，该协议第5条第1款约定徐某自协议成立之日至从目标公司离职后两年内不从事与上市公司或目标公司业务相同或相竞争的投资或任职行为，该协议还约定了纠纷解决方式为北京市仲裁委员会仲裁。同时，目标公司在劳动合同中也与徐某约定了竞业限制条款。上市公司和目标公司要求徐某的竞业限制期限均为2年，但均未对徐某履行竞业限制义务的补偿金标准作出约定。

2016年3月19日、4月27日原告徐某分别因被告一总经理高某口头表达解除劳动合同、董事长王某微信中表达解除劳动合同而与被告产生劳动争议。该案先后经过了劳动仲裁、一审、二审、发回重审等审理程序。

审理结果

劳动仲裁。2016 年 5 月 9 日徐某以目标公司违法解除劳动合同为由，向北京市海淀区劳动人事争议仲裁委员会提起劳动仲裁申请，要求支付违法解除劳动合同赔偿金、上市公司和目标公司连带支付竞业限制补偿金、未休年休假工资等。2016 年 7 月 11 日仲裁委员会裁决，确认徐某与目标公司于 2009 年 7 月 1 日至 2016 年 4 月 27 日存在劳动合同关系，目标公司支付徐某 2014 年 5 月 10 日至 2015 年 12 月 31 日未休年休假工资 15 938.72 元，驳回徐某其他仲裁请求。

一审。2016 年 7 月 25 日，徐某因不服仲裁裁决向北京市海淀区人民法院依法提起诉讼。2017 年 6 月 29 日，海淀区人民法院作出判决：确认徐某与目标公司在 2009 年 7 月 1 日至 2016 年 4 月 27 日期间存在劳动关系；目标公司支付徐某 2010 年 7 月 1 日至 2016 年 4 月 27 日期间未休年休假工资 67 432 元；目标公司支付徐某违法解除劳动合同赔偿金 297 640 元；目标公司支付徐某 2016 年 4 月 28 日至 2016 年 11 月 2 日期间竞业限制补偿金 45 348 元，上市公司承担连带给付义务。

二审。上市公司和目标公司均不服一审判决向北京市第一中级人民法院提起上诉。二审法院经审理，于 2017 年 11 月 3 日认为一审认定的部分事实不清，裁定撤销原判决，发回重审。

海淀区人民法院重审后，于 2018 年 5 月 10 日作出判决：确认徐某与目标公司在 2009 年 7 月 1 日至 2016 年 6 月 27 日存在劳动关系；目标公司支付徐某 2010 年 7 月 1 日至 2016 年 6 月 27 日未休年假工资 63 978.03 元；目标公司支付徐某违反解除劳动合同赔偿金 297 612 元；目标公司支付徐某 2016 年 4 月 28 日至 2016 年 11 月 2 日竞业限制补偿金 46 098.46 元。目标公司不服，提起上诉后双方因达成庭外和解申请撤回上诉。

评析意见

本案经过劳动仲裁、一审、二审、发回重审等审理程序，在审理过程中对上市公司是否需要承担连带给付竞业限制补偿金的问题，存在较大争议，结果却出现了上市公司所作的竞业限制“不属于劳动仲裁审理范围”“应承担连带支付责任”“不需要承担连带支付责任”三种不同裁判观点。

第一种观点，认为上市公司与目标公司高管之间有关竞业限制的争议解决方式属于对赌协议中约定的北京市仲裁委员会仲裁事项，不属于劳动争议仲裁事项。仲裁委员会在裁决书中认为徐某要求上市公司对竞业限制补偿金承担连带支付责任的仲裁申请事项专属于北京市仲裁委员会专属仲裁事项，不属于劳动仲裁案件受理范围，驳回了徐某该项请求。

第二种观点，认为上市公司和目标公司同时对徐某竞业限制，应当就竞业限制补偿金承担连带支付责任。在法律上权利义务应该对等，上市公司享有要求收购的目标公司高管人员履行竞业限制义务的权利，那么势必对徐某产生法律约束力，徐某履行竞业限制义务，理应支付徐某竞业限制补偿金，目标公司和上市公司对徐某双重竞业限制承担连带支付责任，一审判决支持了徐某要求上市公司承担连带支付义务的请求。

第三种观点，认为支付竞业限制补偿金的前提是双方存在劳动关系，上市公司与徐某之间不存在劳动关系，也不存在混同用工，无须承担连带支付义务。本案发回重审后，海淀区人民法院驳回了徐某的该项要求上市公司承担连带支付义务的诉讼请求。

笔者同意第三种观点，主要基于以下分析。

第一，竞业限制源于公司法中的董事、经理竞业禁止制度，从竞业禁止的立法规定可以得出竞业禁止的对象与所在单位存在特定的民事法律关系。

竞业禁止的目的是为防止董事、经理等利用其特殊地位损害公司利益，前提是双方具有直接的民事法律关系。我国对竞业禁止的相关立法如下。

1.《中华人民共和国公司法》第一百四十八条第五项规定，董事、高级管理人员不得“未经股东会或者股东大会同意，利用职务便利为自己或者他人谋取属于公司的商业机会，自营或者为他人经营与所任职公司同类的业务”。

2.《中华人民共和国合伙企业法》第三十二条规定，“合伙人不得自营或者同他人合作经营与本合伙企业相竞争的业务。除合伙协议另有约定或者经全体合伙人同意外，合伙人不得同本合伙企业进行交易。合伙人不得从事损害合伙企业利益的活动”。

3.《中华人民共和国个人独资企业法》第二十条规定，“投资人委托或者聘用的管理个人独资企业事务的人员不得有下列行为：……（六）未经投资人同意，从事与本企业相竞争的业务；（七）未经投资人同意，同本企业订立合同或者进行交易……”

从以上规定可以得出，竞业禁止是对与特定营业具有特定民事法律关系的特定人员所为的竞争性特定行为的禁止。权利人有权要求与其具有特定民事法律关系的特定人不为针对自己的竞争性行为。由于企业部分员工常常对企业的经营和技术情况了如指掌，员工在跳槽后也往往选择与其以前形成的业务特长相同或者近似的业务。一旦在跳槽后从事这些职业，不但易于成为原就职单位强劲的竞争对手，而且由于自身的便利和业务的需要，往往会情不自禁地使用原企业的商业秘密。为防止出现这种局面，西方国家率先将公司董事、经理竞业禁止制度移植到商业秘密和其他经营利益的保护中来，从而形成竞业限制制度。无论竞业禁止的法定规制还是竞业限制的书面约定，均以双方存在特定法律关系为前提。

第二，竞业限制纠纷属于劳动争议案件范围，竞业限制约定双方应符合法律规定的条件。

有关竞业限制纠纷属于劳动争议纠纷以及主体限定的主要法律依据如下。

1.《劳动合同法》的有关规定。该法第二十三条规定：“用人单位与劳动者可以在劳动合同中约定保守用人单位的商业秘密和与知识产权相关的保密事项。对负有保密义务的劳动者，用人单位可以在劳动合同或者保密协议中与劳动者约定竞业限制条款，并约定在解除或者终止劳动合同后，在竞业限制期限内按月给予劳动者经济补偿。劳动者违反竞业限制约定的，应当按照约定向用人单位支付违约金。”第二十四条规定：“竞业限制的人员限于用人单位的高级管理人员、高级技术人员和其他负有保密义务的人员。竞业限制的范围、地域、期限由用人单位与劳动者约定，竞业限制的约定不得违反法律、法规的规定。在解除或者终止劳动合同后，前款规定的人员到与本单位生产或者经营同类产品、从事同类业务的有竞争关系的其他用人单位，或者自己开业生产或者经营同类产品、从事同类业务的竞业限制期限，不得超过二年。”《劳动合同法》将竞业限制约定的事项如人员、范围、期限进行了明确规定，其中对于人员仅限于用人单位的高级管理人员、高级技术人员和其他负有保密义务的人员，竞业限制协议约定的相对方为劳动合同关系的当事人。

2. 最高人民法院《关于修改〈民事案件案由规定〉的决定》（法〔2011〕41 号）的规定。2011 年 2 月 18 日最高人民法院对《民事案件案由规定》作了第一次修正，第 58 条明确规定，在第三级案由“163. 劳动合同纠纷”项下增加“（7）竞业限制纠纷”，正式将竞业限制纠纷列为劳动争议纠纷范围。竞业限制是用人单位和劳动者基于劳动关系以及竞业限制约定两个条件所产生，对本案而言，上市公司以违反法律规定的方式与徐某约定竞业限制，属于违法约定，应属无效约定，对上市公司和徐某均不产生法律约束力。

第三，竞业限制的用人单位范围不能无限扩大解释为关联企业是劳动关系的本质特征所决定。

《劳动合同法》第一条明确了劳动合同法的立法目的，是“为了完善劳动合同制度，明确劳动合同双方当事人的权利和义务，保护劳动者的合法权益，构建和发展和谐稳定的劳动关系，制定本法”。竞业限制的制度设计旨在保护用人单位自身的商业秘密而采取的一种保护措施。就本案而言，尽管上市公司收购目标公司后成为目标公司的实际控制人、母公司，但上市公司与徐某并不是劳动合同关系意义上的当事人，上市公司不是劳动合同法严格意义上的“用人单位”，也不能将上市公司人为创设扩大为“用人单位”。徐某也接触不到上市公司的商业秘密，对徐某而言无商业秘密需要保守，需要履行竞业限制义务的相对方仅为目标公司，否则，很可能使劳动关系更加复杂，不利于保护劳动者的合法权益。因此，上市公司无权要求徐某履行竞业限制义务，上市公司与徐某约定的竞业限制协议无效，不具有法律效力。

综上，笔者认为，上市公司与目标公司的高管人员在对赌过程中签订的任职期限和竞业限制协议因双方不具有劳动合同关系，约定的内容违反劳动合同法的规定而无效，对双方均不具有法律约束力。竞业限制纠纷的争议解决方式约定为商事仲裁也因违反劳动争议案件的“一裁两审”的专属管辖而无效。当然，如果上市公司的行为构成混合用工，造成劳动者损失的，应与目标公司承担连带支付竞业限制补偿金的责任。

（北京市信凯律师事务所　潘文军）

61. 竞业限制的人员范围和违约金的调整如何确定

争议焦点

1. 应承担竞业限制的人员范围如何界定，竞业限制协议是否合法有效；

2. 承担竞业限制义务的员工虽然加入竞争公司但与原岗位不同，是否违反竞业限制义务；

3. 违反竞业限制的违约金为竞业限制条款约定的全部补偿金的 3 倍是否属于过高，如何调整。

基本案情

申请人：某网络技术公司

被申请人：周某

2014 年 7 月，周某入职某网络技术公司（以下简称网络公司），担任研发工程师（后晋升至高级研发工程师）。周某入职当日双方签订了劳动合同，在劳动合同中明确约定了以下内容。第 38 条：乙方（即周某，下同）未经甲方（即网络公司，下同）书面同意，在其任职于甲方期间及离职后一年内，不得进入与甲方及其关联公司有竞争关系的任何竞争对手或该竞争对手的关联公司……第 39 条：乙方与甲方劳动合同终止或解除后一年内，甲方应当向乙方总计支付相当于乙方离职前一年（从离职日开始向前计算）基本工资的 1/2，作为乙方离职后履行本合同竞业限制义务的全部经济补偿，分 12 个月按月发放。第 41 条：乙方违反本合同约定的竞业限制义务的，应当承担违约责任，返还甲方已经支付的所有补偿金，并向甲方支付相当于本合同约定的全部补偿金的 3 倍数额的违约金。

2017年5月，周某以继续学习的理由自网络公司辞职，依据周某签字确认的离职申请书，网络公司为其开具了离职证明和保密、竞业限制义务告知书，明确告知其应当承担竞业限制义务以及再次列举了竞争对手名单，周某也承诺予以遵守。

在周某离职之后，网络公司向其足额支付了竞业限制补偿金，但却发现周某已私自就职于与网络公司存在直接竞争关系的M公司。网络公司遂向劳动仲裁委员会提起了仲裁，要求周某返还已付竞业限制补偿金并按照约定支付违约金。周某认为自己并不属于高级技术人员且在M公司从事行政岗位，并未违反竞业限制条款，违约金过高应予调整，不同意网络公司的仲裁请求。

审理结果

经过仲裁委员会审理，裁定周某返还已付竞业限制补偿金并按照已付竞业限制补偿金的2倍支付违约金。网络公司不服提起诉讼，一审双方调解结案。

评析意见

结合本案，笔者认为对于竞业限制案件的裁判应以约定为主，不宜过多干涉。

（一）承担竞业限制人员的范围应以法定或约定为基础，结合实际情况予以认定；竞业限制条款未违反法律的强制性规定应属有效

按照《劳动合同法》第二十四条的规定，竞业限制的人员限于用人单位的高级管理人员、高级技术人员和其他负有保密义务的人员。

1. 高级管理人员。根据《中华人民共和国公司法》第二百一十六条第一项的规定，高级管理人员是指公司的经理、副经理、财务负责人，上市公司董事会秘书和公司章程规定的其他人员。但除此之外，公司会视不同规模设立不同的管理架构和设置不同的岗位，例如在大量的公司会设置CEO、CFO等CXO系列，有的公司会有“合伙人”，有的公司会设立“VP”，有的公司会设置总监、高级总监，有的公司还会设置“特别顾问”“高级顾问”，有的公司可能只有“部长”；如果局限于公司法的规定，这些职位就不能被认定为高级管理人员，这无疑与事实是严重不符的。因此并不能将高级管理人员仅仅理解为公司法规定的高级管理人员，而因结合公司的管理架构和职位的实际情况，确定高级管理人员的具体范围。如果企业在员工手册等规章制度、公司章程等法律文件、劳动合同等文书中确定了高级管理人员的范围，应当予以尊重。

2. 高级技术人员。由于法律并未明确对高级技术人员的范围予以规定，故应从员工所从事的业务是否属于技术范畴（并不应局限于用人单位主营业务的技术岗位，例如IT企业中的法务人员、财务人员，律师事务所的网络管理人员，银行的计算机部门人员等也属于技术人员范畴）、员工的待遇是否属于非基层员工待遇、员工的职位层级是否属于高层等进行综合判断，且在企业已经明确员工属于高级技术人员的情况下，尊重双方的约定，不应过于严苛要求。

3. 其他担负保密义务的人员。商业秘密是指不为公众所知悉、能为权利人带来经济利益，具有实用性并经权利人采取保密措施的技术信息和经营信息。企业中接触或者可能接触商业秘密的人员即应视为承担保密义务的人员，明显的标志就是签订保密协议或者竞业限制协议。在实践中，确曾出现过把普通劳动者（保安、前台、一线普通操作员工）等列入竞业限制范围的情况，导致竞业限制的不当扩大。但从另一方面看，这并非是一个严重问题，因为如果用人单位要求员工承担竞业限制义务，则需要向员工支付竞业限制补偿金。若用人单位扩大竞业限制的人员范围，则意味着其也要支出更多的补偿金。因此若能够对竞业限制补偿金的最低数额进行约定，则竞业限制扩大化的矛盾并非不可解决。故在用人单位能够证明员工接触或可能接触商业秘密，且员工已经签订竞业限制协议的情况下，即应视为员工符合其他承担保密义务的人员，适用竞业限制条款。

在明确劳动者属于可以承担竞业限制义务的人员范围的情况下，双方约定的竞业限制期限并未超过法律规定的最长期限，竞业限制的范围也系与用人单位存在直接竞争关系的单位，竞业限制补偿金也合理合法，违约责任清晰明确，竞业限制条款当然是合法有效的。

（二）无论岗位，入职竞争公司即为违反竞业限制义务

1. 双方约定入职竞争对手公司即为违约，合法有效，应当遵守。如前所述，在双方签署的竞业限制条款中明确约定了不得进入竞争对手公司，否则即为违反竞业限制条款，而不需要对岗位进行区分；该约定并不存在违法情形，应属有效。

2. 虽属不同岗位，但入职竞争公司可能会泄露原工作单位商业秘密。从事实上看，若员工进入竞争公司工作，则无论其从事何种岗位，均难以限制其向新的工作单位泄露原用人单位的商业秘密，故岗位不应成为否定违约的抗辩理由。

3. 不得进入竞争公司系法律规定，应予以遵守。根据《劳动合同法》第二十四条规定，在解除或者终止劳动合同后，承担竞业限制义务的人员到与本单位生产或者经营同类产品、从事同类业务的有竞争关系的其他用人单位，或者自己开业生产或者经营同类产品、从事同类业务的竞业限制期限，不得超过二年。法律规定的竞业限制情形即为不得进入有竞争关系的其他用人单位，而不论到该单位从事何种工作。可见无论岗位，只要进入竞争公司工作即是违反竞业限制义务。

（三）违约金应当尊重双方约定，调整应当慎重

1. 调整违约金的法律依据包括：

（1）《合同法》第一百一十四条规定，当事人可以约定一方违约时应当根据违约情况向对方支付一定数额的违约金，也可以约定因违约产生的损失赔偿额的计算方法。约定的违约金低于造成的损失的，当事人可以请求人民法院或者仲裁机构予以增加；约定的违约金过分高于造成的损失的，当事人可以请求人民法院或者仲裁机构予以适当减少。

（2）《最高人民法院关于适用〈中华人民共和国合同法〉若干问题的解释（二）》第二十九条规定，当事人主张约定的违约金过高请求予以适当减少的，人民法院应当以实际损失为基础，兼顾合同的履行情况、当事人的过错程度以及预期利益等综合因素，根据公平原则和诚实信用原则予以衡量，并作出裁决。当事人约定的违约金超过造成损失的30%的，一般可以认定为合同法第一百一十四条第二款规定的“过分高于造成的损失”。

2. 违约金是否过高应当综合考量。根据以上法律规定，结合劳动争议案件的特殊性，笔者认为对于过高违约金的法律干预，应确立以“不主动干预”“不严苛干预”为原则，以有限调整为例外的机制。在考虑违约金是不是过高时，应着眼于用人单位的损失是否得到弥补，违约的劳动者是否付出了代价，竞争公司的“挖墙脚”行为是否得到了遏制，具体如下。

（1）用人单位是否对员工付出了培养成本，应作为违约金是否过高的评判标准之一。以本案为例，用人单位系互联网公司，员工于学校毕业后直接入职该公司，初入职场用人单位即为其提供了高额薪酬并予以重点培养；加之经过用人单位的辛勤培养，该员工已经是高级研发工程师，属于行业内的高级人才，其违约加入竞争公司所获得的收益与违约金相比，并不过高，但原单位的辛勤培养却落了空，成本也付之东流。若员工在入职前已经属于成熟的职场精英，加入用人单位对用人单位的工作有着极大帮助，但用人单位本身并未对该员工进行培养，也未为其付出成本，那么在考虑违约金是否过高时显然应与本案中的情况有所区别（类似于专项培训费的处理），过高的尺度也应有所不同。

（2）调整违约金应考虑用人单位的损失和竞争对手的获利情况，员工的支付能力并不应成为调整违约金数额的理由。与劳动争议的其他类型案件不同，其他案件的损失很多都是“绝对损失”，即没有其他人从员工所造成的损失中获益。但竞业限制案件不同，在员工违约之后，竞争公司直接从员工的违约行为中获利，而这个获利是以原用人单位的利益严重受损作为对价的。原用人单位本希望培养员工，使其能为本单位作出贡献，但他却违约而直接加入竞争对手公司，从而使用人单位培养员工的期望落空，而竞争对手因此直接获益。一般来讲，原用人单位的损失不仅是金钱损失，更是巨大的机会损失。对于很多高科技企业来讲，往往一项技术或者商业秘密会使企业获得巨额利益，如果泄露也会受到巨大的损失，乃至失去生存的基础。从这些年的案件看，因为核心技术人员离开加入竞争对手而使企业一蹶不振的例子并不罕见，而竞争对手则往往借助于员工违约所带来的技术秘密和商业秘密获得飞速发展，实在令人唏嘘。在司法实务中，通过不正当竞争案件主张竞争公司承担责任存在着重重障碍，难以维护自身权益；从保障公平竞争、技术进步的角度讲，对于违约员工违约金的调整也不应过于严苛。特别值得指出的是，在为数不少的竞业限制案件中，尤其是劳动者被竞争单位主动挖走的案件中，往往最终承担违约金给付的并非是劳动者，而是竞争单位，支付能力并不会存在问题，也不会加大员工负担。因此，以员工的承受能力而调低违约金并不一定有事实基础。

（3）离职员工的主观故意和过错程度应成为考量违约金是否过高的标准。仍以本案为例，周某在距离合同到期仅有 3 个多月时，以“学习深造”为由提出了辞职，在办理完离职手续并明确承诺遵守竞业限制义务的第二天，即已加入竞争对手工作，可见该员工在工作期间已经与竞争对手就入职达成了一致，在离职之后立即前往工作，该员工的行为不仅是对用人单位的严重欺骗，也违背契约精神和基本的诚信原则。如果是因用人单位所发放的竞业限制补偿金过低导致员工无法正常生活，在员工履行竞业限制一段时间后被迫到竞争对手工作，则该员工的主观故意和过错程度就与本案中的情形显著不同，认定违约金是否过高也应不同。

（4）违约金应适当考虑惩罚性。尽管我国法律所规定的违约金主要基于“填平原则”，但在不同的法律领域，已允许“惩罚性”违约金的存在。笔者认为，在竞业限制案件中，仅有“填平”是不够的，况且用人单位的很多隐性成本和时间机会成本本身难以衡量，损失难于计算，但却是真实存在的。若对于员工的违约行为不能予以适度惩罚，则对于其他员工来讲无疑会形成不良的示范效应，造成竞业限制制度形同虚设，因此，无论是从必要性还是现实意义来考量，对于违约金适用“填平+惩罚”原则都是很有必要的。

（5）同行业的普遍标准应作为确定违约金是否过高的参照标准。在目前涉及竞业限制纠纷的用人单位中，互联网企业为数不少，竞业限制对于这类企业的影响也比较大。在此类企业中，双方约定的竞业限制补偿金从10%~50%不等，违约金相对于补偿金的比例从2倍至10倍，金额从数万元至上百万元，差异很大。但从法律规定来看，均不违法。因此，在确定违约金是否过高时，也应考量这个行业的整体情况，确定是否属于违约金数额畸高。

（6）考虑用人单位是否存在过错确定违约金是否过高。在刑事案件中，量刑时一个重要的酌定因素就是被害人是否存在过错，如果被害人存在过错，则在量刑时可以对被告人予以从轻处罚。在竞业限制案件中，也应对用人单位是否存在过错予以考量，例如用人单位在签订竞业限制协议时是否存在欺诈、显失公平、重大误解的情形，双方劳动合同的解除原因，用人单位是否恶意侵害员工权利等。如果存在用人单位过错，则可以对违约金的金额予以调整；如果用人单位不存在任何过错，则不宜对违约金进行过分调整。

（7）应考虑对于社会诚信体制的冲击和公共利益的损害，确定违约金是否予以调整。众所周知，法律规定竞业限制制度就是为了鼓励企业培养人才，保护正常的生产和工作秩序，促进整个社会的科技进步。但是，若不对员工的严重违约行为进行遏制，使其承担违约责任，那么势必会影响企业对于人才的投资和培养热情，进而对整个社会的人才培养体系和价值观念造成冲击，损害整个社会的诚信体系，阻碍正常的人才培养和科技进步。为了使企业保持对人才培养的热情，为了社会的整体进步，对于违约金的调整也应当慎重。

综上，考虑到承担竞业限制的员工大都非基层员工，与公司协商合同条款的能力较强，对公司的发展也很重要，其违反竞业限制对公司的影响也是巨大的。因此，对于竞业限制的司法审查应充分尊重双方的约定，并结合具体案情予以认定。

（北京市中业江川律师事务所　原俊）

其他

通过对近年来公开的裁判文书及劳动人事仲裁院与法院的报告进行梳理，我们发现，在劳动者的仲裁申请与诉讼请求中，传统的追索劳动报酬、未签订劳动合同的争议呈下降趋势，竞业限制、劳务派遣问题等案件逐渐增多；因经济形势变化和产业结构调整，企业因改制、破产及经营调整等历史遗留问题引发的案件数量也在不断增加。随着社会保险制度的不断完善和历史遗留问题的存在，要求办理退休手续、支付退休工资等案件不断涌现；由于新型用工模式的出现、市场经济活跃下人才流动加速，要求认定解除劳动关系是否合法、是否应付赔偿金、是否继续履行等方面争议的案件亦增多。在劳动争议中，用人单位管理行为呈“泛化性”，劳动者往往是针对用人单位的某种管理漏洞或者违法行为进行仲裁和诉讼，一些劳动争议案件呈现多人甚至群体案件的现象。在“互联网+”的背景下，共享经济和平台经济等新经济业态蓬勃发展，新型用工关系不断出现，由于用工形式多样化、灵活化，对劳动争议的事实审查更加复杂，当事人的争议分歧更大，形成了一些非传统类型的案件，仲裁、审判工作难度不断加大。对这些非传统类型案件整理探析，可以总结过去、展望未来，可对用人单位和劳动者发挥更深层次的指引作用，可向专业人士提供更多更全面的劳动争议案例资料。

62. 劳动者履职不当造成用人单位经济损失的赔偿认定

争议焦点

如何就劳动者履职不当造成的用人单位损失承担赔偿责任。

基本案情

原告（被上诉人）：某生物技术有限公司

被告（上诉人）：姚某某

2014年8月27日，姚某某入职某生物技术有限公司，双方签订了起止期限为2014年8月27日至2017年8月26日的劳动合同。劳动合同中约定：某生物技术有限公司安排姚某某从事行政人事岗位工作；姚某某承诺给某生物技术有限公司带来经济损失的，某生物技术有限公司可保留法律追究的权利。

2014年12月2日，姚某某代表某生物技术有限公司签收了物业公司送达的园区停电通知，但不能就其已将停电通知告知某生物技术有限公司及相关人员的主张进行举证。某生物技术有限公司因停电遭受了较大的损失，包括细胞损失以及Millipore超纯水仪电路板元件损坏。

某生物技术有限公司在周末没有值班人员。2014年12月底，某生物技术有限公司与姚某某解除了劳动合同。

审理结果

一审法院审理后认为，姚某某作为负有行政管理职责的人员，代表某生物技术有限公司签收了园区停电通知，未将相应情况告知某生物技术有限公司及相关人员，由此给某生物技术有限公司造成了损失，姚某某对此存在重大过失。然而，某生物技术有限公司应该尽到确保相关专业仪器正常运行的注意义务，而相关部门在周末却没有专门的值班人员，故某生物技术有限公司对其公司相应损失的发生亦存在过失，姚某某赔偿责任亦应相应地减轻。故判决：(1) 姚某某于本判决生效之日起十日内向某生物技术有限公司赔偿因停电导致的生物研发组的细胞损失和 Millipore 超纯水仪电路板元件损坏的修理费 13 060.53 元；(2) 驳回原告某生物技术有限公司的其他诉讼请求。

二审法院判决：驳回上诉，维持原判。

评析意见

本案是劳动者因履职不当造成用人单位损失承担相应损害赔偿责任的典型案例。我国成文法规范的多数条款对劳动者进行了倾斜保护，而劳动者履职不当损害赔偿责任的规范却略显单薄，仅能从零星条文中窥见一斑。笔者对该类损害赔偿责任的构成体系进行了梳理，以期为同类案件审理提供思路。

（一）立法现状：约定赔偿责任与法定赔偿责任的交织

劳动法及劳动合同法列举了四类劳动者应当承担损害赔偿责任的情形，但显然不能涵盖现实样本。目前，许多判例引用《工资支付暂行规定》（劳部发〔1994〕489 号）第十六条①进行裁判，该条款在劳动法列举的损害赔偿情形基础上确立了以“约定条款”的预置为前提条件的约定赔偿责任。

无约定的情况下，司法实践中通常有两种做法：一是类推适用《人身损害赔偿司法解释》第九条②的规定，劳动者就其故意或者重大过失致用人单位损害的结果，承担赔偿责任；二是按照一般侵权责任标准判断劳动者是否应承担相应赔偿责任。上述两种做法具体表现形态有所差别，但归根结底均属于劳动关系语境下的特殊侵权责任，这种责任同一般侵权责任相比更强调劳动者的主观过错程度。

（二）约定赔偿责任要件审视：以效力为核心的有限意思自治

约定赔偿责任以用人单位与劳动者之间的在先约定为前提，但倘若责任承担

---

① 该条款规定：因劳动者本人原因给用人单位造成经济损失的，用人单位可按照劳动合同的约定要求其赔偿经济损失。

② 该条款规定：雇员在从事雇佣活动中致人损害的，雇主应当承担赔偿责任；雇员因故意或者重大过失致人损害的，应当与雇主承担连带赔偿责任。雇主承担连带赔偿责任的，可以向雇员追偿。

完全遵从劳资双方意思自治，则可能因忽视约定的公平性而导致劳动者的履职不当损害赔偿责任成为一种非常严苛的严格责任。[①] 在用人单位与劳动者就履职不当损害赔偿已有明确约定的场合，须对约定效力进行形式和实质的审查。

1. 形式审查

劳动合同及依法制定的规章制度对劳动者具有约束力。若劳动合同包含履职不当损害赔偿条款，则条款提供方必须严格履行充分说明、提示注意义务。劳动合同法已对劳动合同的告知义务等事项做了较为详细的规定，在此不再赘述。

劳动合同法规定规章制度中涉及劳动者切身利益的重大事项需以“经职工代表大会或者全体职工讨论”“公示”“告知”为前提。但未经民主程序的内部规章制度条款效力是否当然无效，则须先确定内部规章制度的性质。然而目前法律并未对此进行明确，学界亦是众说纷纭。考虑到我国目前的内部规章制度处于个体自治立法阶段，迫于民主制度程序既无制度保障，又不影响“资方单决”的现实[②]，“格式条款说”是现行立法中最大限度平衡企业自主经营权及劳动者合法权益的稳妥方案，即在承认由用人单位主导制定变更规章制度的同时，适用民法规制格式条款的系统制度和法理思想来规范和审查规章制度。在该理论下，用人单位就其非经实质协商制定的规章制度不能举证证明已经履行公示或告知手续的，法院可确认该规章制度相关条款无效。

2. 实质审查

劳动者履职不当损害赔偿约定条款是否符合公平原则，是决定该类条款效力的先决条件。按照麦克尼尔的关系契约理论，劳动者对用人单位存在“较多的依赖性”，并且基于劳资关系的持续性，这种契约关系更容易形成对劳动者不利的“权利、命令和等级”结构。为了实现这种先天失衡法律制度中的实质公平，应通过修正劳动合同的契约自由，适当加重用人单位的责任和义务、相应减轻劳动者的责任和义务。

（三）法定赔偿责任要件审视：以主观过错为核心的有限赔偿

1. 劳动者的有限赔偿责任

劳动者履职不当损害赔偿责任作为一种特殊的侵权责任，司法实践中通常适

---

① 肖伟志. 劳动合同中劳动者赔偿责任条款的效力分析［J］. 公民与法，2011（2）.

② 朱军. 论我国劳动规章制度的法律性质［J］. 清华法学，2017（3）.

用有限赔偿。关于有限赔偿责任的依据在大量判例中均有论述，概括来讲，依据来源于两方面。

（1）规范依据。《人身损害赔偿司法解释》确立的雇主对雇员的追偿权限制于雇员“故意或者重大过失”的情境中；《工资支付暂行规定》规定用人单位扣除劳动者本人工资用以赔偿其造成的经济损失时，“扣除部分不得超过劳动者当月工资的20%”；《广东省工资支付条例》第十五条规定，“因劳动者过错造成用人单位直接经济损失，依法应当承担赔偿责任的，用人单位可以从其工资中扣除赔偿费……扣除赔偿费后的月工资余额不得低于当地最低工资标准”。成文规范呈现出统一的价值判断：劳动者无须对执行工作任务中因过错导致的损害承担全部赔偿责任（赔偿金额与劳动者工资水平相适应），且这种有限赔偿责任与过错程度密切相关。

（2）法理依据。德国劳动法院从劳动关系的持续性、生存依赖性和从属性出发，吸收融合民法侵权归责理论，形成经营风险和社会保护两大基本思想，使得劳动者履职不当有限赔偿责任的法律基础更为系统。①

一是经营风险思想。与生产经营相伴的特殊风险（如生产设备、生产过程以及制造出的产品所包含的危险性）以及用人单位单方决定的劳动环境以及设定的生产经营结构产生的组织风险，使得劳动者履职不当的损害结果可归责于用人单位。经营风险思想通过劳动关系特有的组织风险将可归责于控制人的管控责任扩展到覆盖所有由用人单位组织安排的生产经营当中而不论是否存在危险。

二是社会保护思想。该思想主要是为了保护劳动者免受不可承担的经济负担，包括两层含义：第一，劳动者的工资报酬与工作中潜在责任风险明显不成比例，不加限制的完全赔偿责任显失公平；第二，防止巨额损失对劳动者生存造成毁灭性打击。

2. 以过错为中心的责任范围确定

司法实践中基本达成了以劳动者过错程度为核心区分承担不同责任的共识。根据既有判例及侵权责任理论，笔者作出以下梳理。

（1）故意。存在主观故意的情况下，劳动者的履职行为明显超越用人单位设定的组织结构以及工作环境，进而突破了劳动关系的从属性框架，亦不符合社会

① 朱军. 雇员在工作中致雇主损害的责任减轻规则［J］. 清华法学，2015（6）.

保护思想的基本要求。在此情形下，有限责任理论不再适用，劳动者应按照一般侵权责任原则向用人单位承担损害赔偿责任。

（2）重大过失。关于重大过失的判断标准，杨立新教授提出，“如果行为人仅用一般人的注意，即可预见之，而竟怠于注意，不为相当之准备，就存在重大过失”[①]。重大过失情况下劳动者承担的损害赔偿责任以用人单位的直接损失为限，不包括间接损失和可得利益的损失，具体赔偿责任应当根据损害结果、过错责任程度、工作风险性、用人单位管理制度完备程度等个案情况，结合社会保护思想，参照劳动者的工资收入水平进行确定。

（3）一般过失。司法实践中以轻过失的劳动者免责为主流意见，笔者亦赞同该观点，理由如下。其一，有限赔偿责任理论的支撑。劳动者基于一般过失的行为通常可被经营风险思想所涵盖，“雇员所从事工作性质决定了即便是最细心的雇员偶然出差错的概率都很高……更何况，雇员是在其他人即雇主的决策和组织下工作……雇员在工作过程中犯错误跟机器出现意外故障一样，都是雇主承担风险的必然组成部分”[②]。其二，裁审机关的明示。如《江苏省劳动仲裁案件研讨会纪要》明确，“劳动者在工作中因过错给用人单位造成经济损失的……属一般过失的，不宜要求劳动者承担赔偿责任”。

本案中，姚某某与某生物技术有限公司在劳动合同中对履职不当的损害赔偿责任进行了约定，但未对责任承担的具体方式进行约定，故按照法定赔偿责任进行审视。姚某某对某生物技术有限公司未针对停电采取防范措施造成的损失存在重大过失，应当承担赔偿责任；但某生物技术有限公司安全管理制度存在疏忽亦有过错。一审、二审法院在考虑姚某某的工资收入与其工作风险负担的平衡、姚某某和某生物技术有限公司就损失发生的过错程度等因素的情况下，酌情确定了姚某某的赔偿数额。

（北京市大兴区人民法院开发区法庭　毛希彤）

---

① 杨立新. 侵权责行为法［M］. 北京：人民法院出版社，2004：187.

② ［德］曼弗雷德·魏斯，马琳·施米特. 德国劳动法与劳资关系［M］. 倪斐，译. 北京：商务印书馆，2012：125-126.

63. 劳动者履行职务造成用人单位损失的赔偿责任问题辨析

争议焦点

劳动者是否应就其在履行工作职务中造成的损失向用人单位承担赔偿责任。

基本案情

申请人：刘某

被申请人：A公司

刘某于2018年1月1日入职A公司，从事司机岗位工作。双方签订有劳动合同，期限为2018年1月1日至2018年12月31日，约定A公司向刘某提供日常用车，由刘某进行日常维护并为公司提供出行服务。同时，劳动合同就责任交通事故的经济损失问题作出要求，约定发生交通责任事故后，无论驾驶员是否属于职务行为，因驾驶员过错造成的交通责任事故，均由驾驶员承担给公司带来的全部经济损失以及保险公司按保险条款责任免除以外的保险免赔部分的经济损失。2018年6月1日下午14时，刘某驾驶A公司车辆外出接送客户，在东货场路路口由东向西行驶时，与外卖员李某驾驶的由北向南行驶的电动车相撞，造成李某受伤、两车损坏。北京市公安局丰台分局交通支队认定刘某负事故全部责任，李某无责任。

后李某以机动车交通事故责任向刘某、A公司以及保险公司进行追偿。按保险公司保险条款责任免除以外的保险免赔部分的经济损失达到12万元，上述金额由A公司先予支付。事后A公司以刘某工作存在重大过失为由提出与刘某解除劳动关系并要求刘某赔偿其单位所遭受的交通事故损失共计12万元。刘某表示其同意办理离职但认为自己系因工作而发生交通事故，故交通事故所产生的经济损失应由A公司承担。双方就刘某是否应就交通事故损失向A公司承担赔偿责任的问题产生分歧并难以达成一致。2018年11月11日，A公司向劳动争议仲裁委员会提出申诉，要求刘某支付交通事故中保险免赔部分的经济损失。

劳动争议仲裁委员会审理后裁决刘某向A公司支付交通事故中保险免赔部分的经济损失共计6万元。涉案交通事故发生地点为无交通信号灯路口，刘某作为机动车驾驶员理应保持警觉、减速慢行。涉案交通事故发生时间为下午14时，此时光线明亮，刘某具备清晰观测路况的客观条件。基于上述条件，刘某对于交通事故的发生存在重大过失情形，北京市公安局丰台分局交通支队亦认定其负事故全部责任，故刘某应当对A公司损失承担相应的损害赔偿责任。综合考虑刘某的工资水平、赔付能力及双方劳动关系属性，劳动仲裁委员会酌定刘某向A公司赔付部分损失费用。

A公司不服仲裁裁决，诉至法院。

审理结果

法院经审理认为，劳动者接受用人单位指示安排行为，其并非基于个人自由意志行事，故不具备适用责任自负原则的逻辑前提。用人单位作为经营主体应承担经营风险，不能将风险放任导致劳动者全部负担责任，故劳动者基于履行职务行为对于用人单位的损害赔偿责任不应适用侵权责任构成的一般规则，而应基于《劳动合同法》第三条确立的公平原则在责任成立和责任范围等方面受到限制。本案中刘某作为驾驶员因未减速慢行与他人发生交通事故，经交通认定负全部责任，其职务行为具有重大过错，A公司作为用人单位可以进行追偿。考虑到双方之间劳动关系属性、刘某经济负担能力及刘某过错程度，仲裁委员会按照50%的比例裁决劳动者承担赔偿责任并无不妥，本院予以确认。法院审理判决：刘某向A公司支付交通事故中保险免赔部分的经济损失共计6万元。

评析意见

本案的争议焦点在于劳动者刘某是否应就其在履行工作职务中造成的损失向用人单位承担赔偿责任及在何种程度上承担赔偿责任的问题。

（一）劳动者履职过程中造成用人单位损失是否需要赔偿

根据我国现行法律规定，劳动者对用人单位进行赔偿的情形有以下两种。第一种是劳动者解除劳动合同或者违反劳动合同中约定的保密事项或者竞业限制，对用人单位造成经济损失的，应当依法承担赔偿责任。具体法律依据为《劳动法》第一百零二条及《劳动合同法》第九十条，上述条文均明确劳动者在特定情形应当承担相应赔偿责任，但未就赔偿责任如何承担问题作出明确表述。第二种是劳动者本人原因给用人单位造成经济损失的，用人单位可按照劳动合同约定要求其赔偿经济损失。具体法律依据为《工资支付暂行规定》第十六条，上述条文中明确用人单位可依照合同约定要求劳动者赔偿经济损失的事项，若没有合同约定用人单位是否可以要求劳动者承担赔偿责任尚未明确。

具体到本案，笔者认为，刘某与A公司已在劳动合同中约定相应赔偿责任且刘某在履行职务过程中因个人重大过失造成用人单位损失，故其应承担相应的赔偿责任。假设就赔偿责任事项双方并未有明确合同条款约定，但依照公平原则，刘某仍应就其履职行为造成用人单位的损失承担相应赔偿责任，赔偿责任承担多少及如何承担的问题另行考虑。

第一，劳动者与用人单位存在劳动合同约定，双方事先已就损失的赔偿责任达成意思表示，因此损失发生时双方应依照劳动合同进行履行，即刘某应当向A公司承担相应的赔偿责任；但若劳动合同所约定赔偿金额显失公平或者基于公平原则不适用时，应当由司法者行使自由裁量权进行适当的调整。第二，劳动者履职过程中应秉持负责态度尽到合理的注意义务，尽量避免致使用人单位遭受损失的情形发生。劳动者在履职过程中若因个人过错造成用人单位损失的，参照侵权责任法所载侵权行为事项，是应当承担相应的损害赔偿责任的。此行为亦能够督促劳动者积极履职，尽量避免用人单位损失的发生。第三，从司法裁判的示范作用来说，我们并不能够善意地推定每位劳动者均系因轻微过失或是不可预见而造成用人单位损失，如果只是绝对性地判定劳动者履职过程中造成用人单位损失无须赔偿的话，对于恶意或者重大过失造成用人单位损失的劳动者会起到放纵作用，这将会导致用人单位经营风险的陡增，不利于法治社会及营商环境的良好优化。综上，劳动者应就其履职过程中造成用人单位的损失承担相应的赔偿责任，但如何承担以及在何种限度内承担此责任仍需我们进一步细化讨论。

（二）劳动者履职过程中造成的损失向用人单位承担赔偿责任的衡量标准

劳动者履职行为系接受用人单位指派，劳动者因履职行为所导致的经济损失亦为用人单位的经营风险所涵盖内容，故用人单位不应当通过合同约定将自己的经营风险完全转移给劳动者，否则有失公允。参照《工资支付暂行规定》第十六条，双方若有约定应按照约定处理。双方若未就赔偿责任作出明确约定或者约定并未就赔偿标准作出明确规定、约定显失公平的，司法人员即应当适用自由裁量权综合考虑案件情况后合理确定赔偿金额。如何适用自由裁量权确定合理赔偿标准成为司法实践中此类案件处理的关键所在。笔者就此问题的观点如下。

1. 适用权利义务对等原则

对于劳动者履职过程中造成用人单位损失的问题，一要考虑用人单位对于损失的发生是否尽到相应的安全防范义务。举例而言，医疗行业中所产生的医疗事故问题，若劳动者自身无相关手术的实践经历且用人单位未就注意事项对劳动者进行培训，因此产生医疗事故的损失原则上不应当由劳动者全额承担。二应当考虑用人单位用工行为是否存在违反法律强制性规定的情形。举例而言，旅游大巴车司机的超时工作问题，若用人单位安排司机超时加班出车接待旅客，行程过程中发生交通事故所造成的损失不应当由劳动者进行承担。综上，我们在实务处理过程中应充分考虑劳动者及用人单位在损失发生过程中的责任问题，若合同约定明显规避一方责任的，应属显失公平，具体裁量标准应由司法人员适用自由裁量权予以确定。

2. 充分考虑劳动者主观过错程度进行区分对待

劳动者系主观故意造成用人单位损失的，此种情形应当适用侵权责任法对于侵权行为的相关规定，劳动者应就其造成损失部分承担主要或全部赔偿责任。劳动者重大过失造成用人单位损失的，应当考虑劳动者过失程度、赔付能力等情况综合确定赔偿责任承担份额。劳动者尽到积极谨慎义务且正常履职时造成用人单位损失的，则应当将此损失归入企业经营风险范畴，劳动者对此无须承担相应的赔偿责任。举例而言，针对出租车司机故意肇事破坏公司财物、重大过失发生交通事故及正常行驶遭遇意外事故三类不同情形，我们应当按照其主观故意程度进行区分，使用自由裁量权进行合理裁定。

3. 充分考虑劳动者的赔付能力并提供劳动者最低生活保障

根据《工资支付暂行规定》第十六条规定，用人单位要求劳动者赔偿经济损失的，可以从劳动者本人的工资中扣除。但每月扣除部分不得超过劳动者当月工资的20%且不得低于当地月最低工资标准。由此可见法律保障劳动者的基本生存权利也即劳动者获得最低劳动报酬的权利。因此我们在进行具体裁量的过程中，应当充分考虑劳动者的赔付能力，避免出现因赔付金额严重偏离劳动者赔付能力致使劳动者生活困难且难以维持的情形发生。

具体到本案，笔者认为，刘某与A公司合同约定相应赔偿责任且刘某在履职过程中因个人重大过失造成用人单位损失，故其应承担相应的赔偿责任。但综合考虑劳动者主观过错程度、劳动者的赔付能力并提供劳动者最低生活保障等因素，劳动争议仲裁委员会及人民法院判决刘某按照50%份额承担损失赔偿责任，适用法律合理，法律情理兼顾，应属合法合理。

（北京市丰台区劳动争议仲裁院　贾婷媛）

64. 劳动者因履职致用人单位损害的赔偿责任以重大过失为限

争议焦点

赵某应否就其在履行工作任务过程中对北京某出租汽车有限公司造成的损失承担赔偿责任。

基本案情

原告：北京某出租汽车有限公司

被告：赵某

赵某入职北京某出租汽车有限公司担任出租汽车驾驶员。2014 年 10 月 18 日 17 时 10 分，在北京市朝阳区机场高速路上，赵某驾驶营运出租汽车和案外人金某驾驶的案外人常某名下车辆发生追尾事故，致常某的车辆后部受损，北京市公安局公安交通管理局朝阳交通支队机场大队认定赵某负事故的全部责任。

常某向法院以机动车交通事故责任纠纷向赵某、北京某出租汽车有限公司、××财产保险股份有限公司北京分公司提出赔偿主张。法院审理后查明，常某名下车辆定损金额和修理费为 58 800 元，赵某所营运车辆投保交强险和 5 万元三者险，未投保不计免赔附加险，××财产保险股份有限公司北京分公司扣除 20%不计免赔率，向常某理赔 42 000 元。法院最终判决北京某出租汽车有限公司给付常某修车费 16 800 元，案件受理费 110 元由北京某出租汽车有限公司负担。

就赵某驾驶营运出租车发生上述事故的具体情况，赵某称事故当天下午，其从本市西四环运载一位乘客去首都机场；其从四环路上机场高速，17 时许在机场高速快到五环路的地方，前方车辆突然停车，其也跟着踩刹车，但已经来不及，发生追尾；其当时车速在每小时70~80公里，和前方车辆有10米左右的距离；后来其发现是五车追尾事故，其所驾驶车辆是第五辆；其所追尾的前车是宝马5系车型车辆，追尾部位是保险杠，导致前车后备厢有点变形、后车灯损坏，定损金额共计58 800元。

北京某出租汽车有限公司起诉要求赵某支付汽车修理费、拖车费、诉讼费等费用共计19 358元。

审理结果

北京市朝阳区人民法院经审理认为，本案的争议焦点为赵某应否就其在履行工作任务过程中对北京某出租汽车有限公司造成的损失承担赔偿责任。劳动法和劳动合同法没有针对劳动者在执行工作任务过程中对于用人单位造成损失的赔偿责任进行专门规定。考虑到此种情形下，一方面，劳动者系受用人单位指示安排行事，其并非基于完全个人自由意志行事，不具备适用责任自负原则的逻辑前提；另一方面，用人单位作为经营方应承担经营风险，而不应将该等风险放任由劳动者负担，故劳动者基于履职行为对于用人单位的损害赔偿责任不应适用侵权责任构成的一般规则，而应基于《劳动合同法》第三条确立的公平原则在责任成立和责任范围等方面受到限制。在责任成立上，《人身损害赔偿司法解释》第九条第一款规定："雇员在从事雇佣活动中致人损害的，雇主应当承担赔偿责任；雇员因故意或者重大过失致人损害的，应当与雇主承担连带赔偿责任。雇主承担连带赔偿责任的，可以向雇员追偿。"参考该条规定的法释精神，劳动者对用人单位损害赔偿责任构成的过错要件亦应以劳动者存在重大过失为限。在责任范围上，应考虑案件实际情节、劳动者与用人单位就内部责任的约定等适当限制劳动者责任。

本案中，涉案交通事故发生于17时许，事发道路为本市机场高速。从事故结果来看，赵某驾驶营运车辆与前车追尾的原因系前方四车发生追尾事故，赵某刹车躲避不及。赵某就事故发生虽有过失，但当前证据尚不足以证明其过失达到重大过失程度。针对交通管理部门认定赵某就交通事故承担全部责任能否直接等同于赵某存在重大过失问题，本院持否定意见，理由是交通管理部门对于交通事故责任的判定系基于事故当事各方驾驶行为的考察和比对，依据交通法规对于交通事故责任进行的判定；而在考察驾驶员是否应对其用人单位承担赔偿责任时，系基于对其在履职过程中的注意义务履行情况的单独考察，二者不应直接或当然等同。据此，本院认为北京某出租汽车有限公司所提证据不足以证明赵某就涉案交通事故的发生存在重大过失，赵某不应向北京某出租汽车有限公司承担赔偿责任。

北京市朝阳区人民法院判决：驳回原告北京某出租汽车有限公司的诉讼请求。判决后，双方当事人均未上诉，一审判决发生法律效力。

评析意见

本案涉及劳动者对用人单位的损害赔偿责任问题。劳动者对用人单位的损害赔偿责任是指劳动者在提供劳动过程中对于用人单位造成损害、依法负担赔偿损失责任的情形。当前我国劳动法规范对于该问题并没有进行具体明确的规定。在侵权法规范上，《人身损害赔偿司法解释》第九条第一款规定情形属于劳动者对用人单位的损害赔偿责任范畴，但所指情形特定，并不具有一般性指导意义。在目前法律规范状况下，针对用人单位主张劳动者损害赔偿的案件，一种裁判方法为适用《中华人民共和国侵权责任法》（以下简称《侵权责任法》）第六条第一款的规定①，另一种裁判方法为适用《工资支付暂行规定》第十六条的规定②。但前者并不考虑劳动关系的特殊性，而后者属于部门规章，并不具有司法裁判直接援引适用的效力。且二者在责任构成上亦差别迥异，前者是过错责任原则的一般规定，劳动者依此有过错方有责任；而后者在责任构成上仅设置“因劳动者本人原因”之条件，无须考察劳动者的主观状态，劳动者有原因行为则有责任。

在劳动者对用人单位承担损害赔偿责任的构成问题上，应建立责任限制原则。以《侵权责任法》第六条作为劳动者对用人单位损害赔偿责任的裁判依据，是将劳动者对用人单位的损害赔偿责任认定为一般的民事侵权赔偿责任情形。但在考察劳动者对用人单位的损害赔偿责任之构成时，一般民事责任往往存在漏洞。“长期以来存在着一致的确信：在民事责任法的基础上难以确保在劳动者和

---

① 该条第一款规定：行为人因过错侵害他人民事权益，应当承担侵权责任。

② 该条款规定：因劳动者本人原因给用人单位造成经济损失的，用人单位可按照劳动合同的约定要求其赔偿经济损失。经济损失的赔偿，可从劳动者本人的工资中扣除。但每月扣除的部分不得超过劳动者当月工资的20%。若扣除后的剩余工资部分低于当地月最低工资标准，则按最低工资标准支付。

雇主之间妥当地分配损害风险。”①

民事责任的逻辑起点是“责任自负原则”②，其根本前提又在于民事活动意思自治的基本原则。民事主体具有依据自身完全意志从事民事活动的权利，这一命题衍生的结论则是民事主体应就其自主行为之后果承担法律责任。劳动法理论认为，劳动关系的核心特征在于劳动者对于用人单位的从属。“‘从属性’的判断是劳动关系认定过程中的关键。”③ 从内涵上看，从属性一方面是指劳动者在人格身份上隶属于用人单位的人事体系，劳动者以用人单位的名义从事活动；另一方面是指劳动者要接受用人单位的劳动安排，按照用人单位的指令行事。“……受雇人并不是为自己的营业劳动，而是从属于他人，为他人之目的而劳动，因此与经济上不独立性显然有同一意义，受雇人既不是用自己的生产工具从事劳动，亦不能用指挥性、计划性或创造性方法对自己所从事工作加以影响。”④ 可见，劳动者提供劳动来源于用人单位的指示和安排，而并不基于自身意志，亦即劳动者所从事的劳动实际上体现的是用人单位的意志。如此，劳动者并不具备“责任自负原则”适用的当然前提，不应当然承担劳动行为的责任。

从另一个视角来看，劳动者从属于用人单位进行经营活动，其面临的并不是匹配于其自身能力和经济水平的经营风险，而是面对着与用人单位的能力和经济水平相对应的经营风险。在此背景下，若依照一般民事责任规则分配损害负担，势必对劳动者一方造成实质上的不公平。“盖基于危险分担之必要，而且鉴于此种危险工作轻过失常为不可避免之事实，有限制其责任之重大理由也。”⑤ 从域外经验来看，民事责任规则对于劳动者责任限制的疏漏在德国法上亦存在。德国法在制定法之外通过司法判例对因经营活动所致之损害确立限制责任规则，进而由制定法进行原则确认。⑥

基于责任限制原则，劳动者对用人单位损害赔偿责任之构成除了侵害行为、损害后果、因果关系等基本构成要件外，在过错构成要件上，应强调以重大过失

---

① ［德］雷蒙德·瓦尔特曼. 德国劳动法［M］. 沈剑峰，译. 北京：法律出版社，2014：191.

② 周友军. 侵权法学［M］. 北京：中国人民大学出版社，2011：4.

③ 林嘉. 劳动法的原理、体系与问题［M］. 北京：法律出版社，2016：84.

④ 黄越钦. 劳动法新论［M］. 北京：中国政法大学出版社，2003：95.

⑤ 史尚宽. 债法各论［M］. 北京：中国政法大学出版社，2000：298.

⑥ ［德］雷蒙德·瓦尔特曼. 德国劳动法［M］. 沈剑峰，译. 北京：法律出版社，2014：192；［德］沃尔夫冈·多伊普勒. 德国劳动法［M］. 王倩，译. 上海：上海人民出版社，2016：174.

为限。劳动者对于用人单位的行为责任应该具备由轻及重的责任体系，其中损害赔偿应该是最为严厉的措施。劳动者放弃一定的身份自由，从属于用人单位而提供劳动，其根本目的在于获取劳动报酬。而让劳动者承担损害赔偿责任实质上是抵消了劳动者获取的劳动报酬，这与劳动合同的根本目的相悖，因而只能在严重的情形下才能适用。在轻微过失或中等过失时，并不意味着劳动者不用就其过失承担责任，只不过不应承担严厉的赔偿责任。同时，重大过失的认定标准亦与前述《人身损害赔偿司法解释》第九条第一款采用的标准吻合，符合当前的规范体系。

综上，当前的法律规范并没有对劳动者在提供劳动过程致用人单位损害的赔偿责任作出规定。本案裁判则明确了在该种情形下劳动者损害赔偿责任成立的限制原则，其中过错要件应以劳动者存在重大过失为限。

（北京市朝阳区人民法院民一庭　吴克孟）

65. 劳动争议案件的地方性法规适用问题

争议焦点

仲裁与诉讼分属不同行政区划时，法院应否参照或适用仲裁地地方性法规。

基本案情

上诉人（原审原告）：北京某营销公司

被上诉人（原审被告）：张某某

张某某于2007年1月入职北京某营销公司，工作地在广东深圳市。2008年5月29日张某某与北京某营销公司签订书面劳动合同，2012年5月29日签订无固定期限劳动合同，最后工作至2014年12月5日，之后一直处于待岗状态，北京某营销公司按照深圳市最低工资标准向其支付待岗工资。2017年9月12日北京某营销公司向张某某发出解除劳动合同通知书，其中写明，“因您在工作期间，存在如下严重违纪行为：《员工手册V1.0》中‘违反劳动纪律受到一次书面警告后，再犯可受书面警告的错误的’……我司决定解除与您的劳动合同，解除日期为2017年9月15日……”双方劳动合同因此解除。

2016年深圳市最低工资标准为2 030元，2017年6月1日起调整为2 130元。

北京某营销公司主张，张某某在2017年9月4日公司通知其参加待岗培训后无理由不到公司参加待岗培训，构成旷工，因此依据公司员工手册与其解除劳动合同。就此北京某营销公司提交了2017年9月4日该公司作出的待岗培训通知及快递单、2014年10月20日对张某某因“虚报销量”作出的员工违纪警告信、2017年9月8日作出的违纪警告信及快递单，以证明张某某在该公司通知后不参加培训。快递单中未显示送达情况，对此北京某营销公司称张某某拒收，但未举证证明。2017年9月8日的违纪警告信内容写明，“你在工作期间（2017年9月8日），当日待岗时间违反公司待岗管理规定3.1.3：……未按时报到或未按照公司工作安排履行工作职责的，按旷工处理……”对此张某某不予认可，称收到了2017年8月25日北京某营销公司的培训通知，并已于2017年9月4日参加了培训，但未收到9月4日的培训通知，北京某营销公司属于违法解除劳动合同。

离职后张某某向深圳市劳动人事争议仲裁委员会申请仲裁，该仲裁委员会裁决北京某营销公司支付张某某违法解除劳动合同赔偿金39 045元、律师代理费1 620元，驳回了张某某的其他仲裁请求。该裁决中写明，“申请人因本案支付律师费5 000元。根据《深圳经济特区和谐劳动关系促进条例》第五十八条规定，按胜诉比例计算，被申请人应承担的律师代理费为人民币1 620（39 045÷120 494×5 000）元”。北京某营销公司不服裁决在北京提起诉讼。

审理结果

一审法院审理后认为，北京某营销公司并无确凿的证据证明张某某收到了北京某营销公司于2017年9月4日发出的待岗培训通知，因此其据此认定张某某旷工、对其发出警告信并解除劳动合同不符合法律规定，应当支付违法解除劳动关系赔偿金。深圳市劳动人事争议仲裁委员会裁决的赔偿金数额无误，北京某营销公司应按该金额支付。关于张某某所支付的律师费，深圳市劳动人事争议仲裁委员会在裁决中写明根据《深圳经济特区和谐劳动关系促进条例》第五十八条规定，按胜诉比例计算，北京某营销公司应当负担1 620元，因张某某劳动合同履行地在深圳市，应当按照该市上述条例执行，故一审法院不支持北京某营销公司要求不支付张某某律师费的请求。

北京某营销公司不服一审判决，上诉至二审法院。

二审法院判决驳回上诉，维持原判。

评析意见

我国法律对于劳动仲裁管辖和劳动争议案件管辖均规定了“劳动合同履行地”“用人单位所在地”的管辖原则，上述规定的设置会导致一种情形，即在劳动合同履行地的A地区进行仲裁后，在用人单位所在地的B地区人民法院进行诉讼的现象。由于劳动争议案件的裁判规则具有一定政策性和地区差异，故我国有地方立法权的人民代表大会及其常委会可能根据地区特点制定地方性法规、规章甚至其他规范性文件，仲裁机构或援引或参照上述规定进行裁决后，当事人选择不同行政区域的人民法院进行起诉，人民法院就面临本案问题即能否适用仲裁地的地方性法规进行审理？尤其是在仲裁地的地方性法规与人民法院所在地的裁判尺度不一致时，案件的法律适用会成为审理难点。

在本案审理中，笔者检索到北京市各级法院共审理了5件于深圳仲裁、于北京诉讼的劳动争议案件，该5件案件均涉及本案中的法律适用问题，且存在不同的裁判观点。本案审理中，二审法院合议庭也曾存在两种不同意见。一种意见认为，《深圳经济特区和谐劳动关系促进条例》是深圳特区法规，不能作为北京法院案件审理的法律依据。另一种意见认为，《最高人民法院关于裁判文书引用法律、法规等规范性法律文件的规定》规定，民事裁判文书应当引用法律、法律解释或者司法解释；对于应当适用的行政法规、地方性法规或者自治条例和单行条例，可以直接引用。由于上述规定并未排除人民法院所在地之外的其他地区地方性法规，故只要适用该地方性法规合理且必要，人民法院可以作为裁判依据。

笔者持第二种意见，本案合议庭也最终形成了第二种意见。判断《深圳经济特区和谐劳动关系促进条例》能否在本案中适用，应从以下三个方面进行综合考虑。

第一，是否存在适用的可能性即该条例是否与上位法及北京地方性法规相冲突。本案涉及的法律问题是劳动争议案件中，用人单位败诉后是否负担劳动者因仲裁支出的律师费问题，我国法律、司法解释、行政法规等上位法在此问题上并无明文规定。而《深圳经济特区和谐劳动关系促进条例》是深圳市人民代表大会常务委员会制定的特区法规，该法规是深圳市为了保护劳动者的合法权益，维护和促进劳动关系和谐稳定，根据深圳经济特区的具体情况和实际需要而制定，既符合特区实际，也不与上位法冲突。尽管北京市的司法审判及仲裁对于律师费一般不予支持，但北京市对此也未制定相反的地方性法规或其他规范性文件，故适用上述条例不存在法律冲突问题。

第二，是否存在适用的必要性即该条例与争议事项是否具有密切联系。一方面，本案为劳动争议案件，当事人的劳动合同履行地在深圳经济特区。在合同履行过程中，必然涉及劳动者的权利保护、劳动关系的促进、劳动争议的处理等多方面内容，这些事关劳动合同的履行事项当然必须遵守劳动合同履行地的法律、法规；另一方面，本案争议的律师费系张某某在劳动仲裁阶段所支付律师费，仲裁程序发生于深圳，而纵观所有上位法，我们均找不到在此问题上可适用的法律规定。因此，笔者认为，争议事项无其他可适用的法律、法规，而深圳市的上述条例则与其具有密切联系，应当作为确定双方权利义务、处理争议的法律依据，属于《最高人民法院关于裁判文书引用法律、法规等规范性法律文件的规定》规定的“应当适用的地方性法规”。

第三，是否存在适用的不合理性即该条例的适用是否会导致当事人权益保护的不平等待遇。本案中，北京某营销公司曾主张，在北京市的所有司法实践中均不支持劳动者关于律师费的主张，如本案判决支付律师费会造成不同的裁判尺度和不同待遇。笔者认为，根据前文阐述的观点，深圳市的上述条例具有可适用性，而且在深圳经济特区的仲裁、司法实践中均统一适用上述条例的规定，因此，在并无相反规定时，本着尊重经济特区实际情况、维护法制稳定和统一的原则，参照《深圳经济特区和谐劳动关系促进条例》作出裁判是合理的，也不存在与北京市各用人单位的区别待遇问题。

（北京市第三中级人民法院　杜丽霞）

66. 涉外劳动争议中“约定管辖”条款的法律效力

争议焦点

涉外劳动法律关系中约定产生争议由国外法院管辖及适用国外法律，仲裁如何处理。

基本案情

申请人：王某

被申请人：某餐饮公司

H公司注册成立于美国，办公地为美国，某餐饮公司系H公司设立在中国的外商独资企业。王某于2015年1月1日与某餐饮公司签订3年期限的劳动合同，担任经理职务，月工资50 000元人民币。另外，H公司、某餐饮公司及王某三方签订顾问协议作为劳动合同附件，顾问协议约定：王某为项目管理人；在某餐饮公司的业务运营方面提供协助及支持；王某除有权获得某餐饮公司应支付的薪酬外，还有权在完成当年12个月服务期时获得奖金10 000美元；王某与某餐饮公司签订的劳动合同及本协议受美国法律管辖并按照美国法律进行解释，美国法院对劳动合同及本协议引起的任何争议拥有专属管辖权，各方同意产生相关争议由美国法院管辖。2019年1月18日，某餐饮公司因王某工作态度不端正，利用职务之便获取利益，给公司造成严重损失，严重违反公司的规章制度，与其解除了劳动合同。

王某提出仲裁申请，主张其不存在违反公司规章制度的行为，某餐饮公司亦未按照顾问协议约定支付奖金，故要求某餐饮公司支付2015年1月1日至2018

年 11 月 18 日违法解除劳动关系赔偿金及 2015 年至 2018 年的奖金。

某餐饮公司主张因该公司与王某之间属于涉外劳动法律关系，三方签订的顾问协议约定的内容涉及了未在中国注册及办公的 H 公司，三方当事人依据“意思自治”原则约定劳动合同及协议所适用的法律及管辖地，不违反中国法律的立法原则，故王某应根据顾问协议的约定，在美国提出诉讼，仲裁应不予受理王某的请求，即使受理，也应适用美国法律处理双方的争议。

审理结果

驳回某餐饮公司提出的管辖异议。

评析意见

意思自治原则是确定合同准据法的一项原则，合同双方当事人有权选择某一国的法律作为他们之间合同的准据法。传统的法律划分方法，将法律划分成公法和私法，公法的调整原则是公法关系完全依法设定，私法的调整原则是“协议即法律”。按照公法与私法的分类理论，私法关系是彼此平等的个人或法人之间的关系；公法关系是国家机关之间或国家机关和个人之间的关系，是一种权力服从关系而不是平等关系。而意思自治原则在私法领域内普遍适用，也被称为私法自治原则。

在劳动法律关系中，劳动合同是确立劳动关系的法律形式，劳动者和用人单位基于劳动合同成立的法律关系，就双方劳动合同协议约定的内容而言，明显具有私法的性质。但区别于可以“意思自治”的纯粹经济性质的合同关系，劳动关系中劳动者的弱势地位及其从属性，使得劳动法律关系具有其一定的特殊性。劳动者在劳动期间的最低工资保障、劳动安全卫生、工作时间、休息休假、社会保险和福利、女职工和未成年工特殊保护等问题均关系到劳动者的切身利益，亦影响到国家的公共秩序和稳定发展，使得劳动法律体制与一国的经济制度、意识形态、国家公共政策、生产关系性质等密切相关，国家通过积极干预来调整劳资关系的平衡，这便体现出劳动法的公法特性。由此可以看出，劳动法对劳动者的保护体现出私法性，而对劳动的管理则体现出公法性，它既保护公共利益又保护私人利益，体现出鲜明的公法与私法的混合性。

那么，涉外劳动法律关系是否可以通过“意思自治”排除我国适用的法律呢?

第一，一国的公法对其境内的相关法律争议享有专属管辖权，不能成为当事人合意排除的对象。我国劳动法律体系中体现出的公法性质，使得劳动法规定具有强制性。我国劳动法不属于涉外劳动关系当事人可以“意思自治”排除适用的对象。

第二，意思自治并不是无限制的意思自由，意思自治在符合法律规定和社会公序良俗要求的情况下才能有效，意思自治的效力是来自于法律对其的确认，是在法律限制之内的自由。我国《民法通则》第一百四十五条规定，“涉外合同的当事人可以选择处理合同争议所适用的法律，法律另有规定的除外”。对于处理涉外合同争议所适用的法律，我国秉承了国际私法中“意思自治”的原则，赋予当事人充分的选择权，但“法律另有规定的除外”。就此，《中华人民共和国涉外民事关系法律适用法》第四条规定，“中华人民共和国法律对涉外民事关系有强制性规定的，直接适用该强制性规定”。《最高人民法院关于适用〈中华人民共和国涉外民事关系法律适用法〉若干问题的解释（一)》第十条规定，“有下列情形之一，涉及中华人民共和国社会公共利益、当事人不能通过约定排除适用、无须通过冲突规范指引而直接适用于涉外民事关系的法律、行政法规的规定，人民法院应当认定为涉外民事关系法律适用法第四条规定的强制性规定：(一）涉及劳动者权益保护的”。最高人民法院《关于贯彻执行〈中华人民共和国民法通则〉若干问题的意见（试行)》第194条规定，“当事人规避我国强制性或者禁止性法律规范的行为，不发生适用外国法律的效力”。通过上述规定可以看出，涉及劳动者权益保护的，应当直接适用我国法律的强制性规定，违背我国法律强制性规定的约定无效。

第三，对于劳动法律关系适用的法律，我国有明确的强制性规定。《劳动法》第二条规定，“在中华人民共和国境内的企业、个体经济组织（以下统称用人单位）和与之形成劳动关系的劳动者，适用本法”。《劳动合同法》第二条规定，“中华人民共和国境内的企业、个体经济组织、民办非企业单位等组织（以下称用人单位）与劳动者建立劳动关系，订立、履行、变更、解除或者终止劳动合同，适用本法。国家机关、事业单位、社会团体和与其建立劳动关系的劳动者，订立、履行、变更、解除或者终止劳动合同，依照本法执行”。根据上述规定，只要劳动关系发生于我国境内，则劳动争议的解决必须适用我国的劳动法，上述规定属确定性的强制性规范，劳动者和用人单位之间均不可以通过约定来排除。

第四，关于适用约定管辖也不能违背我国法律的明确规定。对于一般民商事合同纠纷，我国法律充分尊重双方当事人的合意与意思自治，但约定管辖的适用范围并不包括劳动争议。《劳动争议调解仲裁法》第二十一条第二款规定，“劳动争议由劳动合同履行地或者用人单位所在地的劳动争议仲裁委员会管辖”。《最高人民法院关于审理劳动争议案件适用法律若干问题的解释》第八条规定，“劳动争议案件由用人单位所在地或者劳动合同履行地的基层人民法院管辖”。因劳动者处于相对弱势地位，对用人单位具有财产、人身依附性，为避免用人单位利用优势地位侵犯劳动者的程序权益，国家通过干预，赋予劳动者一定的管辖选择权，但该管辖权的选择也仅限于法律规定的范围，且不能通过约定排除劳动者的管辖选择权。

第五，基于劳动法律关系的特殊性，我国劳动法律法规中，对劳动就业管理、劳动合同管理、最低工资保障、社会保险福利、劳动争议处理的“一裁两审”程序等内容均作出了系统的规定，构成我国完整统一、不可分割的劳动法律体系。这一法律体系，是根据我国经济发展的特性确立，并建立在我国的社会经济制度之上的。如果双方可以通过任意约定违背我国的劳动法律体系，将根本否定我国关于劳动争议处理的强制性规定，侵害我国法律的严肃性和权威性。

本案中，某餐饮公司系在中国注册成立的企业，王某在中国国内履行其工作职责，双方劳动关系的确立、履行及解除的整个过程均发生在中国，双方发生劳动争议应当适用中国的劳动法律规定。某餐饮公司、王某在协议中约定选择适用美国法律及美国管辖，违背了中国现行法律的强制性规定，故该约定不具有法律效力。因此，某餐饮公司对于中国仲裁不应受理此案以及应适用美国法律的管辖异议，仲裁委员会不予支持。

（北京市顺义区劳动人事争议仲裁院　张偌晗）

67. 未续签劳动合同二倍工资差额的构成要件

争议焦点

未续签劳动合同，用人单位是否应支付二倍工资差额。

基本案情

原告（被上诉人）：某中心

被告（上诉人）：卓某

卓某于2013年6月13日入职某中心，担任项目部副经理，双方签订了期限为2013年6月13日至2016年6月12日的劳动合同。卓某在某中心正常出勤至2017年5月31日，双方劳动关系于2017年5月31日解除。

2016年6月12日后双方未续签书面劳动合同，关于未签订合同的责任和原因双方各执己见。双方均认可某中心办公室主任贾某（其职责包括签订劳动合同）通知过卓某续签劳动合同一事，某中心提交微信聊天记录予以证明，其中显示2016年5月24日贾某发微信给卓某："你的续签劳动合同，啥时候有空过来？上次通知你和刘某，刘某现在娃都有了你还没过来。"卓某当日回复"我向组织认真交代，刘某有娃的事跟我真的没关系。合同的事跟我有关系，我去的时候您不提我就没敢问，以为组织部信任我了呢"。卓某认可上述证据的真实性，但称因为自己在2016年5月中下旬到2016年9月中上旬一直在河北工作，期满后回北京再无外出直到离职，但某中心没有再提出签订合同一事。法院询问卓某是否回京后与某中心再沟通续签事宜，卓某表示自己没有问过办公室签订劳动合同的事，自己也忘了，直到离职时才想起来。某中心称在卓某回来后的一次会议时通知过续签劳动合同但未提供相应证据。某中心主张已经尽到通知卓某签订劳动合同的义务，且不存在故意不与其签订劳动合同的行为。关于其他员工签订劳动合同的情况，某中心主张均系微信通知，然后员工去办公室签署劳动合同。

卓某以要求某中心支付未续签劳动合同二倍工资差额、未休年休假工资为由向北京市海淀区劳动人事争议仲裁委员会提出申请，该仲裁委员会裁决：(1) 某中心于裁决书生效之日起十日内，支付卓某 2016 年 6 月 13 日至 2017 年 5 月 31 日期间未续签劳动合同二倍工资差额 109 538.97 元；(2) 驳回卓某其他仲裁请求。某中心不服上述裁决，于法定期限内向法院提起诉讼。

审理结果

法院审理认为：首先，某中心有与卓某续签劳动合同的意愿，并且通知了卓某，卓某亦认可收到通知；其次，根据微信记录显示某中心不是首次作出与卓某续签劳动合同的意思表示，在微信沟通之前已经有过先行通知，因卓某仍未来办理，所以微信之中进行再次通知；再次，根据微信通知内容显示，被通知的其他同事已经续签劳动合同，某中心亦不存在假通知之名实则不予签订的情况。此外，卓某表示从外地回北京之后直至离职的较长期间内由于自己疏忽未向某中心提出异议，直到离职后进行劳动仲裁时提出。可见，未续签书面劳动合同不可完全归责于某中心。就立法目的考虑，未签订书面劳动合同、未续签劳动合同对于用人单位的惩罚出发点在于保护劳动者合法权益。而就用人单位是否存在损害劳动者合法权益的故意而言，本案中的某中心多次通知卓某办理相关续签手续，未显示出不与其续签劳动合同的主观故意。虽然双方最终未实际续签劳动合同，但诉争期间卓某的社会保险费正常缴纳、工资正常发放，亦无证据证明某中心存在侵害其其他劳动权益的故意。法院最终判决，驳回卓某诉讼请求。

评析意见

本案争议焦点是劳动合同到期后未续签劳动合同，劳动者仍在原用人单位工作的，用人单位应否支付未续签劳动合同二倍工资差额。实践中观点不一。笔者认为，应从二倍工资罚则制度的意旨和“劳动者不与用人单位订立书面劳动合同的，用人单位应当书面通知劳动者终止劳动关系”规范的立法目的去理解和把握。

(一) 对二倍工资罚则的理解

我国现阶段市场信用环境较差，即使是书面合同，其履行率也不高，口头的劳动合同就更难保障其履行。另外，我国劳动基准不完备，集体合同和劳动规章制度都不普遍且内容多不完整和具体，书面劳动合同对确定双方的权利义务就显得特别重要。二倍工资罚则通过增加用人单位不订立书面劳动合同的违法成本和涉诉风险，迫使用人单位自动地与劳动者订立书面劳动合同，以保障立法对劳动合同形式的强制性规定落到实处，从而构建规范有序、劳资和谐的就业市场。

二倍工资中的第二倍工资是用人单位不订立劳动合同的不利后果，对用人单位具有制裁性，是用人单位违法不订立书面劳动合同对应的损害赔偿。但这种损害赔偿不同于传统民法上的损害赔偿责任，因为其发生不以损害事实为要件，自然劳动者也无须证明受有损害。在我国立法上，未签订书面劳动合同，用人单位并非自始就承担这种损害赔偿责任。《劳动法》第九十八条规定不订立劳动合同给劳动者造成损害的，应当承担赔偿责任；反之，未给劳动者造成损害的，不承担赔偿责任。而《劳动合同法》第八十二条明确规定，不订立书面劳动合同的，应当向劳动者每月支付二倍工资，不再要求是否给劳动者造成损害的事实。

就未订立书面劳动合同，用人单位应该具有可归责性，才承担二倍工资的责任。其一，从立法目的角度看，用人单位支付的第二倍工资作为一种侧重保护劳动者利益的惩罚性赔偿，其适用要求用人单位的行为具有可归责性，若对不可归责的行为进行惩罚，不符合正义的要求。这种惩罚是倒逼用人单位与劳动者订立书面劳动合同，若用人单位不订立书面劳动合同不具有可归责性，依然对其惩罚，之后再遇到相同的情况，依然难以期待用人单位作出不同选择，此时不能发挥二倍工资罚则的功能，所以没有必要对用人单位作出惩罚。其二，从《劳动合同法实施条例》第五条的规定来看，劳动者不与用人单位订立书面劳动合同的，用人单位应当书面通知劳动者终止劳动关系。相反，如果用人单位未书面通知劳动者终止劳动关系，则应该承担不利的法律后果。也就是说，即使因为劳动者的原因未签订书面劳动合同，用人单位仍应支付双倍工资。笔者认为，即使在这种情况下，亦暗含着对于未订立书面劳动合同，用人单位具有可归责性。一方面，法律明确规定建立劳动关系的，应当订立书面劳动合同，不管基于什么原因，用人单位都是应当知道与劳动者订立书面劳动合同的，其没有订立书面劳动合同，具有不可推脱的责任。另一方面，若因劳动者的原因没有订立，用人单位可以终止双方劳动关系，且在一个月内终止的，无须支付经济补偿；若用人单位没有终止，默认劳动者依然在单位工作，原则上亦可归责，除非用人单位不具有终止双方劳动关系的可能性。

综上所述，二倍工资罚则暗含了用人单位对未订立劳动合同之事实具有可归责性这一要素，其适用条件是：（1）用人单位未与劳动者订立书面劳动合同；（2）劳动者对未订立书面劳动合同具有可归责性。

（二）劳动合同期满后未续订书面劳动合同，劳动者仍在原用人单位继续工作，劳动者是否必然享有二倍工资请求权

根据《北京市高级人民法院、北京市劳动争议仲裁委员会关于劳动争议案件法律适用问题研讨会会议纪要（二）》（以下简称《会议纪要（二）》）第27条，劳动合同期满后未订立劳动合同，劳动者仍在原用人单位继续工作，应适用《劳动合同法》第十条、第十四条第三款、第八十二条，《劳动合同法实施条例》第六条、第七条的规定进行处理。由此可知，在劳动合同期满后未续签劳动合同时，用人单位依然可以终止劳动关系。从该规定表面来看，似乎劳动者不与用人单位续订劳动合同，用人单位又未终止劳动关系，则在发生劳动合同纠纷之后，用人单位应当支付二倍工资。若法院如此处理，从条文表面看来，似乎无可指责。但现实中，如此适用法条，就显得过分机械。

第一，二倍工资罚则的立法初衷是通过劳动者索取二倍工资的过程，来督促用人单位及时签订书面劳动合同，明确双方的权利义务。若未订立书面劳动合同，劳动者面临诸多不利后果，如劳动关系认定难、权利义务不明确、举证难等问题。但在双方劳动合同期满后未续签，劳动者依然在原用人单位工作的，根据《最高人民法院关于审理劳动争议案件适用法律若干问题的解释》第16条的规定，双方的权利义务依然是明确的，即按照原劳动合同继续履行。所以，未续签劳动合同，在发生纠纷时，劳动者至少不会面临初次形成劳动关系时面临的证明劳动关系难、证明工资数额难等问题。

第二，在未续签劳动合同时，用人单位证明其不存在恶意，足以平衡双方权利义务。一方面，未续签劳动合同的，劳动者的权利义务根据原劳动内容进行确认，依然是明确的，劳动者的权利已经得到了保护，用人单位欲通过不订立书面劳动合同而降低用工成本，规避对劳动者的义务、规避缴纳社会保险费和支付解雇成本的目的亦难以实现。另一方面，虽然劳动合同的续签依然由用人单位主导，劳动者处于弱势地位，但通过举证责任合理分配，由用人单位对其未续订劳动合同不存在恶意进行举证，足以平衡双方的权利义务。

第三，用人单位在未续签劳动合同后，又未与劳动者终止劳动关系，就承担二倍工资责任显失公平。在初次用工，未订立书面劳动合同，即使是劳动者明确同意不订立之，用人单位只能选择终止劳动关系，如若不然，则承当支付二倍工资的风险。若未续签劳动合同，用人单位难以做到如同初次用工一样轻松选择终止劳动关系。首先，在经历过一个合同周期后，劳动者往往已经在用人单位工作几年，双方不仅是一种管理与被管理的关系，亦是一种和谐稳定的劳动关系，双方互相信任，用人单位难以做到未及时续签劳动合同，就立即终止劳动关系。其次，从经济的角度看，亦难以期待之。在劳动者刚入职用人单位时，用人单位对其经济投入尚不多，劳动者亦在熟悉业务阶段，尚未对用人单位带来可观的经济效益，未订立书面劳动合同，法律强制用人单位终止劳动关系，给用人单位造成的损害可能是很小的，可以期待其终止劳动关系；但在经过一个合同周期后，劳动者对相关业务驾轻就熟，合同期满，用人单位愿意继续与劳动者建立劳动关系，表明其能给用人单位带来不错的经济效益，未续签书面劳动合同，若法律再强制其终止劳动关系，不符合正义之要求。最后，法律强制用人单位终止劳动关系，不利于构建和谐稳定的劳动关系，增加社会成本。在未续签的情况下更为明显：在用人单位工作多年的劳动者，若未续签劳动合同，用人单位终止与其劳动关系后，劳动者可能很难找到同样驾轻就熟的岗位，入职新岗位，则要花费精力熟悉工作内容；用人单位也要花费更多成本培养一名匹配其岗位的员工，这将增加社会交易成本。

第四，订立书面的劳动合同，是要式的双方法律行为，依法理，劳动合同的“要式”既约束劳动者，也约束用人单位。虽然约束力的安排并不均衡，但并不免除劳动者亦有义务提出订立的主张。同时，对用人单位的约束力是不订立之，承担支付二倍工资的不利后果。但二倍工资罚则不以损害事实为要件，劳动者享有的二倍工资请求权，一定程度上有违赔偿损失原则，不符合正义之要求。用人单位违法未订立书面劳动合同，劳动者未造成实际损失，却能获得二倍工资，极易引发道德风险，鼓励劳动者故意不订立书面劳动合同，进而主张二倍工资。这样不利于构建和谐稳定的劳动关系。

综上所述，根据《会议纪要（二）》第27条关于未续签劳动合同二倍工资问题，明确可以适用《劳动合同法实施条例》第六条、《劳动合同法》第八十二条的规定。但毕竟初次未订立与未续订书面劳动合同，二者具有重大差异，在未续签劳动合同，虽然可类推适用相关规定，用人单位应当承担支付二倍工资的责任，但用人单位不存在恶意的除外。

具体到本案中，某中心与卓某第一份劳动合同中关于双方的权利义务约定明确，在双方未续签劳动合同时，可以按照原合同内容确定双方权利义务。某中心对双方未签订书面劳动合同，不存在恶意。在卓某从外地回北京后，卓某亦未向某中心提出异议，佯装不知二倍工资罚则，不要求某中心与自己续签书面劳动合同，而是在离职时忽然向单位索赔，显然有权利滥用之嫌，有违诚信。所以，本案中，法院根据案件的具体情况具体分析，没有机械适用相关规定，而是从规范之意旨裁判案件，判决卓某败诉。

（北京市第一中级人民法院　王飞）

68．“一事不再理”是否适用于已经生效的劳动仲裁裁决

争议焦点

1．“一事不再理”是否适用于已经生效的劳动仲裁裁决；

2．逾期未申请工伤认定的情况下，劳动者向法院提起的工伤保险待遇之诉，法院是否应当受理。

基本案情

原告（申请人）：朱某某

被告（被申请人）：天津某物流公司

朱某某与天津某物流公司于2016年2月23日签订车辆合作协议，约定每月工资9 000元，并缴纳社会保险费。2016年7月1日，朱某某在工作期间受伤。朱某某因确认劳动关系、误工费、工资、工伤赔偿金、保证金等事项与天津某物流公司发生争议。

2018年，朱某某基于上述争议向京山市劳动人事争议仲裁委员会（以下简称京山市仲裁委）申请劳动争议仲裁。仲裁请求如下：（1）确认申请人与被申请人在2016年2月23日至2018年7月23日存在劳动关系；（2）裁决被申请人支付申请人误工费21.6万元；（3）裁决被申请人支付申请人2016年4—6月工资2.7万元；（4）裁决被申请人支付申请人工伤赔偿金13万元；（5）裁决被申请人支付申请人伤残赔偿金23万元；（6）裁决被申请人支付申请人保证金1.5万元。

京山市仲裁委经审理后认为，朱某某与天津某物流公司之间具备事实劳动关

系完整的构成要件，因此支持了朱某某关于劳动关系确认和支付2016年4—6月工资的请求。关于朱某某主张的工伤赔偿金、伤残赔偿金及误工费的诉讼请求，京山市仲裁委以朱某某未申请工伤认定为由裁定驳回。朱某某关于退还保证金的诉讼请求，京山市仲裁委认为不属于劳动争议的受案范围，亦予以驳回。仲裁作出后，朱某某15日内未向法院起诉，仲裁裁决已经发生法律效力。

2019年，朱某某再次向天津市滨海新区劳动人事争议仲裁委员会提起劳动仲裁，仲裁委员会于2019年2月21日作出仲裁，决定终止审理。朱某某又向天津市滨海新区人民法院提起诉讼，请求法院判令：(1) 天津某物流公司支付朱某某工资21.6万元、工伤赔偿金13万元、伤残赔偿金23万元；(2) 本案诉讼费用由天津某物流公司承担。

审理结果

天津市滨海新区人民法院依照《中华人民共和国民事诉讼法》第一百一十九条之规定，裁定驳回朱某某的起诉。

评析意见

朱某某的起诉被驳回，基于两方面的原因。第一，朱某某向天津市滨海新区仲裁委员会提起的工伤保险待遇请求，已经被京山市仲裁委驳回，京山市仲裁委作出的仲裁裁决已经发生法律效力。第二，劳动者享受工伤保险待遇的前提是工伤认定，法院不应就职工是否构成工伤直接作出认定和判决，而应当由社会保险行政部门通过法定的程序予以认定，如果职工对工伤认定结论不服，可以通过申请行政复议和行政诉讼来解决。故此，朱某某在未申请工伤认定的情况下，提起工伤保险待遇之诉，不属于法院的受案范围，法院不应受理。朱某某可在社会保险行政部门作出工伤认定后，再次提起劳动仲裁；如因天津某物流公司的原因造成无法进行工伤认定，朱某某可另案主张人身损害赔偿。

针对本案，提出如下三个问题。

（一）事故伤害发生之日起1年内，劳动者向法院诉请人身损害赔偿的，法院是否受理

根据《最高人民法院关于审理人身损害赔偿案件适用法律若干问题的解释》

第十二条规定，依法应当参加工伤保险统筹的用人单位的劳动者，因工伤事故遭受人身损害，劳动者或者其近亲属向人民法院起诉请求用人单位承担民事赔偿责任的，告知其按《工伤保险条例》的规定处理。结合本案，朱某某在工作期间因工受伤应当先向社会保险行政部门申请工伤认定，不能直接到法院起诉。如果朱某某选择直接向法院诉请人身损害赔偿的，法院应当告知其申请工伤认定。

（二）劳动者超期未申请工伤认定，就工伤待遇赔偿问题提起劳动争议诉讼，人民法院是否受理

根据《工伤保险条例》第十七条第二款规定，用人单位未按规定期限（自事故伤害发生之日或者被诊断、鉴定为职业病之日起30日内）提出工伤认定申请，工伤职工或者其近亲属、工会组织在事故伤害发生之日起1年内，可以直接向用人单位所在地统筹地区社会保险行政部门提出工伤认定申请。超出1年的期限，社会保险行政部门将不再受理。结合本案，朱某某于2016年7月1日受伤，其应当在受伤1年内申请工伤认定。朱某某超期未申请，社会保险行政部门不再受理。因为享受工伤保险待遇的前提是社会保险行政部门作出了工伤认定，影响劳动能力的还应当进行劳动能力鉴定，并依据该工伤认定书获得工伤保险待遇。基于此，京山市仲裁委仲裁驳回了朱某某关于保险待遇的请求。

工伤认定应由社会保险行政部门依照法定程序办理，法院行使的是审判权，如果法院径行认定职工属于工伤并作出判决，此举必然导致审判权代替行政权，这与行政权与审判权分离原则是背道而驰的。此外，工伤保险赔偿金由两部分组成，其一是由社会保险经办机构支付的部分，其二是单位支付的部分。其中对于应由社会保险经办机构支付的部分，必须依赖于社会保险行政部门的工伤认定才能支持，在这种情况下如果法院自行作出构成工伤的确认，很有可能与社会保险行政部门依职权作出的工伤认定结论相矛盾。那么，如果劳动者超期未申请工伤认定，是否就失去了救济途径了呢？笔者认为，根据《人身损害赔偿司法解释》第一条规定，因生命、健康、身体遭受侵害，赔偿权利人起诉请求赔偿义务人赔偿财产损失和精神损害的，法院应予受理。结合本案，朱某某可以另案按照雇员在从事雇佣活动中遭受人身损害所获得的赔偿标准，主张人身损害赔偿。天津某物流公司应当根据《人身损害赔偿司法解释》第十七条规定，赔偿朱某某遭受人身损害，包括因就医治疗支出的各项费用以及因误工减少的收入。

（三）已经生效的仲裁裁决的内容，是否属于“一事不再理”的范畴

本案的特殊之处在于京山市仲裁委驳回了朱某某关于工伤保险待遇的诉讼请求的时候，朱某某并未提起诉讼，而是等到仲裁裁决生效后，就仲裁驳回的事由再次提起劳动仲裁进而提起劳动争议诉讼。法院对于已经被生效的仲裁裁决驳回的诉讼请求，能否继续审理？根据《民事诉讼法》第一百二十四条的相关规定，对判决、裁定、调解书已经发生法律效力的案件，当事人又起诉的，告知原告申请再审，但人民法院准许撤诉的裁定除外。上述法律规定明确了已经生效的判决书、裁定书和调解书不应再次提起诉讼。这也是“一事不再理”原则的法律依据。结合本案，朱某某的诉讼请求已经经生效的仲裁裁决驳回，其再次起诉是否属于“一事不再理”的范畴？笔者认为，《民事诉讼法》第一百二十四条的相关规定应当作扩大化解释，应当将仲裁裁决发生法律效力的案件涵括在内，即劳动仲裁裁决生效的案件，当事人再次申请仲裁和劳动争议诉讼的，法院不应受理。具体到本案，京山市仲裁委已经以朱某某未申请工伤认定为由驳回了其工伤保险待遇的请求，朱某某在未申请工伤认定的情况下，再次提起工伤保险待遇的诉讼请求，构成“一事不再理”，法院不应受理。

（天津市滨海新区人民法院汉沽审判区　王静）

69. 员工注册个人微信公众号与公司形成竞争，是否应对公司损失担责

争议焦点

员工利用职务便利直接在公司微信公众号上发文推送其个人微信公众号、间接利用第三方公众号交换资源等行为是否应当予以赔偿。

基本案情

上诉人（原审原告）：北京某互联网科技有限公司

被上诉人（原审被告）：吴某某

吴某某于2017年3月10日入职北京某互联网科技有限公司（以下简称互联网公司/公司），并与公司签订劳动合同。吴某某担任互联网公司新媒体编辑，负责公司微信公众号“省钱好店”的日常更新、运营及推广文章的撰写和维护，该公众号通过发布文章推广产品获取广告费用的方式取得收益。

互联网公司提出，吴某某在职期间，私自注册并运营与公司公众号“省钱好店”高度类似的个人公众号“时尚×××”，且两公众号在功能、内容、运营模式等方面存在重叠，具有直接的竞争关系。吴某某多次抄袭“省钱好店”微信公众号内容，利用职务便利获取客户信息，拉拢原本属于公司的客户至吴某某微信公众号投放广告，占用“省钱好店”微信公众号的互推位置来交换其他微信公众号的资源，从而推广自己运营的“时尚×××”公众号。互联网公司主张，吴某某上述一系列的行为违反了基本的职业道德及诚实信用原则，摒弃了劳动者对用人单位的忠实勤勉义务，给公司造成了巨大的经济损失且在公司内部产生了极其不良的影响。

互联网公司向劳动人事争议仲裁委员会提出申请，仲裁委员会以互联网公司的申请不属于受案范围为由作出不予受理案件通知书。公司不服，向法院提起诉讼，诉请法院判决吴某某赔偿其行为给公司造成的经济损失。

在一审中，互联网公司提交了吴某某利用公司微信公众号推广其个人公众号的证据，其中包括“省钱好店”微信公众号于2018年1月28日、2月24日、3月8日分别发文推送“时尚×××”公众号的文章，以及吴某某8次利用公司的微信公众号与其他微信公众号交换资源，用于推广自己的公众号——“时尚×××”微信公众号的截屏等。

吴某某辩称：首先，“时尚×××”微信公众号并非其本人或近亲属注册，其并未负责过该微信公众号的运营，公司主张其承担相应损失费用缺乏事实和法律依据。其次，微信公众号是一种网络上普遍流行的帮助淘宝卖家推广商品的营销模式，“省钱好店”并没有其自身特有之处，也只是模仿既有模式，故互联网公司对此种模式不享有任何权益，无须承担赔偿责任。最后，公司提交的证据无法证明遭受的经济损失，也无法体现其行为与公司损失的关联性。因此吴某某对互联网公司的主张不予认同。

审理结果

一审法院经审理，向腾讯公司调取了微信公众号“时尚×××”的注册主体信息，回函载明“时尚×××”的注册主体正是吴某某，因此法院对吴某某主张该微信公众号与其无关的主张不予采信。法院认为，吴某某的行为虽然违反了劳动者对于用人单位的忠实勤勉义务和劳动者应当遵守的基本职业道德，但公司要求吴某某赔偿经济损失的请求缺乏事实和法律依据，一审法院未支持公司的诉求。

互联网公司不服一审判决，提出上诉。

二审法院经过审理认为，作为以营利为目的的经营主体，互联网公司提交的微信营销服务推广合同等证据可以证明相关主体通过其公司运营的“省钱好店”公众号做推广活动需要支付一定的推广服务费用，对吴某某主张公司不享有该公众号的权益，法院不予采信。同时，劳动者应当遵守基本的职业道德，吴某某在互联网公司工作期间注册、运营与其工作内容重合的个人微信公众号，在未获得公司授权，也没有支付相关费用的情况下，利用职务便利擅自推广其个人微信公众号，严重违反了诚实信用原则和忠实勤勉义务，其直接推广个人微信公众号的行为也势必造成公司损失了推广服务费用，应当赔偿公司由此导致的经济损失。

二审法院撤销一审判决，改判吴某某赔偿互联网公司经济损失30 000元。

评析意见

（一）关于本案的法律适用问题，应当适用劳动合同法的相关规定还是反不正当竞争法进行审理

本案吴某某系互联网公司员工，在劳动关系存续期间私自注册、运营与其工作内容重合的个人微信公众号，在未获得公司授权且没有支付相关费用的情况下，采取直接发文推荐和间接利用职务便利占用“省钱好店”微信公众号的互推位置来交换其他微信公众号的资源的方式，推广自己运营的“时尚×××”公众号，作为劳动者没有遵守基本的职业道德和忠实勤勉义务，违反了劳动合同法相关规定。

同时，吴某某的行为也违反了反不正当竞争法的规定。《反不正当竞争法》第二条规定，“经营者在生产经营活动中，应当遵循自愿、平等、公平、诚信的原则，遵守法律和商业道德”。微信公众号是一种线上线下微信互动营销方式，吴某某私自注册并运营的公众号与公司公众号不论是在功能上还是内容方面都存在重叠，其直接抄袭、拉拢客户、交换资源等行为更是严重违反商业道德的。由此可见，“省钱好店”“时尚×××”这两个公众号具有直接的竞争关系，《反不正当竞争法》第十二条明确规定了互联网领域的不正当竞争行为，因此，其行为也应当受到反不正当竞争法的调整。

综上，员工吴某某在劳动关系存续期间用不正当竞争的行为方式侵犯了互联网公司的财产，那么究竟应当适用劳动合同法的相关规定还是适用反不正当竞争法进行审理呢？对此问题，就要看互联网公司选择何种案由来主张自己的权利，且两类案件适用不同的审理程序，劳动争议纠纷应当适用仲裁前置，而反不正当竞争纠纷则不受此限制，发生纠纷原告可直接向法院提起诉讼。本案中，互联网公司主动提起劳动仲裁，在仲裁委员会不予受理后向法院提起诉讼，应当说此一审是不服劳动争议裁决的必然延伸，不同于普通一审的直接起诉，且适用反不正当竞争法更是会徒增用人单位的诉讼难度和举证要求。因此本案由于互联网公司的主张，应当适用劳动合同法的相关规定进行审理。

（二）微信公众号作为一种新型营销方式，吴某某交换资源的行为应当如何定性

正常情况下“省钱好店”公众号推广第三方账号，作为交换，第三方账号会在其公众号文章中推广“省钱好店”公众号，双方互惠互利同时增长粉丝。公众号粉丝不仅仅只是虚拟的网络信息，伴随着微商等新型营销方式的产生，粉丝也逐渐成为公众号价值的体现，粉丝越多，公众号估值越高，对广告投放价格、公众号后续转让甚至其背后公司的商事收购、合并的整体估值都会产生直接影响。微信公众号这一营销方式虽新，但其影响不容小觑。

本案中，吴某某利用职务便利，私自与第三方洽谈，用“省钱好店”公众号推广第三方账号，而第三方账号却在其公众号文章中推广“时尚×××”公众号，使“省钱好店”公众号丧失了作为对等交换被推广的机会。吴某某的行为直接影响了“省钱好店”公众号粉丝的增加，使自己运营的公众号不当获利，严重违背作为一名劳动者对用人单位的忠实勤勉义务，同时，其恶意从事同业竞争的行为也违背了公平诚信的原则，应当立即停止其不正当竞争的行为并对公司予以赔偿。

（三）本案一审互联网公司的诉讼请求为何未被法院支持

首先，法院肯定了吴某某的行为构成失职，严重违反对用人单位的忠实义务，也认同应当对互联网公司造成的经济损失予以赔偿。但是，根据《民事诉讼法》第六十四条以及“谁主张，谁举证”的基本举证原则，互联网公司应当就损失的客观存在、吴某某存在失职行为，以及行为与造成损失之间存在因果关系承担举证责任。

在本案一审过程中，互联网公司对吴某某造成的经济损失难以认定，其主张的损失计算方式更是难以得到法官的认同。例如吴某某恶意交换资源导致公司公众号丧失被推广的机会按每篇 3 万元计算，此一笔费用就高达 24 万元，粉丝费用更是按每个人 5 元计算，最终得出 50 万元以上损失的计算结果。

由此可见，互联公司提交的微信公众号推广文章产生的损失、粉丝价值、广告收入均系其估算，并没有直接证据证明上述损失的客观存在，更没有证据证明吴某某的行为与上述估算损失之间存在因果关系，因此一审法院认为缺乏事实依据，驳回了互联网公司的诉讼请求。

证据是民事诉讼的基石，诉讼活动从某种意义上就是一个证据的收集过程。随着电子信息技术的快速发展，技术进步所引发的纠纷也日渐增多，加上电子证据天然的隐蔽性，证据的收集就成为一个无法回避的现实问题。因此，面对此类纠纷，要加强证据收集意识，将事实建立在证据的基础之上。除了当事人自己收集外，也可以发挥多方证据收集机制，申请法院收集、行政执法部门协助收集、互联网中介服务者协助调查等。只有占领了证据的高地，才能既赢事理，又赢法理，应对诉讼运筹帷幄，避免由于证据不足而在“占理”的同时吃了“哑巴亏”。

（四）本案二审带给同类案件的启示

二审法院改判吴某某赔偿互联网公司损失体现了法院对互联网公司合法权益的维护。二审法院认定劳动者的行为有悖忠实勤勉义务，应支付服务推广费，这增强了互联网公司寻求法律保护的信心，对广大用人单位、劳动者及诉讼参与人形成了良好的示范效应。

微信公众号作为一种新型互联网营销模式，相关立法机制仍然不完善，而公众号运营者为获取流量、扩大影响，未经允许转载、抄袭他人作品等现象层出不穷。因此在第三方侵权和不正当竞争行为的情况下，如何正确选择法律的适用和救济成为维权成功的关键性因素。

企业在进行公众号运营过程中，还应不断加强运营的规范化管理，完善自身的权益保护机制，加强企业合规化建设及行之有效的监督机制，加强人力资源管理的体系化，明确操作流程、规章制度等，只有这样才能有效避免司法救济中“举证难”的问题。

（北京金诚同达律师事务所　梁枫）

70. 专项培训协议效力的认定

争议焦点

专项培训协议效力的认定。

基本案情

上诉人：胡某

被上诉人：甲银行公司

胡某系甲银行公司于2015年招聘的新入职员工之一。2015年8月1日，甲银行公司（甲方）与胡某（乙方）签订劳动合同，其中特别约定的第四十九条为“甲方提供专项培训费用对乙方进行专业技术培训的，甲乙双方应在培训前签订专项培训协议，约定乙方服务期，该协议作为本合同的附件一并执行……”

与此同时，甲银行公司开始了对新入职员工的集体培训，即于2015年8月至9月组织胡某等新入职人员在山东省烟台市进行两周的军训及一个半月的入职培训。该阶段培训使用的《甲银行公司第二届管理培训生入职培训学员手册》所载明，“本阶段培训目的在于：通过集中培训，使学员们能够全面了解公司、认同公司企业文化，促进角色转换，了解公司管理制度和相关业务、掌握基本的工作技能，并进行职业化训练……为后续的分行轮岗实习阶段创造坚实的理论基础”。该阶段培训的授课人部分为甲银行公司员工，部分为外聘师资。

其间，甲银行公司与胡某签署“甲银行公司管理培训生专项培训协议书”，内容载明，“甲方对乙方的专项培训为：2015年管理培训生计划；专项培训时间预计自2015年8月1日起至2016年8月1日止，具体时间以实际培训时间为准……本次专项培训由甲方为乙方提供培训费用预计10万元，培训费用总额包括但不限于专题培训费、书本费、讲义费，培训期间的差旅费、交通费、住宿费、餐费，脱产培训期间的工资，培训合作单位提供的培训服务费，以及其他因培训产生的各类实际用于乙方培训的其他费用；若培训完成后，结算确定的培训费用总额高于预计费用的，以实际发生的培训费总额为准……乙方参加完培训之后，服从甲方安排，到甲方所规定的岗位上工作；乙方确认自培训结束之次日（工作日）起为甲方服务8年（或96个月），服务期限长于劳动合同期限的，除甲方提出终止劳动合同外，劳动合同期限相应顺延至服务期届满日……乙方若违反本协议，在服务期内提出辞职或因乙方原因、过错导致甲方解除劳动关系的，乙方须向甲方支付违约金，该违约金的计算公式为：违约金数额=（专项培训费用总额/服务期总月数）×未履行服务期月数……”该协议倒签日期为2015年8月1日。

2015年10月至2016年6月，甲银行公司安排胡某等新入职员工进行分行轮岗培训。该阶段培训手册载明，“管培生进入分行轮岗是甲银行公司第二届管理培训生项目的第三阶段，在完成入职培训之后，统一分配到13个分行进行为期10个月的轮岗实习。在这10个月中，将结合管理培训生培养目标选定部分岗位安排管理培训生深入实践，并引入导师机制，辅导学员在轮岗期间快速成长，学员通过导师辅导、自我学习和实际工作了解银行前、中、后台各部门、各业务运作模式与经营流程”。此间，胡某被甲银行公司安排到宁波分行先后在柜台及业务管理部门轮岗实习工作。

上述培训期间，甲银行公司按月发放了胡某工资，并负担了该培训项目的全部费用，包括培训期间的食宿。至2016年7月，胡某等新入职人员均返回山东省烟台市进行总结并等待分配工作岗位。

2016年8月4日，甲银行公司分配胡某到机构金融部工作，工作地点在北京市西城区。胡某前往分配岗位工作。2017年6月27日，胡某因个人原因向甲银行公司提出离职申请，单位负责人及分管领导均批示同意。2017年9月13日胡某应甲银行公司的要求向甲银行公司转账支付违约金72 917元，甲银行公司于2017年9月22日向胡某出具了解除（终止）劳动合同证明书。

后来，胡某申请劳动争议仲裁，要求甲银行公司返还其收取的违约金72 917元。甲银行公司经传唤未参加仲裁审理。北京市西城区劳动人事争议仲裁委员会于2018年1月3日以对胡某与甲银行公司之间的劳动争议不具有管辖权为由，裁决驳回胡某的仲裁申请。胡某不服仲裁裁决，提起诉讼。

审理结果

北京市西城区人民法院于2018年3月19日作出判决：驳回原告胡某的全部诉讼请求。

北京市第二中级人民法院于2018年8月1日作出民事判决：(1) 撤销北京市西城区人民法院民事判决；(2) 甲银行公司于本判决生效之日起15日内向胡某返还已收取的72 917元款项；(3) 驳回胡某的其他诉讼请求。如果未按本判决指定期间履行给付金钱义务，应当依照《民事诉讼法》第二百五十三条之规定，加倍支付迟延履行期间的债务利息。一审案件受理费5元，二审案件受理费10元，均由甲银行公司负担（均于本判决生效后7日内交纳）。

评析意见

商业竞争的实质是人才的竞争，而专项培训是提高员工技能，增强企业软实力的一种重要手段，用人单位对劳动者提供专项培训费用进行专项培训，与劳动者签订服务期协议，以此协调用人单位的人力资源投资收益和劳动者的劳动自由之间的冲突。但是，近年来，部分公司（尤其是大公司）利用自身优势与劳动者（尤其是大学生）在岗前培训或职业培训期间，利用岗前培训或者技能培训的机会与劳动者签订专项培训协议，非法约定服务期及违约责任，严重侵犯劳动者的合法权益，因此，法院应严格认定专项培训协议的效力，查清专项培训与岗前培训、职业培训的区别。

（一）专项培训服务期协议的效力认定

《劳动合同法》第二十二条规定了专项培训服务期制度，订立服务期协议的事由仅包含用人单位提供专项培训费用给劳动者进行专业技术培训。但在学理以及司法实践中，亦包含用人单位提供特殊待遇的情形。实践中的特殊待遇多种多样，并且不断涌现出新的类型。目前的特殊待遇主要包括：住房、汽车、各种形式的经济补贴、旅游度假机会、大额商业保险、工作地户口、家属的工作机会等经济利益。因此，服务期协议指用人单位和劳动者在劳动合同签订或劳动合同履行过程中，经双方协商一致由用人单位出资招用、培训或者提供其他特殊待遇，确定劳动者服务期限的协议。服务期分为技术培训服务期和特殊待遇型服务期。

劳动者是否违反专项培训服务期约定并承担违约金责任，首先应查明用人单位与劳动者双方之间是否存在专项培训服务期协议；其次应查明用人单位是否给劳动者提供了专项技术培训。不能单纯地以双方存在专项培训协议，进行了培训内容就认定专项培训服务期协议成立并生效。具体到本案，甲银行公司与胡某签订了“甲银行公司管理培训生专项培训协议书”，但该协议书中所指的专项培训是甲银行公司针对所有新入职员工进行基本职业培训，并非属于旨在提高和改善特定劳动者知识、技能、工作方法等进行的专业技术培训，故甲银行公司基于基本职业培训与员工在劳动合同之外约定服务期及违约责任，既不符合服务期协议生效的要件，同时也违反了劳动合同法关于用人单位与劳动者约定违约金的限制性规定，故甲银行公司与胡某所签“甲银行公司管理培训生专项培训协议书”中约定服务期及违约责任之部分内容无效。本案一审法院未支持劳动者要求用人单位返还违约金的请求，可见岗前培训、职业培训和专项技术培训概念在司法实践中是比较容易混淆的。

（二）专业技术培训与岗前培训、职业培训的区别

劳动法规定企业必须对劳动者进行职业培训，另外，也规定了企业必须对技术工种劳动者提供岗前培训；就业促进法规定企业必须对劳动者进行职业技能培训和继续教育培训；《企业职工培训规定》规定企业必须对劳动者进行技能培训；劳动合同法规定用人单位为劳动者提供专项培训费用，对其进行专业技术培训的，可以与该劳动者订立协议并约定服务期及违约责任。上述法律规定使用了几个较为容易产生混淆的法律概念，职业培训、岗前培训与专业技术培训的区别是什么？如何对专业技术培训作出法律界定？

专项技术培训在培训内容、培训对象及培训费用等方面与岗前培训、职工培训有明显的区别。首先，专业技术培训的培训内容具有专业性，包括专业知识培训和职业技能培训，不同于一般职业培训的培训内容，该内容是特定岗位的必备技能，能够满足特定岗位的需要，能够提高劳动者的专业知识和专项劳动技能。其次，专业技术培训要针对特定的培训对象。专业技术培训的本质是针对个别劳动者的高级培训，因此其对象是特定岗位的劳动者，不存在针对企业大多数劳动者的专业技术培训。最后，专业技术培训发生的费用具有特定性，专业技术培训的培训费用必须与按照国家规定提取的职工培训费用区分开来，是在特定劳动者身上发生的可以单独核算的培训费用。具体到本案而言，甲银行公司对胡某进行的培训内容均系对一般劳动者的岗前培训，以及业务岗位的常规性、一般性业务知识和实际操作能力的基础培训，且甲银行公司组织该专项培训是针对包括胡某在内的一批新入职员工的集体培训，并非针对胡某等特定人员所进行专业技术培训，甲银行公司所提供的培训费用亦非是针对胡某个人的特定培训而产生的费用支出，因此甲银行公司对胡某进行的培训非专业技术培训，为岗前培训。

企业对全体员工进行的职业技术培训和对特殊技术员工进行的岗前培训都是用人单位依法承担的法定义务，劳动者有权利接受职业技能的培训，用人单位应建立职业培训的制度，按照国家规定提取和使用职业培训经费。而专项技术培训为用人单位非法定义务，用人单位提供专项培训费用，为特定劳动者进行专业技术培训的，法律授权用人单位可与劳动者签订服务期协议。因此，两种制度用人单位和劳动者所承担的权利义务也有明显的不同，两种制度相互协调、补充，构建起用人单位合理的培训制度。

专项培训协议有效有形式要求和实质要求两个条件，即用人单位和劳动者有协商一致的专项培训服务期的约定，同时用人单位按照约定向劳动者提供了出资培训。用人单位利用岗前培训或职业培训与劳动者签订专项培训服务期协议的，关于服务期及违约责任的协议部分无效，劳动者不承担相应的违约责任。依法审理好该系列案件，不仅涉及劳动者享有接受职业技能培训、自由择业的权利，更涉及以法治手段、法治思维平衡劳资双方的地位，建立和谐的劳动关系。

（北京市第二中级人民法院　郝晓飞）

北京市劳动和社会保障法学会
简　介

北京市劳动和社会保障法学会成立于2000年12月，2006年3月经北京市民政局批准为具有法人资格的社会团体。学会现有会员700余人，常务理事和理事主要由致力于劳动法学和社会保障法学理论研究和实际工作的专家学者、法官、劳动仲裁员、律师、企业HR、工会工作者和新闻工作者等各方面人士组成。20年来，遵循“繁荣劳动法学和社会保障法学研究，推动劳动和社会保障法治建设”的办会宗旨，通过开展多种形式的课题研究、案例研讨和实践指导等活动，为完善劳动和社会保障立法、促进劳动关系的和谐稳定发挥积极作用。

联系电话：010-67693660

联系方式：LDBZ2006@163. com